DAS GROSSE GEMÜSE KOCHBUCH

Einkaufen, vorbereiten, kochen und servieren – leicht gemacht

Sonderausgabe für
Naumann & Göbel Verlagsgesellschaft, Köln
in der VEMAG Verlags- und Medien Aktiengesellschaft, Köln

Redaktion: Marion Morawek, Annegret Stegmann
Layout: Jürgen Pengel
Grafik: Gabriele Hoppe; Arrangement: Renate Gerber
Rezeptentwicklung: Christiane Langohr, Anke Rabeler
Fotos: Richard Stradtmann, Heino Banderob, Dietrich Ruhde
ISBN 3-625-10894-1

essen & trinken

DAS GROSSE GEMÜSE KOCHBUCH

Einkaufen, vorbereiten, kochen und servieren – leicht gemacht

NAUMANN & GÖBEL

INHALT

ANANAS

Nana meant, köstliche Frucht, so hieß sie bei den Eingeborenen auf Guadeloupe. Dort aßen Columbus und seine Crew sie auf ihrer Fahrt in die Neue Welt und berichteten begeistert in ihren Tagebüchern darüber. Aus Nana meant wurde übrigens unser Wort Ananas. Columbus' Biologen gaben ihr aber einen anderen Namen. Sie nannten sie piñon. Weil sie wie ein dicker orangefarbener Pinienzapfen aussieht. Der Umgang mit der tropischen Frucht ist ganz einfach – wenn man einige Tricks kennt und über ein scharfes Messer verfügt.

Gefüllte Ananas

Für 4 – 6 Portionen:

- 1 Ananas, ca. 800 g
- 1 rosa Grapefruit
- 2 Orangen
- 2 Kiwis
- 250 g Kefir
- 1 El Zucker
- abgeriebene Schale einer unbehandelten Zitrone

1. Die Ananas mit einem großen Messer längs halbieren, dann mit einem kleineren Messer die Stücke aus den Schalen lösen. Den harten Strunk entfernen.

2. Grapefruit und Orangen wie Äpfel schälen, dabei die weiße Haut ganz abschälen. Filets mit einem scharfen Messer aus den Häuten lösen. Kiwis schälen und in Scheiben schneiden.

3. Den Kefir mit Zucker und Zitronenschale verrühren, in einen Krug füllen.

4. Obststücke miteinander mischen, in die Ananashälften füllen und mit der Sauce servieren.

Zubereitungszeit: 25 Minuten
Pro Portion (bei 6 Portionen) ca. 2 g Eiweiß, 2 g Fett, 24 g Kohlenhydrate = 523 Joule (125 Kalorien)

Gefüllte Poularde

Für 4 Portionen:

100 g Langkornreis

¼ l Hühnerbrühe (Instant)

1 Ananas (ca. 1,5 kg)

40 g Rosinen

5 El Sojasauce

Salz, Pfeffer a. d. Mühle

1 Poularde (ca. 1,3 kg)

2 Zwiebeln

20 g Butterschmalz

⅛ l Weißwein

200 g Crème fraîche

1–2 El helles Saucenbindemittel, Zucker

1. Reis in der kochenden Brühe 10 Minuten garen.

2. In der Zwischenzeit die Ananas vierteln, das Fruchtfleisch in gleichmäßige Stücke schneiden.

3. Reis mit 200 g Ananas, Rosinen und 1 El Sojasauce mischen, salzen, pfeffern.

4. Poularde waschen, trocknen, salzen und pfeffern. Mit der Reismasse füllen. Mit Zahnstochern zustekken, mit einem Faden verschließen.

5. Zwiebeln pellen, halbieren und in Scheiben schneiden. Die Poularde in dem heißen Butterschmalz rundherum anbraten, auf den Rücken legen. Zwiebeln und Ananas zugeben.

6. Alles im offenen Topf im vorgeheizten Backofen bei 200 Grad (Gas 3) 40–45 Minuten garen. Poularde hin und wieder beschöpfen.

7. Fertige Poularde warm stellen. Ananasstücke und Zwiebeln pürieren und durch ein Sieb streichen.

8. Weißwein, die restliche Sojasauce und Crème fraîche zugießen, aufkochen lassen, Saucenbindemittel zugeben, nochmals aufkochen und mit Pfeffer, Salz und Zucker abschmecken.

Vorbereitungszeit: 50 Minuten
Garzeit: 45 Minuten
Umluft: 50–60 Min. bei 175 Grad
Pro Portion ca. 54 g Eiweiß, 39 g Fett, 58 g Kohlenhydrate = 3578 Joule (855 Kalorien)

Ananas-Beignets mit Rumsahne

Für 4 Portionen:

- ¼ l Milch
- 110 g Hartweizengrieß
- 1 Ananas (ca. 1,5 kg)
- 20 g gehackte Mandeln
- 1 Ei, 3 El Zucker, Salz
- 50 g gemahlene Mandeln
- 120 g Butterschmalz
- ¼ l Schlagsahne
- 1 Paket Vanillinzucker
- 1–2 El Rum

1. Milch zum Kochen bringen. Kochend über 50 g Grieß gießen, ausquellen lassen.

2. Inzwischen die Ananas in Ringe schneiden, schälen und mit einem runden Ausstecher den Strunk entfernen. Die gehackten Mandeln hellbraun rösten.

3. Ei mit Zucker und einer Prise Salz schaumig rühren und mit den gemahlenen Mandeln unter die Grießmasse rühren.

4. Ananasscheiben nacheinander in dem restlichen Grieß wenden, in dem Grießteig wälzen und die überschüssige Teigmenge abtropfen lassen. Ananasscheiben in dem heißen Butterschmalz von jeder Seite ca. 2 Minuten goldbraun braten.

5. Sahne mit dem Vanillinzucker halbfest schlagen, mit Rum würzen und mit den gehackten Mandeln bestreut zu den Ananasscheiben reichen.

Vorbereitungszeit: 30 Minuten
Garzeit: ca. 15 Minuten
Pro Portion ca. 13 g Eiweiß, 64 g Fett, 67 g Kohlenhydrate = 3937 Joule (941 Kalorien)

Obstsalat

Für 6 Portionen:

1 Ananas (ca. 1,4 kg)

3 Kiwis

3 Orangen

1 Becher Schlagsahne (250 g)

3 El Kokosraspel

1 Pk. Vanillinzucker

1. Die oberen Blätter der Ananas mit einem scharfen Messer abschneiden, die Frucht dann quer in etwa 1 cm dicke Scheiben schneiden. Den holzigen Strunk in der Mitte herausschneiden oder mit einem Ausstecher herauslösen, Scheiben schälen und halbieren.

2. Die Kiwis dünn schälen

und in Scheiben schneiden. Die Orangen wie Äpfel schälen, dabei die weiße Haut ganz entfernen. Filets aus den Häuten lösen.

3. Sahne sehr steif schlagen, dann 1 El Kokosraspel und den Vanillinzucker unterschlagen.

4. Obst auf einer Platte anrichten, mit den restlichen Kokosraspeln bestreuen und mit der Sahne servieren.

Vorbereitungszeit: 30 Minuten
Pro Portion ca. 2 g Eiweiß, 15 g Fett, 32 g Kohlenhydrate = 1354 Joule (323 Kalorien)

Risotto mit Ananas

Für 4 Portionen:

- 250 g Langkornreis
- 30 g Butter oder Margarine
- $\frac{1}{2}$ l Hühnerbrühe (Instant)
- 1 Bd. Frühlingszwiebeln
- 1 Ananas (ca. 1 kg)
- 500 g Hähnchenbrustfilet
- 30 g Butterschmalz
- 2 El Mehl, 1 El Curry
- $\frac{3}{8}$ l Hühnerbrühe (Instant)
- 3 El Weißwein
- 1–2 Tl Zitronensaft
- Salz, Pfeffer a. d. Mühle

1. Den Reis in der Butter

oder Margarine anbraten, mit Brühe auffüllen und 15 Minuten ausquellen lassen.

2. Die Frühlingszwiebeln putzen, waschen und in Ringe schneiden. Ananas längs halbieren und jede Hälfte in vier Spalten schneiden. Holzige Strunkkante abschneiden, Fruchtfleisch aus der Schale lösen, in Stücke schneiden.

3. Hähnchenbrustfilet in Streifen schneiden, in heißem Butterschmalz ca. 5–7 Minuten goldbraun braten, herausnehmen und beiseite stellen. Mehl und Curry vermischen und in das Bratfett einrühren. Sofort mit Brühe, Weißwein und Zitronensaft auffüllen und etwa 10 Minuten leise kochen lassen. Salzen und pfeffern.

4. Frühlingszwiebeln, Ananas und Hähnchenbrust mit dem Reis mischen, salzen, pfeffern und auf der Sauce servieren.

Vorbereitungszeit: 50 Minuten
Garzeit: 30 Minuten
Pro Portion ca. 38 g Eiweiß, 19 g Fett, 85 g Kohlenhydrate = 2951 Joule (705 Kalorien)

Nicht an der Schalenfarbe, sondern am Duft kann man den Reifegrad einer Ananas erkennen.

ANANAS aktuell

Ananas: Frucht aus 100 Beeren

Die Ananas ist die einzige Frucht einer Staude mit stacheligen, lanzettenförmigen Blättern. Wenn diese Staude ungefähr anderthalb Jahre alt ist, wächst aus ihrer Rosette ein etwa 30 cm langer Fruchtstiel, an dem sich unter einem Schopf von grünen Blättern eine Blütenähre von fast 100 kleinen violetten Blüten entwickelt. Jede dieser Blüten bildet eine Beere, und alle diese Beeren verwachsen mit der Blütenachse zu einer großen Scheinfrucht, der Ananas. Von den Beeren sehen Sie nur noch die Außenwand, ein kleines schildartiges Stück, das mit einem kleinen spitzen Blättchen besetzt ist.

Die besten kommen aus Kenia

Ihre Urheimat ist Paraguay. Indianische Seefahrer, die auf die Ananas nicht verzichten konnten, sorgten allerdings schon früh dafür, daß sie auch auf den Inseln Mittelamerikas heimisch wurde. Auch auf Guadeloupe, wo bekanntlich Columbus und seine Crew sie als erste Europäer aßen.

Anfang des 19. Jahrhunderts kam die Ananas dann nach Hawaii, wo clevere Geschäftsleute schon bald daran gingen, ganze Ananas-Industrien aufzubauen. Und noch heute kommt ein Großteil der Dosen-Ananas, die es bei uns im Handel gibt, von dort.

Frische Ananas kamen bis zum 2. Weltkrieg ausschließlich von den Azoren nach Europa. Azoren-Ananas sind aber ganz vom Markt verschwunden, seit die Franzosen in Afrika große Plantagen anlegten. Heute kommen rund 90 Prozent der frischen Ananasfrüchte, die wir essen, von der Elfenbeinküste. Weil Ananas ausgesprochen empfindliche Früchte sind, werden sie gepflückt, bevor sie ganz ausgereift sind, damit sie auf dem langen Schiffstransport nicht verderben. Allerdings entwickelt eine unreif geerntete Ananas hinterher nicht mehr dasselbe Aroma wie eine Frucht, die an der Staude reifen kann.

Anders wird mit Ananas aus Kenia verfahren: Sie werden vollreif geerntet und dann mit dem Flugzeug nach Deutschland transportiert. Sie schmecken darum auch beinahe so aromatisch wie in den Tropen. Allerdings sind sie auch doppelt so teuer wie Ananas von der Elfenbeinküste.

Die Reife erkennt man am Duft

Je reifer eine Ananas ist, desto aromatischer und süßer schmeckt sie. Auch bei den Früchten von der Elfenbeinküste gibt es erhebliche Unterschiede. Und so können Sie erkennen, wie reif die Frucht ist:

- Wichtigstes Kriterium für die Reife der Ananas ist ihr Duft. Eine reife Ananas duftet intensiv. Kaufen Sie darum vor allem mit der Nase.
- Das Fruchtfleisch muß auf leichten Fingerdruck nachgeben, und die Blättchen am Schopf müssen sich leicht lösen lassen.
- Braune Schuppenspitzen sind ein Zeichen für Reife. Kein Reifekriterium dagegen ist die Färbung der Schale. Früchte mit grünlichen Stellen können genau so reif sein wie solche, die durchgehend orangebraun gefärbt sind.
- Der Fachmann erkennt das Aroma der Ananas am Relief der Schuppen: Je ausgeprägter es ist, desto aromatischer das Fruchtfleisch.

Am besten schnell verbrauchen

Obwohl sie stachelig und robust aussehen, sind Ananas empfindliche Früchte. Sie vertragen keine große Kälte und keinen Druck. Sie bekommen leicht Druckstellen und beginnen unter der Schale zu faulen. Von außen sieht man ihnen etwaige Beschädigungen nicht an. Aber Sie können mit einem „Klopftest" leicht ermitteln, wie frisch eine Ananas ist. Klopft man nämlich mit dem Daumennagel gegen die Schuppen und das Klopfgeräusch hört sich matt und dumpf an, ist die Frucht unsanft behandelt oder unsachgemäß gelagert worden und hat innen Faulstellen. Das Fleisch einer frischen Frucht muß elastisch, fest und straff sein. Verbrauchen Sie Ihre Ananas auch so bald wie möglich. Und wenn Sie nicht sofort für sie Verwendung haben, lagern Sie sie möglichst druckfrei auf einer weichen Unterlage im Gemüsefach des Kühlschranks. Einmal angeschnittene Früchte unbedingt mit Folie abdecken und im Kühlschrank lagern.

SO GESUND IST ANANAS

Ananas schmecken nicht nur gut, sie sind auch ausgesprochen gesund, denn sie enthalten eine Menge Vitamine und Mineralstoffe. An Vitaminen vor allem Vitamin C (22 mg in 100 g Fruchtfleisch). An Mineralstoffen 135 mg Kalium, 4,8 mg Natrium, 12 mg Kalzium, 13,2 mg Phosphor und 0,2 mg Mangan. Da sie wenig Kalorien haben (57 auf 100 g Fruchtfleisch) und anregend auf Darm und Nieren wirken, sind Ananas allen Leuten zu empfehlen, die auf gesunde Weise abnehmen wollen.

Nicht mit Gelatine!

Ananas enthält Bromelin, ein eiweißspaltendes Ferment. Dadurch wird die Frucht besonders bekömmlich. Nach einem schweren Essen wirkt ein Dessert mit frischer Ananas wie ein Digestif. Das Bromelin hat aber auch einen Nachteil: Es spaltet auch das Eiweiß in Milchprodukten, Eiern und in Gelatine. Gelee mit frischer Ananas wird darum nicht steif, und Cremespeisen aus Sahne, Eiern und Gelatine verflüssigen sich wieder, wenn sie mit frischer Ananas in Berührung kommen. Darum: Cremespeisen erst kurz vor dem Servieren mit Ananas mixen und Gelees mit Stärke anstatt Gelatine herstellen oder die Ananas vorher einige Minuten erhitzen. Durch Erhitzen wird nämlich das Bromelin zerstört.

Besonders köstlich zu Fleisch

Ananas schmeckt nicht nur in süßen Gerichten, im Obstsalat zum Beispiel, zu Cremes und Gelees, sie paßt mit ihrem kräftigen süßsäuerlichen Aroma auch ausgezeichnet zu vielen pikanten Gerichten. In der karibischen wie in der fernöstlichen Küche verwendet man sie häufig zusammen mit Fisch und mit Fleisch. Besonders gut paßt sie zu Schweinefleisch, zu Geräuchertem, wie zum Beispiel Kasseler und Schinken, zum Huhn und zur Ente.
In salzigen Gerichten harmoniert sie mit Porree, mit Sellerie, mit Erbsen und mit Möhren, sie schmeckt aber auch im Sauerkraut. In süßen Gerichten paßt sie zu Erdbeeren, zu Bananen und zu Himbeeren.
Und das sind die Gewürze, die ihr Aroma unterstreichen: Vanille, Rum, Kirschwasser und Ingwer für Süßspeisen, Curry, Ingwer, Zwiebeln, Sojasauce, Weißwein und Pfeffer für herzhaft-pikante Gerichte.

SCHALE AUSPRESSEN

Die meisten Aromastoffe sitzen bei der Ananas direkt unter der Schale. Man schneidet sie weg, wenn man die Frucht schält. Damit das Aroma trotzdem nicht verlorengeht: Die Schale fest mit den Händen ausdrücken und den Saft mitverwenden.

Ananas in Scheiben schneiden

Zuerst Blatt- und Strunkende der Frucht entfernen. Dann ringsum die schuppige Schale abschneiden und die Frucht in Scheiben schneiden. Harte Mitte ausstechen.

Ananas in Stücke schneiden: 1. Schritt

Als erstes teilen Sie die Frucht der Länge nach in Spalten (Achtel oder Sechstel). Dann schneiden Sie bei jeder Spalte die harte Mitte weg.

Ananas in Stücke schneiden: 2. Schritt

Danach lösen Sie mit einem Messer das Fruchtfleisch von der Schale. Das Fruchtfleisch schneidet man dann in mundgerechte Stücke.

ÄPFEL

Im Herbst sind sie am besten – die knackigen, runden, rot-, gelb- oder grünbackigen Äpfel, die die ganze Kraft des Sommers in Form von Saft und Aroma in sich haben. Wie gut sie einfach so beim Reinbeißen schmecken, wissen wir: Schließlich ißt jeder von uns (statistisch gesehen) 105 Äpfel im Jahr. Wie gut man aber auch mit Äpfeln kochen und schmoren kann, zeigen die folgenden Rezepte.

Kasseler mit Rosinen und Äpfeln

Für 4 Portionen:

- 750 g Kasseler
- Pfeffer a. d. Mühle
- 30 g Butterschmalz
- 500 g Äpfel, 100 g Rosinen
- $\frac{1}{4}$ l Weißwein, 4 Zwiebeln
- $\frac{1}{8}$ l Schlagsahne
- 1–2 El helles Saucenbindemittel

1. Kasseler mit Pfeffer einreiben und in dem heißen Butterschmalz rundherum anbraten. Zugedeckt 30 Minuten garen.

2. Äpfel schälen, vierteln, das Kernhaus herausschneiden, Äpfel in Spalten schneiden und mit den Rosinen und dem Weißwein mischen.

3. Zwiebeln pellen, halbieren und in Ringe schneiden.

4. Nach 30 Minuten die Zwiebeln zum Kasseler geben und glasig werden lassen, dann die Apfel-

Rosinen-Mischung mit dem Wein zugeben, zugedeckt noch weitere 15–20 Minuten dünsten.

5. Das Fleisch in Scheiben schneiden und mit dem Zwiebel-Apfel-Gemüse anrichten.

6. Den Bratensatz mit der Sahne loskochen, Saucenbindemittel einstreuen und aufkochen lassen.

Vorbereitungszeit: 30 Minuten
Garzeit: 50 Minuten
Pro Portion ca. 38 g Eiweiß, 59 g Fett, 37 g Kohlenhydrate = 3672 Joule (878 Kalorien)

Chinesische Hähnchenpfanne

Für 4 Portionen:

500 g Hähnchenbrustfilet
3 El Weißwein
2 Tl Speisestärke
4 El Sojasauce
1 Bund Frühlingszwiebeln
250 g Äpfel
4 El Öl
Salz, Pfeffer a. d. Mühle
$\frac{1}{8}$ l Hühnerbrühe (Instant)
1 El Saucenbindemittel (dunkel)

1. Hähnchenbrustfilet in Streifen schneiden. Weißwein mit Speisestärke und 2 El Sojasauce glattrühren. Fleisch darin 10 Minuten einlegen.

2. Geputzte Frühlingszwiebeln schräg in Ringe, geschälte Äpfel ohne Kerne in Spalten schneiden.

3. Abgetropftes Fleisch im heißen Öl rundherum anbraten, salzen und pfeffern.

Erst Zwiebeln, dann die Apfelspalten zugeben.

4. Mit der restlichen Sojasauce würzen. Brühe zugießen. Hähnchen zugedeckt 5 Minuten garen. Saucenbindemittel einstreuen, einmal aufkochen lassen. Hähnchen mit Glasnudeln servieren.

Vorbereitungszeit: 25 Minuten
Garzeit: 10 Minuten
Pro Portion ca. 31 g Eiweiß, 12 g Fett, 16 g Kohlenhydrate = 1371 Joule (327 Kalorien)

Himmel und Erde

Für 4 Portionen:
500 g Kartoffeln
500 g Äpfel
$\frac{1}{4}$ l Rinderbrühe (Instant)
Salz
Pfeffer a. d. Mühle
1–2 El Weißweinessig
100 g magerer Frühstücksspeck
250 g Zwiebeln
2 El Öl

1. Die Kartoffeln waschen, schälen, noch einmal waschen, dann in 1 cm große Würfel schneiden. Geschälte Äpfel vierteln, entkernen, ebenso groß wie die Kartoffeln würfeln.

2. Brühe aufkochen. Kartoffeln darin zugedeckt 10 Minuten garen. Äpfel zu-

geben, 5 Minuten mitgaren, salzen, pfeffern, nach Geschmack mit Essig würzen.

3. Inzwischen den Speck in Streifen schneiden. Gepellte Zwiebeln halbieren, quer in Scheiben schneiden.

4. Öl in einer Pfanne erhitzen. Speck darin ausbraten, Zwiebeln zugeben, braun braten.

5. Kartoffel-Apfel-Gemüse mit der Speck-Zwiebel-Mischung übergießen und mit gebratener Leber oder mit Blutwurst servieren.

Vorbereitungszeit: 30 Minuten
Garzeit: 15 Minuten
Pro Portion ca. 6 g Eiweiß, 23 g Fett, 40 g Kohlenhydrate = 1794 Joule (429 Kalorien)

Chinakohlsalat mit Äpfeln

Für 6 Portionen:

1 Kopf Chinakohl (500 g)

500 g Staudensellerie

4 Äpfel (700 g)

4–6 El Zitronensaft

$\frac{1}{8}$ l Schlagsahne

150 g saure Sahne, Salz

1–2 Tl Pfeffer (grob gemahlen), Zucker

abgeriebene Schale von 1 unbehandelten Zitrone

200 g Lachsschinken in dünnen Scheiben

1. Äußere Kohlblätter entfernen. Kohl vierteln, Strunk entfernen. Kohlviertel quer in Streifen schneiden.

2. Staudensellerie putzen, waschen, Stiele quer in dünne Scheiben schneiden.

3. Äpfel waschen, vierteln, entkernen, längs in dünne Spalten schneiden, mit 2 El Zitronensaft beträufeln und mit Staudensellerie zum Chinakohl geben.

4. Sahne halbsteif schlagen, mit saurer Sahne, Salz, Pfeffer, Zucker, restlichem Zitronensaft und Zitronenschale verrühren.

5. Salat mit Lachsschinken und Sauce servieren.

Vorbereitungszeit: 35 Minuten
Pro Portion ca. 9 g Eiweiß, 12 g Fett, 24 g Kohlenhydrate = 1017 Joule (243 Kalorien)

Gefüllte Bratäpfel

Für 6 Portionen:

- 6 kleine, mürbe Äpfel (z. B. Ingrid Marie)
- 15 g Butter oder Margarine
- 1 Paket Rumrosinen
- 2 Beutel Mandelstifte (à 40 g)
- $^1/_2$ l Milch
- 1 Paket Vanillesaucen-Pulver, 3 El Zucker

1. Backofen auf 200 Grad (Gas 3) vorheizen. Die Äpfel waschen und mit einem Apfelausstecher die Kerngehäuse ausstechen.

2. Eine flache Auflaufform mit der Butter oder Margarine ausfetten. Die Äpfel dicht an dicht in die Form setzen, damit sie nicht umkippen können. Rosinen und Mandelstifte mischen. Äpfel mit der Mischung füllen, den Rest um die Äpfel herum verteilen.

3. Die Form auf der mittleren Einschubleiste 5 Minuten backen. In der Zwischenzeit $^3/_8$ l Milch zum Kochen bringen. Das Saucenpulver in der restlichen kalten Milch anrühren, Zucker zugeben.

4. Das angerührte Pulver mit dem Schneebesen in die kochende Milch geben und aufkochen lassen. Topf vom Herd ziehen.

5. Sauce zu den Äpfeln gießen und alles zusammen nochmals 9 Minuten backen. Heiß servieren.

Vorbereitungszeit: 5 Minuten
Garzeit: 15 Minuten
Umluft: 15 Min. bei 200 Grad
Pro Portion ca. 6 g Eiweiß, 13 g Fett, 41 g Kohlenhydrate = 1342 Joule (321 Kalorien)

ÄPFEL aktuell

1. Ingrid Marie: goldgelb bis leuchtend rot, mürber, süß-säuerlicher Eß- und Kochapfel.
2. Golden Delicious: goldfarben und sehr aromatisch, wenn er reif ist. Wird aber meist grün angeboten und schmeckt dann eher fade.
3. Cox Orange: orangefarben bis rot. Saftig frisch und hocharomatisch. Zum Kochen wie zum Essen gleich gut geeignet.
4. Granny Smith: grasgrün, sehr knackig und saftig, aber nicht besonders aromatisch.
5. Gloster: dunkelrot oder grüngelb, saftig und mild.
6. Boskop: sehr groß mit rauher Schale. Mürbe und saftig mit ausgeprägter Säure. Besonders gut zum Kochen und Backen geeignet.
7. Morgenduft: kugelrund, dunkelrot mit gelben Flekken. Mürbe, kein stark ausgeprägtes Aroma.
8. Gravensteiner: gelblichgrün, auf der Sonnenseite rot, mürbe und erfrischend würzig. Gut zum Kochen.
9. Jonathan: grün, gelb oder rot, fein-säuerliches Aroma.

Lieblingsobst der Deutschen

Äpfel sind das Obst der gemäßigten Zonen Europas. Sie brauchen ganz offensichtlich das rauhere Klima nördlich der Alpen mit seinem Wind und seinem Regen, um die richtige Ausgewogenheit von Säure und Süße zu entfalten. Verglichen mit einem Apfel, der nördlich der Alpen gereift ist, schmeckt sein unter milder Mittelmeersonne gewachsener Verwandter eher süßlich-fade. Äpfel gab es bei uns seit eh und je. Sie waren auch immer so beliebt, daß sie als Symbol der Liebe, der Fruchtbarkeit und der ewigen Jugend in den Mythen der Germanen eine Rolle spielten. Allerdings: Sie waren so hart und vor allem so sauer, daß sie ein scharf geschliffenes Schwert hätten stumpf machen können, wie der römische Schriftsteller Cato vermerkte.
Von den Römern lernten die Germanen die Kunst des Veredelns, und sie lernten neue wohlschmeckende Sorten kennen. Was die Beliebtheit des Apfels bei uns nur noch förderte: Heute

geben zwei Drittel aller Deutschen an, der Apfel sei ihr Lieblingsobst. Und der Apfel ist immer noch unbestritten die am meisten gegessene Obstsorte.

Große Auswahl auf dem Wochenmarkt

In den Supermärkten gibt es nicht mehr als maximal drei Apfelsorten zur gleichen Zeit. Wie groß aber die Auswahl besonders im Herbst und Winter ist, das sieht man, wenn man mal bei einem Selbstvermarkter auf dem Wochenmarkt oder auch in einem guten Gemüsegeschäft einkauft. Am besten, man kauft ein paar der Sorten und probiert die verschiedenen Geschmacksrichtungen. Dann weiß man, wie unterschiedlich Äpfel schmecken können.

SO GESUND SIND ÄPFEL

An apple a day keeps the doctor away. So lautet ein englisches Sprichwort. Nicht zu Unrecht, denn ein Apfel enthält zum Beispiel reichlich Vitamin A, E und auch Vitamin C. Daneben bietet er viel Kalium und Phosphor (12 mg in 100 g Fruchtfleisch). Er wirkt dank seines Gehalts an Fruchtsäure und Fruchtzucker und Ballaststoffen anregend auf den gesamten Verdauungsapparat. Sein Kalorienanteil: in 100 g Fruchtfleisch stecken 58 Kalorien.

Und hier noch ein Tip: Kleinere Äpfel werden oft preiswerter angeboten. Einfach nur, weil der Verbraucher größere mehr schätzt. Im Geschmack besteht aber zwischen kleineren und größeren Äpfeln derselben Sorte kein Unterschied.

Grün: kein Zeichen für Vitamine

Wahrscheinlich ist der grüne, knackige Granny Smith aus Neuseeland schuld daran, daß viele Verbraucher glauben, ein rundum gesunder Apfel müsse grasgrün aussehen. Das ist ein Irrtum. Von ein paar Frühsorten, zum Beispiel dem Klarapfel, einmal abgesehen, ist die grüne Farbe beim Apfel ein Zeichen für Unreife. Auch ein Granny Smith wurde unreif geerntet und enthält kaum Vitamine. Vollreife Äpfel, besonders die Herbst- und Wintersorten, sind in der Regel gelblich bis rot gefärbt. Ein weiteres Zeichen für Reife: Der Duft des Apfels. Dann hat er das meiste Aroma und die meisten Vitamine. Lassen Sie darum Äpfel liegen, bis sie zu duften beginnen, dann schmecken sie am besten.

So lang ist die Apfelsaison

Äpfel gibt es inzwischen das ganze Jahr über. Wenn die inländische Saison vorüber ist, wird die Lücke durch Importe aus Übersee gefüllt. Die deutsche Saison beginnt im August mit den Kläräpfeln, dann folgen wenig später Gravensteiner und James Grieve. Ab Oktober werden dann die Sorten reif, die sich auch den Winter über lagern lassen. Allen voran die Cox-Orange-Äpfel, dann Boskop, Golden Delicious, Glockenapfel, Gloster und James Grieve zum Beispiel. Früher mußten viele Sorten schon bis Weihnachten gegessen werden. Dank der neuen Lagermethoden des Handels halten sich Äpfel heute z. T. bis zum Mai frisch.

Nicht auf Vorrat kaufen

Früher hatte jeder Haushalt seinen Wintervorrat an Äpfeln im eigenen Keller. Das sollten Sie heute nicht mehr tun. Denn ungeheizte Kellerräume gibt es heute kaum noch. Und außerdem hat der Handel die besseren Lagermethoden. Äpfel sollten Sie darum höchstens für eine Woche im voraus kaufen.

Äpfel würfeln

Zuerst die Schale mit einem Sparschäler spiralförmig abschälen. Dann das Fruchtfleisch rund um das Kernhaus in vier Scheiben abschneiden und würfeln.

Kernhaus entfernen

Einen Apfel auszuhöhlen, zum Beispiel für Bratäpfel, geht ganz einfach mit einem Apfelausstecher, den man preiswert in allen Küchenläden bekommt.

So vielseitig sind Äpfel

Mit seiner kräftigen Säure schmeckt ein Apfel nicht nur als Kuchenbelag, am Obstsalat, als Kompott, Gelee oder Bratapfel, er paßt auch zu herzhaften Gerichten. Roh schmeckt er zu vielen pikanten Salaten, zum Chicoree ebenso wie zu Sellerie oder zu Möhren und zu Kartoffelsalat. Gedünstet ist er eine angenehme Beilage zu Wild, zu Kasseler oder zu Leber, er gehört an die klassische Füllung für die Weihnachtsgans ebenso wie in Rotkohl, ins Sauerkraut oder ins Schmalz. Gewürze, die besonders gut mit Äpfeln harmonieren, sind Zimt, Vanille und Rum für süße Gerichte, Pfeffer, Thymian und Majoran für pikante Gerichte.

MIT STUMPF UND STIEL

Die meisten Vitamine und Mineralstoffe sitzen beim Apfel direkt unter der Haut und im Kerngehäuse. Wenn Sie den Apfel roh essen, sollten Sie ihn darum gut waschen und mit Schale und Kernhaus aufessen.

APRIKOSEN

Wenn Sie bei Ihrem Obsthändler reife, frische, duftende Aprikosen entdecken, möglichst sogar aus heimischer Ernte: Nichts wie zugreifen! Frische Aprikosen sind nämlich knapp. In manchen Anbaugebieten, vor allem in den Hauptlieferländern Ungarn und Spanien, ist die gesamte Ernte bereits im voraus verkauft – an die Marmeladenindustrie! Daß man aus vollreifen Aprikosen weit mehr machen kann als eine – zugegebenermaßen – leckere Konfitüre, zeigen unsere Rezepte für süße und pikante Gerichte.

Quark-Knödel mit Aprikosen und Aprikosensauce

Für 4 Portionen:

2 Pakete Quark-Knödel mit Aprikosenstückchen

Salz

2 Dosen Aprikosen (à 480 g Einwaage)

1–2 Tl Aprikosengeist

30 g Pistazienkerne

1. Die Aprikosen-Quark-Knödel nach Vorschrift auf der Packung in leicht gesalzenem Wasser garen.

2. Inzwischen die Aprikosen aus der Dose nehmen, abtropfen lassen, pürieren und nach Belieben mit dem Aprikosengeist würzen. Pistazien halbieren.

3. Die gegarten Knödel aus

dem Wasser nehmen, abtropfen lassen und aus den Kochbeuteln nehmen. Mit zwei Gabeln aufreißen, mit der Aprikosensauce anrichten. Pistazien darüberstreuen.

Vorbereitungszeit: 15 Minuten
Garzeit: 16 Minuten
Pro Portion ca. 10 g Eiweiß, 6 g Fett, 73 g Kohlenhydrate = 1630 Joule (394 Kalorien)

Aprikosen mit Vanillequark

Für 4 Portionen:
750 g Aprikosen
25 g Puderzucker
2 Vanilleschoten
250 g Magerquark
2 El Zucker
1 Becher Schlagsahne (200 g)
1 Tafel Schokolade (100 g)
1/8 l Schlagsahne
1/2 Beutel Borkenschokolade

1. Die Aprikosen blanchieren, abschrecken, häuten, halbieren und entsteinen. Die Aprikosenhälften auf eine Platte legen und mit dem Puderzucker bestäuben.

2. Vanilleschoten der Länge nach halbieren, das Mark herauskratzen. Quark mit dem Vanillemark und dem Zucker verrühren. Sahne steif schlagen und unterheben.

3. Die Quarkcreme in einen Spritzbeutel mit Sterntülle füllen und in die Aprikosenhälften spritzen.

4. Schokolade in Stücke brechen, in einen kleinen Topf geben und im Wasserbad oder bei ganz milder Hitze schmelzen lassen. Sahne einrühren. Schokoladensauce auf eine Platte gießen und die Aprikosenhälften daraufsetzen. Mit Borkenschokolade verzieren.

Vorbereitungszeit: 20 Minuten
Pro Portion ca. 13 g Eiweiß, 35 g Fett, 56 g Kohlenhydrate = 2777 Joule (663 Kalorien)

Lammragout mit Aprikosen

Für 4 Portionen:
1 kg Lammkeule, entbeint
200 g Zwiebeln, 4 El Öl
Salz, Pfeffer a. d. Mühle
1–2 El Mehl
½ Tl Zimt, 1 Tl Curry
¼ l Rindfleischbrühe
500 g Aprikosen
100 g Crème fraîche
3 El Weißwein
1 Bund glatte Petersilie

1. Das überflüssige Fett von der Lammkeule abschneiden, das Fleisch in etwa 2 cm große Würfel schneiden. Die Zwiebeln pellen und würfeln.

2. Das Öl in einem Topf erhitzen, das Fleisch portionsweise darin kräftig anbraten, herausnehmen. Zwiebeln im Bratfett glasig dünsten, Fleisch wieder dazugeben, salzen, pfeffern.

3. Mehl mit Zimt und Curry mischen, über das

Fleisch stäuben, kurz mitbraten, dann die Brühe zugießen. Topf schließen und alles bei mittlerer Hitze 1–1½ Stunden schmoren.

4. Aprikosen waschen, entsteinen und vierteln. Nach etwa 40 Minuten die Hälfte der Aprikosen zugeben, nach weiteren 20 Minuten die restlichen Früchte.

5. Crème fraîche und Weißwein unterrühren, Sauce abschmecken und die gehackte Petersilie daruntermischen.

Vorbereitungszeit: 45 Minuten
Garzeit: 1½ Stunden
Pro Portion ca. 41 g Eiweiß, 51 g Fett, 24 g Kohlenhydrate = 3210 Joule (767 Kalorien)

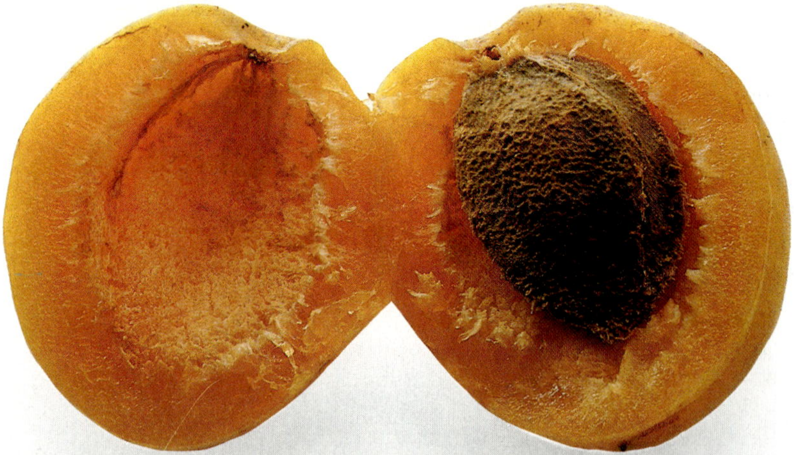

Bei einer reifen Aprikose sitzt der flache, ovale Stein locker in dem gelblichen bis orangefarbenen saftigen Fruchtfleisch.

APRIKOSEN aktuell

Alexander der Große brachte sie mit

„Prunus armeniaca“, Pflaume aus Armenien, nennen die Botaniker die orangegelbe Steinfrucht mit der samtigen Haut. Der botanische Name deutet an, was man jahrhundertelang glaubte: Daß nämlich die Aprikose aus Armenien und den Gebieten rund um den Kaukasus stammt. In Wahrheit aber ist ihre Urheimat China, und der Kaukasus war nur eine schon in grauer Vorzeit erreichte Zwischenstation auf ihrem Weg nach Europa.

Im Kaukasus entdeckte sie dann kein geringerer als Alexander der Große, als er mal wieder auf einem seiner Eroberungszüge gen Osten war. Er brachte sie mit nach Europa. Aber es dauerte danach noch mehrere Jahrhunderte, bis der „Samen der Sonne“, wie die Aprikose bei den Persern heißt, überall in der Alten Welt heimisch wurde. Das war ein Verdienst der Araber, denen sie übrigens auch ihren Namen Aprikose verdankt. Sie nannten sie „elbarqûq“, woraus sich das spanische Wort „albaricoque“ und später bei uns das Wort „Aprikose“ entwickelt hat.

Bei uns nur in Weinbaugebieten

Bei uns wurden die Aprikosen nie so recht heimisch. Der Grund: Sie brauchen viel Sonne und Wärme. Vor allem aber blühen sie als erste von allen Obstbäumen zu einer Zeit, in der bei uns strenge Nachtfröste noch an der Tagesordnung sind. Und ein Nachtfrost kann die ganze Blüte vernichten. Darum finden Sie Aprikosenbäume bei uns nur in den Gegenden, wo auch Wein gedeiht: in den Obstgebieten am Rhein und Main und an der Bergstraße. Dabei besitzt Rheinhessen mit rund 25.000 Obstbäumen das größte geschlossene Aprikosen-Anbaugebiet.

Die meisten Aprikosen müssen wir importieren. Sie kommen aus den Mittelmeerländern – ab Ende Mai aus Israel, dann im Juni und Juli aus Griechenland, aus Spanien – und aus Ungarn. Getrocknete Früchte beziehen wir aus Kalifornien, aus Spanien und aus dem Iran. Erst ganz zum Schluß der Aprikosen-Saison, im August, kommt die süßaromatische deutsche Ernte auf den Markt.

Import-Aprikosen: zum Naschen kaum geeignet

Mit ihrer samtigen, orangegelben Haut und den rötlich angehauchten Bäckchen sehen frische Aprikosen zum Anbeißen aus. Aber wenn man sich verführen läßt und in eine Frucht hineinbeißt, erlebt man oft genug eine Enttäuschung. Sie schmeckt mehlig und fade. Das hat folgenden Grund: Aprikosen entwikkeln ihre Würze, ihren Duft und ihren Saft nur, wenn man ihnen Zeit läßt, am Baum richtig auszureifen. Und die läßt man ihnen nicht, vor allem dann, wenn die Früchte einen langen Transport vor sich haben. Denn vollreif sind Aprikosen kaum haltbar. Es lohnt sich auch nicht, sie ein paar Tage zum Reifen liegen zu lassen. Ähnlich wie bei ihren nahen Verwandten, den Pflaumen, wird der Reifeprozeß unterbrochen, wenn man sie einmal gepflückt hat. Am besten, man ver-

AUS DEN KERNEN WIRD PERSIPAN

In vielen Erzeugerländern verwendet man nicht nur das Fruchtfleisch der Aprikosen, sondern auch den im Stein enthaltenen Kern. Daraus macht man Likör, vor allem aber eine Paste, die in der Süßwarenindustrie als Marzipanersatz gebraucht wird: das Persipan. Persipan wird, ähnlich wie Marzipan, aus zwei Teilen naß vermahlener Kerne und einem Teil Zucker gewonnen. Nur nimmt man hier eben anstatt süßer Mandeln Pfirsich- und Aprikosenkerne.

Getrocknete Aprikosen: auch nicht zu verachten

Ein Trost für alle, die bedauern, daß die Aprikosen-Saison so kurz ist: Es gibt sie das ganze Jahr über als Konserve und als Trockenfrüchte. Nachteil der Konserven: Die Früchte sind stark gesüßt. Man kann sie praktisch nur für süße Gerichte verwenden. Getrocknete Früchte sind vielseitiger und im Geschmack den frischen beinahe ebenbürtig, wenn sie eingeweicht und gekocht werden. Vor kurzer Zeit konnte man nur geschwefelte Trockenaprikosen kaufen. Inzwischen gibt es auch ungeschwefelte. Sie sehen unansehnlich bräunlich aus, sind aber zumindest zum Rohgenuß – z. B. in Müsli – gesünder als die geschwefelten gelben.

zichtet aufs Reinbeißen in die frische Frucht. Gekocht, gebacken oder geschmort schmecken Aprikosen, auch aus Importen, ausgezeichnet. Frischobst-Liebhaber sollten auf den August warten, wenn die kleine einheimische Ernte auf den Markt kommt. Diese Aprikosen haben zumindest die Chance, auf dem Baum voll auszureifen.

Rote Backen: kein Zeichen für Reife

Ob eine Aprikose mehr oder weniger reif ist, kann man ihr nicht von außen ansehen. Es gibt nämlich rotbackige und blasse Sorten, und die einen wie die anderen können ein gutes Aroma haben. Lassen Sie sich darum nicht von der Farbe beeinflussen.

Worauf Sie aber beim Kauf achten sollten: Die Haut der Früchte sollte glatt und straff und zart behaart aussehen.

Und: Verbrauchen Sie die Aprikosen so bald wie möglich. Sie reifen nämlich nicht nach, sondern werden nur welk und verlieren an Aroma.

BESONDERS FEIN: APRIKOSENGEIST

Aus den aromatischen Früchten wird vor allem in Südosteuropa auch feiner hochprozentiger Schnaps hergestellt: Am wohl bekanntesten ist der ungarische Barack Palinka. Nicht weniger gut: die österreichischen Marillengeister.

Schöne Haut durch Aprikosen

Aprikosen haben von allen Obstsorten am meisten Provitamin A (Carotin), nämlich rund 300 mg in 100 g Fruchtfleisch, also fast doppelt soviel wie Tomaten und Paprika. Mit 200 g frischen Aprikosen können Sie Ihren Tagesbedarf an Carotin decken (das sind 600 mg), das vor allem für die Sehkraft, für das Funktionieren des Stoffwechsels sowie für die Gesundheit und Straffheit der Haut unerläßlich ist. Dazu haben Aprikosen ansehnliche Mengen an Vitamin B_1, B_2 sowie an Mineralstoffen Kalium (300 mg), Phosphor (21 mg), Kalzium (14 mg) und Eisen (0,6 mg), alles Stoffe, die wichtig für Stoffwechsel und Verdauung sind. Außerdem enthalten sie reichlich Ballaststoffe. Und dabei sind sie nicht übermäßig kalorienreich: in 100 g Fruchfleisch stecken nur 54 Kalorien.

Allerdings: Sie enthalten auch reichlich Fruchtsäure. Es besteht darum die Gefahr, daß man Aprikosengerichte durch zu große Zuckermengen zu kalorienhaltig macht.

Besonders gut zu Pilaw und Curries

Aprikosen haben eine intensive Säure. Sie sind darum eine von den Marmeladenherstellern geschätzte Frucht (die besonders in schlechten Jahren den größten Teil der Früchte schon vor der Ernte aufkaufen). Sie schmecken als Kompott, als Kuchenbelag oder als Gelee.

Vor allem aber: Sie sind dank dieser intensiven Säure auch eine ausgezeichnete Beilage zu Fleischgerichten. Sie schmecken zu Wild, in einem arabischen Pilaw oder in einem Currygericht. Sie passen aber auch an eine Sauce zu Huhn oder zu Rinderfilet.

BEI APRIKOSEN IMMER ZUGREIFEN

Bei keinem anderen Edelobst ist der Ernteertrag weltweit so klein und die Erntemenge so stark von Witterungseinflüssen abhängig. Darum Aprikosenkauf möglichst nicht aufschieben. Denn wer weiß, wie lange die Früchte noch angeboten werden.

Aprikosen häuten: 1. Schritt

Für manches Gericht, zum Beispiel für Kompott, sollte man Aprikosen von der pelzigen Haut befreien. Dazu gibt man sie zuerst kurze Zeit in kochendes Wasser.

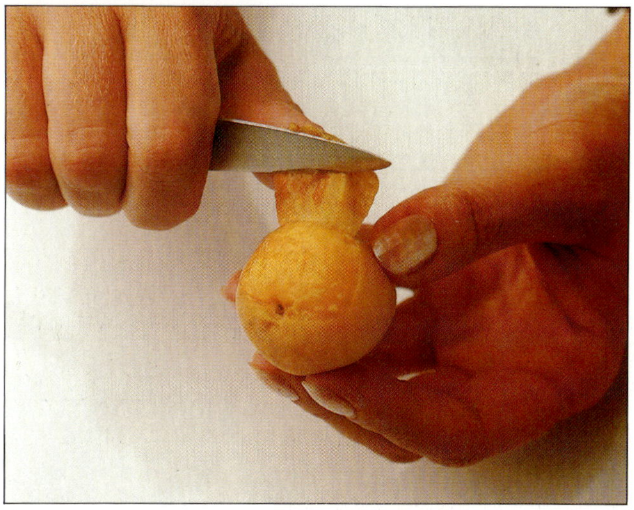

Aprikosen häuten: 2. Schritt

Danach werden die Früchte mit kaltem Wasser abgeschreckt. Wenn sie ausgekühlt sind, kann man ohne Schwierigkeiten die Haut abziehen.

Aprikosen entsteinen

Das Entsteinen der Früchte ist ganz einfach, wenn Sie die Früchte da einschneiden, wo ihre Kerbe sitzt. Dann löst sich der Stein meist von ganz allein.

AUBERGINEN

Den Namen „Eierfrüchte", unter dem sie früher bekannt waren, haben die Auberginen noch aus ihrer Frühzeit. Da waren sie oval und weißlich-gelb. (In Geschäften, die exotische Gemüse führen, findet man diese Urform noch manchmal.) Ihren Siegeszug um die Welt aber hat sie in ihrer heutigen Form angetreten: länglich und lila- bis schwarz-glänzend.

Gefüllte Auberginen

Für 4 Portionen:

4 kleine Auberginen
2 Knoblauchzehen
Salz, 1 Zwiebel
40 g Haselnüsse
40 g Sultaninen
2 Pakete Tomatenpüree (à 250 g)
Pfeffer a. d. Mühle, Zimt
Koriander
1 El Öl

1. Auberginenhaut streifig abschälen. Knoblauch pellen, in Stifte schneiden, die Auberginen damit spicken.

Dann in kochendem Salzwasser 15 Minuten kochen.

2. Zwiebel pellen und würfeln, Haselnüsse grob hacken. Alles zusammen mit den Sultaninen zu dem Tomatenpüree geben. Mit Salz, Pfeffer, Zimt und Koriander würzen und kräftig kochen lassen, bis die Tomatenmasse dicklich wird.

3. Die fertigen Auberginen abtropfen lassen, in eine ofenfeste Form legen, mit der Tomatenmasse umgießen und mit Öl bepinseln.

4. Im vorgeheizten Backofen bei 200 Grad (Gas 3) 30 Minuten backen.
Dazu paßt Weißbrot.

Vorbereitungszeit: 20 Minuten
Garzeit: 45 Minuten
Umluft: 30 Minuten bei 175 Grad
Pro Portion ca. 5 g Eiweiß, 9 g Fett, 18 g Kohlenhydrate = 761 Joule (182 Kalorien)

Auberginen-Auflauf

Für 4 Portionen:

2 Auberginen, Salz
1 grüne Paprikaschote
1 Gemüsezwiebel
200 g Salami, 5 El Öl
1 kleine Dose rote Bohnen
$^{1}/_{8}$ l Brühe (Instant)
Pfeffer
Paprikapulver, Chilipulver
200 g Crème fraîche
3 Eier, Fett für die Form
3 Scheiben Graubrot
40 g Butter oder Margarine
1 El Parmesan

1. Auberginen waschen, putzen, längs halbieren, in Scheiben schneiden, salzen.

2. Paprika putzen, waschen, vierteln und würfeln. Zwiebel pellen, halbieren und in Spalten schneiden.

3. Salami in Streifen schneiden. Auberginen trokkentupfen und portionsweise in heißem Öl anbraten. Zwiebelspalten im Öl glasig werden lassen, Paprikawürfel und Bohnen zugeben, mit der Brühe ablöschen. Kräftig würzen.

4. Crème fraîche und Eier verrühren, mit den Salamistreifen zum Gemüse geben. Die Hälfte der Auberginen in eine gefettete Auflaufform geben, Gemüse darüber verteilen, restliche Auberginen daraufgeben.

5. Brot entrinden, würfeln und in der zerlassenen Butter oder Margarine schwenken, über den Auflauf verteilen. Mit Parmesan bestreuen und auf der 2. Einschubleiste von unten im vorgeheizten Backofen bei 200 Grad 25–30 Minuten überbacken.

Vorbereitungszeit: 35 Minuten
Garzeit: 45 Minuten
Umluft: 35 Minuten bei 175 Grad
Pro Portion ca. 35 g Eiweiß, 72 g Fett, 76 g Kohlenhydrate = 4776 Joule (1125 Kalorien)

Auberginenwürfel in Tomaten-Knoblauchsauce

Für 4 Portionen:

- 4 Auberginen (750 g)
- Salz
- 3 rote Chilischoten
- 2 Fleischtomaten (700 g)
- 2 Zwiebeln
- 20 g Butterschmalz
- 2 Knoblauchzehen
- 1/8 l Brühe (Instant)
- Pfeffer, 1 Prise Zucker
- 5 El Öl
- 1 Bund Thymian

1. Auberginen waschen, putzen, halbieren, würfeln

und salzen. Chilischoten putzen, längs halbieren, Kerne entfernen. Schoten waschen und in sehr dünne Streifen schneiden.

2. Tomaten waschen, Blütenansatz herausschneiden, Tomaten halbieren, entkernen und würfeln. Zwiebeln pellen, halbieren, würfeln und in dem Butterschmalz glasig werden lassen.

3. Knoblauch pellen und zerdrücken, zugeben. Tomaten und Chili ebenfalls zugeben, mit Brühe ablöschen. Alles bei starker Hitze 10 Minuten einkochen, mit Salz, Pfeffer und Zucker würzen.

4. Auberginenwürfel abtrocknen und in heißem Öl etwa 5 Minuten braten. Thymian von den Stielen zupfen und zur Sauce geben. Sauce mit den Auberginen servieren.

Vorbereitungszeit: 30 Minuten
Garzeit: 15 Minuten
Pro Portion ca. 4 g Eiweiß, 21 g Fett, 17 g Kohlenhydrate = 1167 Joule (280 Kalorien)

Moussaka

Für 12 Portionen:
- 1,5 kg Kartoffeln
- 1 El Öl
- Salz
- Pfeffer a. d. Mühle
- 1 Tl Rosmarin (getrocknet)
- 500 g Zwiebeln
- 1,5 kg gemischtes Hack
- 2 Tl Thymian (getrocknet)
- Cayennepfeffer
- 1 kg Tomaten
- 500 g Auberginen
- 12 Eier (Gew.-Kl. 4)
- ½ l Milch

1. Kartoffeln schälen, waschen und in dünne Scheiben schneiden. Saftpfanne mit Öl ausstreichen, Kartoffeln darauf verteilen. Mit Salz, Pfeffer und Rosmarin würzen. 25 Minuten bei 200 Grad (Gas 3) backen.

2. Zwiebeln pellen und würfeln. Das Hack im Topf ohne Fett krümelig anbraten. Zwiebeln zugeben und glasig dünsten. Mit Salz, Pfeffer, Thymian und Cayenne würzen.

3. Tomaten über Kreuz einritzen, in kochendes Wasser geben, kalt abschrecken und häuten, dann halbieren und entkernen. Auberginen putzen, waschen und in Scheiben schneiden. Das Hack auf die Kartoffeln geben.

4. Tomaten und Auberginen darauf verteilen. Eier und Milch verquirlen, mit Salz und Pfeffer würzen und darübergießen.

5. Im vorgeheizten Backofen bei 200 Grad (Gas 3) auf mittlerer Einschubleiste 40–45 Minuten backen.

Vorbereitungszeit: 1 Stunde
Garzeit: 65–75 Minuten
Umluft: 55–60 Min. bei 200 Grad
Pro Portion ca. 36 g Eiweiß, 39 g Fett, 28 g Kohlenhydrate = 2819 Joule (673 Kalorien)

Aubergine: Violette, feste Schale, hellgrünes, leicht schwammiges Fruchtfleisch

AUBERGINEN aktuell

Bei uns nur eine Nebenrolle

Die glänzend-violetten, keulenförmigen Auberginen spielen in unserer Küche nur eine Nebenrolle. Wir essen pro Kopf jährlich nur 150 g, das ist noch nicht einmal ein Viertel einer großen Aubergine. Im Vergleich dazu: Die Italiener essen pro Kopf im Jahr 10 kg. Aber schließlich sind die Nachtschattengewächse ja auch seit Jahrhunderten im Mittelmeerraum zu Hause, während sie in unserem Klima nicht gedeihen. Alle Auberginen, die bei uns auf dem Markt sind, müssen importiert werden, im Winter aus holländischen Treibhäusern und aus Israel, im Sommer aus Spanien und Italien.

AUBERGINEN SCHÄLEN

In der Auberginenschale sitzen die meisten Aromastoffe und Vitamine. Darum sollte man sie nur dann schälen, wenn man Auberginenpüree zubereiten will. Und dann am besten so: Die Aubergine zuvor 20 Minuten von allen Seiten grillen. Dann läßt sich die Haut abziehen. Noch einfacher: sie roh wie eine Kartoffel schälen.

Ziemlich zeitaufwendig

Roh schmeckt eine Aubergine überhaupt nicht. Und auch, wenn man sie kocht oder schmort, entwickelt sie kaum Aroma. (Darum ist Kochen oder Schmoren nur dann angebracht, wenn man Auberginen zusammen mit anderen würzigen Zutaten kombiniert.)

Erst wenn man die Aubergine brät oder grillt, entfaltet sie ihr spezifisches, leicht nußartiges Aroma. Damit sie sich aber beim Braten nicht allzusehr mit Fett vollsaugt und schwer im Magen liegt, muß man das Fruchtfleisch vorher salzen und Wasser ziehen lassen. Hinterher gründlich mit Küchenkrepp abtupfen.

Auch nach dem Braten wieder auf Küchenkrepp legen und abtupfen, damit sie soviel Fett wie möglich abgeben.

Zu Auberginen passen vor allem kräftige Mittelmeerkräuter wie Rosmarin, Thymian und Knoblauch, und sie schmecken besonders gut in der Verbindung mit Tomaten, Paprika, Kartoffeln und Zwiebeln.

KALORIENBOMBE

Die Aubergine enthält in ihrer Schale Vitamin C, B_1 und B_2. Das Fruchtfleisch hat nur ein paar Mineralstoffe aufzuweisen. Roh ist sie kalorienarm (pro 100 g nur 25 Kalorien). Aber: Gebraten kann sie wegen des Fetts, das sie in sich aufnimmt, zu einer Kalorienbombe werden.

Auberginen schneiden

Wenn man Auberginen in einem Gericht mitschmort, schneidet man sie in Würfel, zum Braten dagegen schneidet man sie längs in ca. ½ cm dicke Scheiben.

Auberginen salzen

Damit Auberginen sich beim Braten nicht voll mit Fett saugen, salzt man die Scheiben von beiden Seiten und läßt sie, mit Küchenkrepp zugedeckt, Wasser ziehen.

AVOCADOS

„Ahua quatl“, Butter des Waldes, hießen sie bei den Azteken in ihrer Urheimat Mexiko. Nicht zu Unrecht. Denn ihr Fruchtfleisch ist genauso sahnig mild und cremig wie Butter. Und genauso gesund. Avocados enthalten nämlich mindestens so viele Mineralstoffe und Vitamine wie Butter. Nur: Ihr Fettanteil und damit ihr Kaloriengehalt ist viermal so niedrig. Und da eine vollreife Avocado streichfähig ist, kann man sie sich auf's Brot streichen, wenn man sich nicht für eines unserer Rezepte entscheidet.

Avocados mit Hähnchenbrust und Remoulade

Für 4 Portionen:

- 350 g Hähnchenbrustfilet
- 20 g Butterschmalz
- Salz, Pfeffer a. d. Mühle
- 2 Eier (Gew.-Kl. 2)
- 50 g Gewürzgurken
- 250 g Mayonnaise (50 %)
- 100 g Crème fraîche
- 30 g Kapern
- 2 El Zitronensaft
- 2 Avocados (je ca. 350 g)
- 1 Bund Schnittlauch

1. Hähnchenbrustfilets in dem heißen Butterschmalz von jeder Seite 3–5 Minuten braten, mit Salz und Pfeffer würzen.

2. Eier in kochendem Wasser 10 Minuten garen, abschrecken und pellen. Gewürzgurken fein würfeln und mit Mayonnaise, Crème fraîche und den abgetropften Kapern verrühren. Mit Zitronensaft, Salz und Pfeffer abschmecken.

3. Avocados schälen, längs halbieren, das Fruchtfleisch quer in Scheiben schneiden.

4. Die Hähnchenbrustfilets ebenfalls in Scheiben schneiden und mit den Avocadoscheiben auf einer Platte anrichten. Sofort die Remoulade darüber verteilen.

5. Eier und Schnittlauch hacken und darüberstreuen.

Vorbereitungszeit: 35 Minuten
Garzeit: 10 Minuten
Pro Portion ca. 23 g Eiweiß, 78 g Fett, 13 g Kohlenhydrate = 3653 Joule (873 Kalorien)

Avocados mit Zwiebel-Vinaigrette

Für 4 Portionen:

2 rote Zwiebeln (je ca. 60 g)

3 El Weißweinessig

Salz

schwarzer Pfeffer a. d. Mühle

1 Tl Worcestershiresauce

5 El Öl

2 Avocados (je ca. 350 g)

150 g Katenrauchschinken

1 Baguette

1. Zwiebeln pellen, sehr fein würfeln und mit Essig, Salz, schwarzem Pfeffer, Worcestershiresauce und Öl zu einer Salatsauce verrühren.

2. Avocados schälen, längs halbieren und den Stein herauslösen. Avocados quer in Scheiben schneiden und

auf eine Platte legen. Die Vinaigrette sofort gleichmäßig über die Scheiben verteilen. Mit schwarzem Pfeffer überstreuen und 5–10 Minuten durchziehen lassen.

3. Avocados mit Schinken und Baguettescheiben servieren.

Zubereitungszeit: 20 Minuten
Pro Portion ca. 13 g Eiweiß, 54 g Fett, 28 g Kohlenhydrate = 2803 Joule (670 Kalorien)

Gefüllte Avocados

Für 4 Portionen:

- 2 Avocados (je ca. 300 g)
- 1 Tl Zitronensaft
- 200 g Doppelrahm-frischkäse
- 100 g Crème fraîche
- abgeriebene Schale einer unbehandelten Zitrone
- 4 El Zitronensaft
- 1–2 El Zucker
- 2 Zitronenscheiben

1. Die Avocados waschen, trockentupfen, längs halbieren und die Steine herauslösen. Fruchtfleisch mit einem Eßlöffel herauslösen. Dabei einen Rand von ca. ½ cm stehenlassen, mit Zitronensaft einreiben.

2. Avocadofleisch mit dem Frischkäse, Crème fraîche, Zitronenschale und -saft und Zucker in eine Schüssel geben und mit dem Schneidstab des Handrührers pürieren.

3. Die Masse in einen Spritzbeutel füllen und in die Avocadoschalen spritzen. Früchte etwa 30 Minuten in das Gefriergerät stellen.

4. Zitronenscheiben halbieren und die Avocados damit garnieren.

Zubereitungszeit: 20 Minuten
Pro Portion ca. 11 g Eiweiß, 48 g Fett, 16 g Kohlenhydrate = 2330 Joule (557 Kalorien)

Bei einer reifen Avocado läßt sich das Fruchtfleisch leicht von dem harten Stein lösen.

AVOCADOS aktuell

Erst seit kurzer Zeit bei uns bekannt

Wie die Kartoffel und der Paprika gehören Avocados zu den Schätzen, die die spanischen Eroberer in der Neuen Welt entdeckten. „Ahua quatl“, Butter des Urwalds, nannten die Azteken die grünen, birnenförmigen Früchte mit dem cremig-sahnigen milden Fruchtfleisch. Von „Ahua quatl“ leitet sich übrigens die Bezeichnung Avocado ab.

Während aber Kartoffel und Paprika schon bald in Europa heimisch wurden, wird die Avocado erst seit ungefähr 15 Jahren bei uns angeboten. Der Grund: Die Lorbeerverwandte, die in der Wildnis Bäume von bis zu 20 m Höhe bilden kann, braucht zum Gedeihen tropisches oder subtropisches Klima. Ihre empfindlichen Früchte hätten aber den langen Weg von den Tropen in unsere gemäßigten Zonen niemals ohne die modernen Transportmittel, wie Flugzeug oder Kühlschiff, überstanden.

Inzwischen werden Avocados in allen tropischen und subtropischen Gebieten angebaut. Mittelamerika ist immer noch wichtiges Anbaugebiet. Die Avocados, die bei uns angeboten werden, kommen allerdings kaum von dort: Zwei Drittel kommen aus Israel, und zwar fast alle Früchte, die zwischen Oktober und Mai auf dem Markt sind. Der Rest kommt aus afrikanischen Anbaugebieten.

Avocados immer rechtzeitig einkaufen

Avocados werden noch steinhart geerntet und kommen in der Regel auch so in den Handel. Ihr volles Aroma entfalten die Früchte aber erst, wenn sie reif sind. Dann haben sie die für sie typische cremige Konsistenz und den mild-sahnigen nussigen Geschmack!

Bevor Sie Avocados essen können, müssen Sie harte Früchte zu Hause nachreifen lassen. Das kann zwischen zwei und fünf Tagen dauern, wenn man die Früchte bei Zimmertemperatur liegen läßt. In Zeitungspapier eingewickelt reifen sie auf der Heizung zwei Tage schneller. Wenn Sie also für eine Einladung Avocados einplanen, müssen Sie die Früchte rechtzeitig einkaufen! Eine reife Frucht erkennt man daran, daß das Fruchtfleisch auf leichten Fingerdruck nachgibt. Reife Avocados kann man übri-

Avocados schälen

Wenn Sie Avocadoscheiben benötigen, dann schälen Sie die Frucht zuerst vom Stielansatz her, halbieren und entsteinen sie und schneiden die Hälften dann in Scheiben.

Avocados füllen

Wenn Sie Avocados gefüllt servieren wollen, heben Sie mit einem Löffel aus der entsteinten Frucht etwas vom Fruchtfleisch aus der Mitte. Es kommt dann püriert an die Füllung.

gens ein paar Tage im Gemüsefach des Kühlschranks aufheben.

MEHR ALS 400 SORTEN
Von der Avocado sind mehr als 400 Sorten bekannt, die sich in Schalenfarbe (schwarz bis rötlich), in Form (birnenförmig bis apfelrund) und Fettgehalt (15 bis 30 Prozent) unterscheiden. Je nach Jahreszeit sind unterschiedliche Sorten auf dem Markt: Im Herbst die glatte, glänzendhellgrüne „Ettinger", dann die etwas rauhschalige, dunkelgrüne „Fuerte", ab Dezember dann die runde „Nabal". Sehr selten geworden: die runzlige, fast schwarze „Hass". Allerdings: Sortennamen müssen nicht angegeben werden.

Sofort mit Zitronensaft beträufeln

Avocadofleisch läuft bräunlich an, sobald es mit Sauerstoff in Berührung kommt. Darum sollten Sie Avocados möglichst erst unmittelbar vor dem Gebrauch aufschneiden und dann sofort mit Zitronensaft beträufeln. Wenn Sie sie danach nicht sofort servieren: zumindest gut mit Folie abdecken! Der Zitronensaft ist übrigens nicht nur gut für das Aussehen des Fruchtfleisches. Die Säure bekommt auch dem Aroma, denn dadurch kommt der Eigengeschmack der Avocados besser zur Geltung.

Nur nicht kochen!

So vielseitig Avocados sonst sind, eines bekommt weder ihrem Aroma noch ihrem Aussehen: große Hitze. Wenn man sie kocht oder brät, wird das Fruchtfleisch unansehnlich bräunlich und der Geschmack unangenehm bitter.
Darum Avocados an warme Gerichte erst unmittelbar vor dem Servieren zugeben und nie mitkochen lassen!

In ihrer Heimat ißt man sie süß

In ihrer Urheimat Mittelamerika behandelt man die Avocados nicht wie bei uns als Gemüse sondern als Obst, das heißt, man verwendet sie hauptsächlich für süße Gerichte, für Cremes ebenso wie für Obstsalate.
Im Obstsalat paßt sie zum Beispiel zu Ananas, zu Himbeeren oder Erdbeeren, zu Orangen und zu Pfirsichen, also vor allem zu Früchten mit intensiver Säure. Wenn Sie Avocados mal als Creme probieren wollen, hier ein einfaches Rezept: Avocados pürieren, mit Zucker, Rum oder anderem Alkohol, Zitronen- oder Orangensaft und gerösteten Mandelstiften würzen, mit Schlagsahne oder Eischnee mischen. Dazu schmeckt Kompott oder Fruchtpüree.

Ebenso köstlich an pikanten Gerichten

Bei uns in Europa schätzt man Avocados pikant gewürzt. Zum Beispiel einfach so: Avocadohälften mit Zitronensaft, Salz und Pfeffer würzen und auslöffeln. Raffinierter: Avocadohälften mit Kaviar und Crème fraîche, mit Krabben, mit Fleischsalat, mit pikant gewürztem Tatar oder gehackten Nüssen und Crème fraîche füllen. Avocados passen außerdem ausgezeichnet an pikante Salate: zu Huhn, zu Eiern, zu Zwiebeln, zu grünem Salat, zu Tomaten und Sojabohnenkeimen.

Avocado: Frucht der Superlative

Von allen Früchten der Welt hat die Avocado den höchsten Fettgehalt: Er schwankt je nach Sorte zwischen 15 und 30 Prozent. (Der Durchschnittswert der anderen Früchte: 0,2 Prozent.) Nicht zu Unrecht heißt sie darum auch bei den Indianern „Butter des Urwalds"! Es handelt sich beim Avocadofett hauptsächlich um mehrfach ungesättigte Fettsäuren. Das aus der Frucht gewonnene Öl wird übrigens auch in der Kosmetik-Industrie verwendet.
Außerdem enthält die Avocado mit 2,1 Prozent den höchsten Eiweißgehalt und mit 60 bis 75 Prozent den niedrigsten Wassergehalt von allen Früchten. Aber damit ist es nicht genug: Sie enthält sage und schreibe 11 Vitamine (die wichtigsten: Vitamin C, Provitamin A und Vitamine der B-Gruppe) und 14 Mineralstoffe (die wichtigsten: Kalium, Kalzium, Phosphor und Eisen).
Obwohl sie reich an Inhaltsstoffen ist, hat sie keineswegs einen so hohen Kaloriengehalt wie manche Leute fürchten: 100 g, also die Hälfte einer mittelgroßen Avocado, enthalten zwischen 130 und 200 Kalorien. Wer Kalorien zählen muß, braucht darum nicht auf diese supergesunde Frucht zu verzichten, er sollte nur sparsam mit gehaltvollen Zutaten sein.

RIESIGE BEERENFRUCHT
In der Küche behandeln wir sie wie ein Gemüse. Botanisch gesehen ist die Avocado aber eine riesige, birnenförmige und birnengroße Beere mit lederartiger Haut und einem einzigen dicken Stein.

Avocados in Scheiben schneiden
Für einen Salat schneidet man die halbierte, vom Stein befreite Frucht quer in Streifen und beträufelt die Scheiben sofort mit Zitronensaft.

Avocados als Brotaufstrich
Geschälte Avocadohälfte längs aufschneiden, auf gebuttertes Graubrot legen, mit Zitronensaft beträufeln, mit Pfeffer und Kresse bestreuen.

BANANEN

Die ersten Bananen wurden erst im Jahre 1892 nach Deutschland importiert. Inzwischen sind sie nach dem Apfel zu der am häufigsten gegessenen Obstsorte avanciert. Der Grund für diese erstaunliche Karriere: Sie sind nicht nur wohlschmeckend und vielseitig zu verwenden, sie sind wohl das einzige Lebensmittel, das seit zehn Jahren seinen Preis fast gar nicht verändert hat.

Gebackene Bananen mit Schokoladeneis

Für 4 Portionen:

- 20 g Butter oder Margarine
- 3 Bananen (ca. 300 g)
- 2 El Zitronensaft
- 50 g Zucker
- 1 Becher Schlagsahne (250 g)
- 2 Tl Weinbrand
- 500 ml Schokoladeneis
- gemahlener Zimt

1. Ein Backblech mit Butter oder Margarine bestreichen.

2. Bananen schälen, halbieren, mit Zitronensaft beträufeln und mit 40 g Zucker bestreuen, auf das

Backblech legen. Dann im vorgeheizten Backofen bei 225 Grad (Gas 4) auf der obersten Einschubleiste 5 Minuten backen.

3. In der Zwischenzeit die Sahne mit dem restlichen Zucker halbfest schlagen, mit Weinbrand würzen.

4. Das Eis portionieren und mit der Sahne und den gebackenen Bananen anrichten. Mit Zimt bestreuen.

Vorbereitungszeit: 10 Minuten
Garzeit: 5 Minuten
Umluft: 5 Min. bei 200 Grad
Pro Portion ca. 5 g Eiweiß, 31 g Fett, 43 g Kohlenhydrate = 2029 Joule (485 Kalorien)

Bananen-Puten-Curry

Für 4 Portionen:
- 1 Dose Ananas in Scheiben
- 2 Zwiebeln
- 500 g Putenbrustfilet
- 3 El Öl, 1–2 El Curry
- 1/8 l Ananassaft aus der Dose
- 1/8 l Hühnerbrühe (Instant)
- 200 g Langkornreis
- Salz, 2 Bananen
- 150 g Crème fraîche
- Pfeffer a. d. Mühle, Zucker
- 2 El helles Saucenbindemittel
- 75 g Kokosraspel
- 30 g Butter oder Margarine

1. Ananasscheiben abtropfen lassen, Saft auffangen.

2. Zwiebeln pellen und fein würfeln. Putenbrust in Streifen schneiden.

3. Das Fleisch in heißem Öl portionsweise anbraten. Zwiebeln zugeben und glasig werden lassen. Curry darüberstreuen und gut unterrühren. Den Ananassaft und Brühe zugeben und 5 Minuten bei milder Hitze garen.

4. Reis in reichlich sprudelnd kochendem Salzwasser 20 Minuten ausquellen lassen. In der Zwischenzeit die Bananen schälen und schräg in Scheiben schneiden, die Ananasringe in Stücke schneiden. Ananas und Crème fraîche in den Topf geben und heiß werden lassen. Mit Salz, Pfeffer und einer Prise Zucker abschmecken, Saucenbindemittel einstreuen und aufkochen lassen. Bananenscheiben zugeben.

5. Reis abgießen. Kokosraspel in der heißen Butter oder Margarine goldbraun rösten und über den Reis streuen.

Vorbereitungszeit: 20 Minuten
Garzeit: 10 Minuten
Pro Portion ca. 34 g Eiweiß, 43 g Fett, 79 g Kohlenhydrate = 3674 Joule (878 Kalorien)

Obstsalat mit Bananen

Für 4 Portionen:

- 3 Orangen
- 2 Kiwis
- 2 Äpfel (ca. 250 g)
- 4 reife Bananen
- 1–2 El Honig
- 1 Becher Kefir (500 g)
- 1–2 Tl Zitronensaft
- 75 g Erdnüsse in der Schale

1. Die Orangen wie Äpfel rundherum schälen, Saft auffangen. Die Filets zwischen den Trennhäuten herausschneiden und zum Saft geben.

2. Kiwis schälen, in Scheiben schneiden, zugeben.

3. Äpfel schälen, vierteln, Kerngehäuse herausschneiden, Viertel in Spalten schneiden und ebenfalls zum Salat geben.

4. Bananen schälen. 2 Bananen schräg in Scheiben

schneiden und zum Salat geben. Die restlichen Bananen in grobe Stücke teilen und zusammen mit dem Honig in den Kefir geben. Alles pürieren, mit Zitronensaft würzen und nochmals abschmecken.

5. Erdnüsse aus den Schalen lösen und über den Salat streuen. Mit der Kefirsauce servieren.

Vorbereitungszeit: 40 Minuten
Pro Portion ca. 7 g Eiweiß, 7 g Fett, 56 g Kohlenhydrate = 1351 Joule (323 Kalorien)

Es gibt zwar 400 Bananensorten, aber zu 99 Prozent wird bei uns die Sorte Cavendish (oben) angeboten. Die kleine, hocharomatische Apfelbanane (unten) gibt es dagegen nur ganz selten.

BANANEN aktuell

Seit 10 Jahren auch bei uns

Nach den Äpfeln sind die Bananen das beliebteste Obst in Deutschland. Und das, obwohl wir die gelben, milde schmeckenden Früchte erst seit knapp 100 Jahren kennen. Genau im Jahre 1892 sind nämlich die ersten Bananen nach Deutschland eingeführt worden. Dabei gehören die Bananen zu den ältesten Kulturfrüchten der Erde. Schon Alexander der Große soll sie auf seinem Feldzug nach Indien gegessen haben.

Im Jahre 600 nach Christus brachten dann arabische Söldner und Sklavenhändler Wurzelstöcke der Bananenstauden aus Indien nach Afrika, wo sie sich rasch über den ganzen Kontinent verbreiteten. Und spätestens im 15. Jahrhundert legten die Portugiesen auf den Canarischen Inseln große Bananenplantagen an. Daß Bananen dennoch jahrhundertelang in Europa so gut wie unbekannt blieben, hat folgenden Grund: Bananenstauden brauchen tropisches und subtropisches Klima, um zu gedeihen. Ihre Früchte sind so empfindlich, daß sie auf den langen Reisewegen von ihren Ursprungsländern bis zu uns unweigerlich verderben würden. Erst die moderne Kühltechnik, die den Reifeprozeß der Bananen während des Transports unterbricht, macht es möglich, daß wir auch bei uns in den Genuß dieser Früchte kommen. Die Bananen werden in Kühlschiffen bei Temperaturen von ungefähr +12° transportiert. Bei dieser Temperatur ist der Reifeprozeß unterbrochen.

Ein Missionar brachte sie in die Neue Welt

Heute sind nicht mehr Indien oder Afrika Hauptproduzenten und -exporteure für Bananen, sondern Lateinamerika. Fast alle Bananen, die wir essen, kommen zum Beispiel aus den sogenannten Bananenrepubliken Mittelamerikas. Dorthin kamen sie übrigens im Jahre 1516, und zwar durch einen Franziskanermönch, den späteren Bischof von Panama, Thomas von Berlanga. Sein Ziel war es, der armen Bevölkerung ein neues, gesundes Lebensmittel zu verschaffen. Was ihm auch gelungen ist: Heute gehören Bananen zu den Grundnahrungsmitteln Lateinamerikas.

Darum ist die Banane krumm

Die Bananenstaude ist ein typisches Urwaldgewächs. Sie wuchert so üppig und so schnell, daß man ihr beim Wachsen förmlich zusehen kann. Innerhalb von neun Monaten entwickelt sich auf einem Pflanzling eine Staude von ungefähr 6 m Höhe mit einer Blattkrone von 7 m Durchmesser. Auch die Ausmaße der Blätter sind imposant: Sie sind 50 cm breit und ungefähr 2 m lang. In der Mitte des Scheinstamms (den man sich wie einen riesigen Lauchstengel vorstellen muß) wächst dann der etwa ein Meter lange Fruchtstand der Bananenstaude, an dem sich 10–12 Bananenhände entwickeln. (So bezeichnet man die Büschel, die aus 14–18 zusammengewachsenen Bananen entstehen.) Der Fruchtstand einer einzelnen Staude kann im Schnitt bis zu 200 Bananen tragen und erreicht ein Gewicht bis zu 50 kg. Wenn sie noch klein sind, wachsen die einzelnen Bananenfinger, wie andere Früchte auch, nach unten. Bald aber suchen sie das Licht, wenden ihre Spitzen nach oben und wachsen der Sonne entgegen: Durch diese Anstrengung werden die Bananen krumm.

BANANEN GEGEN DEPRESSIONEN

Bananen sind rundum gesund: magenfreundlich, reich an Vitaminen (besonders C und E) und reich an Mineralstoffen, vor allem an Kalium (395 mg pro 100 g Fruchtfleisch), das, wie man inzwischen weiß, auch die Psyche positiv beeinflußt. Ein Mangel kann nämlich Depressionen auslösen. Ihr Kalorienwert: 96 kcal pro 100 g.

Grün geerntet

Bananen werden unreif und grün geerntet. Und zwar nicht nur, weil sie aus ihren Herkunftsländern einen langen Weg zu uns haben. Im Gegensatz zu allen anderen Früchten würde es ihr Aroma beeinträchtigen, wenn man sie bis zur Vollreife an der Staude ließe. Auch die Einheimischen lassen sie aus diesem Grund an einem kühlen Ort nachreifen. Bananen, die zu uns kommen, werden in Kühlschiffen bei Temperaturen nicht unter +12° C transportiert. Bevor sie dann bei uns auf den Markt kommen, läßt man sie in den Klimakammern bei ungefähr +18 Grad reifen. Sie können darum unbesorgt Bananen kaufen, deren Schalen noch etwas grünlich verfärbt sind. Bei Zimmertemperatur reifen sie schnell nach und entfalten ihr ganzes Aroma. Ausgereifte Bananen können kurzfristig im Gemüsefach des Kühlschranks aufbewahrt werden.

Flecken: Ein Zeichen für Reife

Wie Sie die Bananen kaufen – mit grünen Spitzen oder mit durchgehend gelber Schale – hängt davon ab, wann und wofür Sie sie verwenden wollen. Zum Pur-Genuß und für kalte Gerichte eignen sich vollreife Bananen besser, zum Kochen sollten Sie eher noch nicht ganz reife nehmen.
Auf jeden Fall gilt: Je reifer eine Banane ist, desto süßer und weicher ist sie. Vollständig ausgereift ist sie, wenn sich auf ihrer Schale kleine schwarze Flecken bilden. Solche vollreifen Bananen sind oft ganz besonders preiswert, weil ihre Haltbarkeit eingeschränkt ist und sie schnell gegessen werden müssen. Vor allem aber auch, weil viele Verbraucher irrtümlich glauben, daß diese Bananen minderwertig sind.

Nicht nur zu süßen Gerichten

Mit ihrem mild-süßen Aroma schmecken Bananen nicht nur im Dessert, zum Beispiel in Fruchtsalaten, sie eignen sich auch gut als Zutat für einige pikante Gerichte. Besonders gut passen sie zum Beispiel an Salate mit Chicoree, Hühner- oder Putenfleisch, zu Blattsalaten und Chinakohl. Gebacken oder gebraten schmecken sie als Beilage zu scharfen Currygerichten, zu gebratenem Geflügel und zu Schweinefleisch.

80 PROZENT GEMÜSEBANANEN

Rund 40 Millionen Tonnen Bananen werden jährlich produziert. Mehr als 80 Prozent davon sind aber nicht die süßen, gelben Bananen, die wir kennen, es sind die großen, grünen Gemüsebananen, die von den Einheimischen in den Anbauländern ähnlich wie Kartoffeln zubereitet werden.

Bananen mit Zitronensaft beträufeln

Wenn Sie die Bananen geschält und geschnitten haben, sollten Sie das Fruchtfleisch sofort mit Zitronensaft beträufeln, damit es nicht braun wird.

Gegrillte Bananen

Beilage zu Fleisch und Salat: Bananen mit Zitronensaft einreiben, mit Bacon umwickeln und mit Holzstäbchen befestigen. Bananen kurz übergrillen.

Bananen pürieren

Bananen zu pürieren, ist ganz einfach: Man gibt das Fruchtfleisch, in Stücke geteilt, in eine Schüssel und zerdrückt es dann mit einer Gabel.

BIRNEN

Wir essen viermal soviel Äpfel wie Birnen. Das liegt nicht zuletzt daran, daß viele Menschen glauben, Birnen machen dick – während Äpfel in jeder Diät vorkommen. Dabei enthält eine Birne nur eine einzige Kalorie mehr als ein Apfel (auf 100 g). Der Grund, warum sie trotzdem wie eine Kaloriensünde schmeckt: Sie hat von allen Früchten am allerwenigsten Fruchtsäure.

Birnen-Toast

Für 4 Portionen:

- 4 Scheiben Vollkorntoast
- 20 g Butter oder Margarine
- 4 Scheiben gek. Schinken
- 2 Birnen (ca. 300 g)
- 4 Scheiben junger Gouda
- 1 El grober schwarzer Pfeffer a. d. Mühle

1. Toastbrotscheiben goldbraun rösten, mit Butter oder Margarine bestreichen und mit Schinken belegen.

2. Birnen schälen, vierteln, entkernen und längs in Spalten schneiden.

3. Birnenspalten auf den

Schinken legen, mit den Käsescheiben bedecken.

4. Den Toast im vorgeheizten Backofen bei 200 Grad (Gas 3) 15 Minuten goldbraun überbacken.

5. Vor dem Servieren mit dem groben schwarzen Pfeffer bestreuen.

Vorbereitungszeit: 15 Minuten
Garzeit: 15 Minuten
Umluft: 15 Min. bei 175 Grad
Pro Portion ca. 16 g Eiweiß, 17 g Fett, 25 g Kohlenhydrate = 1382 Joule (329 Kalorien)

BIRNEN

Grießauflauf mit Birnen

Für 6 – 8 Portionen:
1 l Milch
1 Pk. Vanillinzucker
150 g Grieß, 60 g Butter
60 g Zucker, 3 Eier
50 g Mandelblättchen
750 g Birnen, 1 Zitrone

1. Milch mit Vanillinzucker aufkochen, Grieß einstreuen, auf ausgeschalteter Herdplatte unter Rühren in 10 Minuten ausquellen lassen, kalt stellen.

2. 50 g Butter mit Zucker und Eigelb schaumig rühren, unter den kalten Brei ziehen. Mandeln rösten, 3 El unter den Brei mischen.

3. Eiweiß steif schlagen, unter den Grießbrei ziehen.

4. Geschälte und entkernte Birnen in Spalten schneiden. Abgeriebene Zitronenschale und -saft darübergeben.

5. Hälfte Grießbrei in gefetteter Form (3 l Inhalt) glattstreichen. Birnen, dann Grießbrei daraufgeben, glattstreichen. Restliche Mandeln daraufgeben.

6. Auflauf im Backofen auf mittlerer Einschubleiste bei 200 Grad (Gas 3) 30–40 Minuten backen.

Vorbereitungszeit: 40 Minuten
Garzeit: 40 Minuten
Umluft: etwa 40 Min. bei 200 Grad
Pro Portion (bei 8 Portionen) etwa 11 g Eiweiß, 17 g Fett, 61 g Kohlenhydrate = 1974 Joule (472 Kalorien)

Birnen-Müsli

Für 6 Portionen:

1 Pk. Himbeeren (TK, 300 g)
20 g Butter oder Margarine
150 g grobe Haferflocken
4 El Honig
100 g Corn-flakes
3 Birnen (ca. 400 g)
2 El Zitronensaft
2 reife Bananen (ca. 250 g)
1 Becher Dickmilch (500 g)

1. Die Himbeeren auftauen lassen.

2. Butter oder Margarine in einer Pfanne zerlassen. Haferflocken darin goldbraun braten. Honig dazugeben, aufkochen. Haferflocken zum Auskühlen auf

ein Backblech streichen. Abgekühlt mit den Cornflakes und den Himbeeren mischen.

3. Birnen schälen, vierteln, das Kerngehäuse herausschneiden. Die Viertel quer in Spalten schneiden und mit dem Zitronensaft beträufeln.

4. Bananen schälen und mit dem Schneidstab des Handrührers pürieren. Mit der Dickmilch mischen.

5. In einer Schale das Haferflockengemisch mit den Birnen anrichten, mit der Dickmilch übergießen.

Vorbereitungszeit: 25 Minuten
Pro Portion ca. 9 g Eiweiß, 8 g Fett, 65 g Kohlenhydrate = 1503 Joule (357 Kalorien)

Gefüllte Birnen mit Zitronen-Quark

Für 8 Portionen:

4 Birnen, 2 Gewürznelken
6 El Zucker, 1 Zimtstange
$^1/_4$ l Weißwein
1 Zitrone (unbehandelt)
500 g Magerquark
1 Paket Vanillinzucker
2 El Zucker
250 g Schlagsahne
1 Glas Johannisbeergelee (225 g)

1. Birnen schälen, halbieren, vom Kerngehäuse befreien. $^1/_4$ l Wasser mit Birnen, Nelken, Zucker, Zimt, Wein zum Kochen bringen. Birnen 5 Minuten bei milder Hitze garen, dann im Sud kalt werden lassen.

2. Zitrone abreiben und auspressen. Quark mit Zitronenschale, 2 El Zitronensaft, Vanillinzucker und Zucker verrühren. Sahne steif schlagen und unterziehen.

3. Birnen auf einer Platte anrichten, mit Quark füllen. Johannisbeergelee auflösen, 5 Minuten einkochen und abkühlen lassen. Lauwarm

über Birnen und Quark geben. Bis zum Servieren kalt stellen.

Vorbereitungszeit: 20 Minuten
Garzeit: 10 Minuten
Pro Portion ca. 10 g Eiweiß, 10 g Fett, 34 g Kohlenhydrate = 1148 Joule (272 Kalorien)

Birnen läßt man nicht am Baum ausreifen. Man erntet sie, wenn sie noch fest sind, da sie sonst schnell verderben.

BIRNEN aktuell

Lieblingsfrucht der Griechen

Die Griechen waren angeblich die ersten, die Birnen gezüchtet haben. Und zwar auf dem Peleponnes, der deshalb auch den Beinamen „Apia", Birnenland, hatte. In Griechenland scheinen Birnen auch die beliebtesten aller Früchte gewesen zu sein. Zumindest, wenn man der Sage vom König Tantalus glaubt. Jener König hatte den Zorn der Götter erregt. Sie dachten sich für ihn in der Unterwelt eine besonders qualvolle Strafe aus: Sie ließen über seinem Kopf köstliche Früchte baumeln, die aber sofort außer Reichweite schnellten, wenn der Unselige nach ihnen griff. Es waren aber keine beliebigen Früchte, sondern „balsamische Birnen", wie ausdrücklich vermerkt ist. Das erst machte die Pein des Königs zu den sprichwörtlichen Tantalus-Qualen.

Inzwischen werden Birnen in allen Gebieten mit gemäßigtem Klima angebaut, in China ebenso wie in Australien, Argentinien, in den USA (hier besonders Kalifornien, Oregon und Washington) und überall in Süd- und Mitteleuropa. (Die meisten Birnen, die wir importieren, da unsere deutsche Ernte nicht ausreicht, kommen übrigens aus Italien.)

An Beliebtheit rangiert die Birne allerdings weit hinter dem Apfel: Weltweit beträgt die Birnenernte nur ein Viertel der Apfelernte. Und auch bei uns in Deutschland werden nur knapp halb so viele Birnbäume wie Apfelbäume gepflanzt. Die Gründe dafür: Birnen sind empfindlicher als Äpfel und eignen sich weniger für Transport und Lagerung. Zum anderen werden Birnen zwar sehr gern so gegessen, gelten aber, weil sie weit weniger Säure haben als zum Beispiel die Äpfel, in der Küche als langweilig und weniger vielseitig.

Nicht alle zum Kochen geeignet

Es gibt mindestens 1500 Birnensorten auf der Welt, davon wachsen ungefähr die Hälfte bei uns in den Gärten. Für den Handel allerdings sind davon maximal 11 Sorten wichtig.

Birnen: Sechs der wichtigsten Herbstsorten

1. Abate: *aromatische Sorte aus Italien;*
2. Williams Christ: *feinste und empfindlichste aller Birnen;*
3. Gute Luise: *süß, weiches Fruchtfleisch;*
4. Kaiserkrone: *saftig, knackig, fruchtig;*
5. Conference: *süß, mild;*
6. Bürgermeisterbirne *oder*
Köstliche von Charneux: sehr süß, weinig.

Nicht alle dieser Birnensorten sind gleichermaßen zum Kochen wie zum Roh-Verzehr geeignet. Ob sie es sind, das hängt nicht zuletzt von der Säuremenge der Birne ab. Birnen, die zu mild schmecken, weil sie zu wenig Säure enthalten, haben nach dem Kochen eher ein fades Aroma.

HAUPTSAISON AB SEPTEMBER

Birnen kann man inzwischen das ganze Jahr über kaufen, dank neuer Lagermethoden und dank der Importe aus Übersee. Hauptsaison bei uns in Deutschland und bei unserem Hauptimporteur aber ist ab September. Dann werden die köstlichsten Sorten reif.

Das trifft vor allem bei den Frühbirnen zu, wie zum Beispiel bei der bunten Julibirne, die ab Ende Juli reif wird, und bei den Sorten Charles Guyot und Clapps Liebling, beides Augustbirnen.
Umgekehrt verhält es sich bei der sogenannten Kochbirne, einer norddeutschen Birnenart, die klein, hart und herbe schmeckt. Diese Sorte ist nur zum Kochen geeignet und wird vor allem für das norddeutsche Gericht „Birnen, Bohnen und Speck" verwendet.
Die Birnen, die dann ab September auf den Markt kommen, haben in der Mehrzahl so viel Aroma, daß man sie sowohl zum Kochen als auch zum Rohgenuß nehmen kann. Die wichtigsten Sorten auf unseren Märkten haben wir unten links abgebildet.

Am besten feste Birnen kaufen

Vollreife Birnen sind sehr druckempfindlich und faulen schnell an den Druckstellen. Kaufen Sie vollreife Birnen nur dann, wenn Sie sie sofort essen wollen, und achten Sie darauf, daß sie nicht gedrückt werden.
Sonst sollten Sie besser noch etwas feste, nicht ganz reife Früchte nehmen. Sie sind unempfindlich und reifen bei Zimmertemperatur ausgezeichnet nach. Ein Trick, wenn Sie den Reifevorgang beschleunigen wollen: Geben Sie Birnen zusammen mit einem Apfel in eine Papiertüte, die mit einer Nadel ein paarmal angestochen wird.

Würze für das Birnenkompott

Gekochte Birnen schmecken nur darum manchmal etwas langweilig, weil den Früchten die Säure fehlt. Aber dem kann man ganz leicht abhelfen: Zum Beispiel, indem man dem Kochwasser etwas Zitronensaft zufügt, oder indem man die Birnen in Wein (Rotwein ebenso wie Weißwein) oder Portwein gart.
Und das sind die Gewürze, die das Birnenaroma unterstreichen: Zitronenschale, Nelken, Zimtstange, ein Stück Ingwer oder eine Vanilleschote.

So vielseitig sind Birnen

Gedünstete Herbstbirnen schmecken nicht nur als Dessert. Sie sind auch eine interessante Beilage, zum Beispiel zu geräuchertem Schweinefleisch, zu Rindfleisch (klassisch: süßsauer eingelegte Birnen) und zu Wild (Früchte in Rotwein gegart, Hälften mit Ingwersahne oder Preiselbeerkompott gefüllt).
Rohe Birnen passen ausgezeichnet zu Käse, ganz besonders zu Blauschimmelkäse. Servieren Sie doch mal anstatt der obligaten Weintrauben auf der Käseplatte Birnenspalten! Oder versuchen Sie mal einen überbackenen Toast mit Schinken, einer Birnenhälfte und obendrauf Camembert. Frische Birnen schmecken aber auch an frischen, grünen Salaten und zu geräuchertem oder luftgetrocknetem Schinken.

Birnen für die Schlankheit

Viele Leute glauben, daß Birnen dick machen, weil sie so süß schmecken. Das ist ein Irrtum: Birnen enthalten fast genau soviel Fruchtzucker wie Äpfel, die in jeder Schlankheitsdiät vorkommen, und haben kaum Kalorien pro 100 Gramm Fruchtfleisch mehr (nämlich 55). Sie schmecken nur süßer, weil sie nur halb so viel Säure enthalten. Und gerade das tut einem bei Diäten ja meist strapazierten Magen besonders gut. Außerdem enthalten sie nicht nur viel Wachstumsvitamin B_2, sondern auch mehr Mineralstoffe als ein Apfel, besonders Phosphor, Kalzium und Kalium, das bekanntlich nicht nur unser Nervensystem positiv beeinflußt, sondern darüber hinaus auch den Stoffwechsel der Leber anregt und entschlackend und entwässernd wirkt.

SOFORT MIT ZITRONENSAFT BETRÄUFELN!

Das Fruchtfleisch der Birnen wird schnell bräunlich und unansehnlich, wenn die Birnen geschält sind. Um das zu verhindern, sollte man es sofort mit Zitronensaft beträufeln.

Birnen schälen

Birnen schält man mit dem Sparschäler, und zwar zuerst rund um den Blütenansatz, danach längs vom Stielansatz zur Mitte hin.

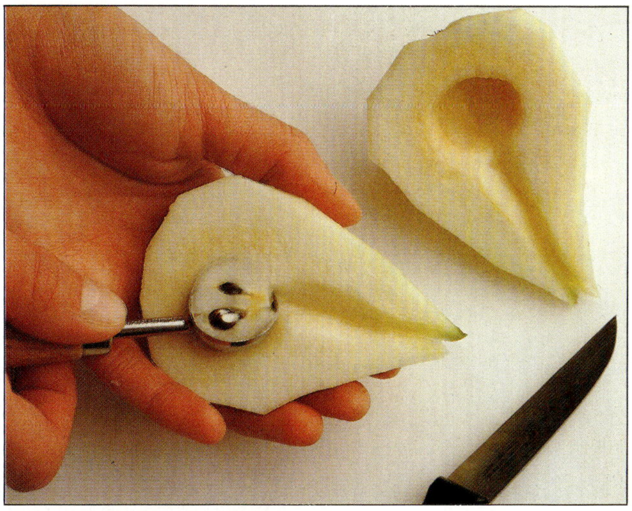

Birnenhälften entkernen

Die Birnen werden halbiert, dann schneidet man keilförmig den Stielansatz heraus und löst das Kernhaus mit einem Löffel oder Kugelausstecher heraus.

BLUMENKOHL

Blumenkohl könnte viel preiswerter sein – wenn nicht die Hausfrauen wären, die ihn sahneweiß haben wollen und nicht elfenbeinfarben, wie er von Natur aus aussieht. Weiß bleibt er aber nur, wenn er vor Licht geschützt wird. Deshalb muß man bei jeder einzelnen Pflanze die Deckblätter über dem Kopf zusammenknicken. Das kostet natürlich viel Arbeitszeit und macht den Kohl so teuer.

Blumenkohl in Senfsauce

Für 4 Portionen:

- 1 Blumenkohl (ca. 850 g)
- Salz
- 30 g Butter oder Margarine
- 20 g Mehl
- 1/8 l Fleischbrühe (Instant)
- 1/8 l Schlagsahne
- 2–3 El körniger Senf
- Pfeffer a. d. Mühle
- 1 Prise Zucker, 2 Eigelb
- 1 Bd. Schnittlauch

1. Blumenkohl putzen, in große Röschen schneiden, waschen und in kochendem Salzwasser 15–20 Minuten kochen lassen.

2. In der Zwischenzeit das Fett in einem Topf zerlassen, das Mehl hineinrühren und anschwitzen. Mit 1/4 l des Kochwassers, Brühe und Sahne auffüllen und etwa 10 Minuten unter Rühren kochen lassen.

3. Mit Senf, Salz, Pfeffer und Zucker kräftig abschmecken. Eigelb verrühren und unter die Sauce rühren.

4. Sauce über die Blumenkohlröschen geben, Schnittlauch in Röllchen schneiden und darüberstreuen. Dazu passen Rostbratwürstchen und Salzkartoffeln.

Vorbereitungszeit: 30 Minuten
Garzeit: 30 Minuten
Pro Portion ca. 8 g Eiweiß, 20 g Fett, 15 g Kohlenhydrate = 1365 Joule (326 Kalorien)

Blumenkohl mit Tomatensauce

Für 4 Portionen:
1 Blumenkohl (ca. 1 kg)
Salz
500 g gemischtes Hack
1 Zwiebel
1 Pk. passierte Tomaten, z. B. Parmalat (500 g)
75 g Tomatenmark
Pfeffer a. d. Mühle
Muskatnuß, Zucker
Oregano
1 El Crème fraîche
250 g junger Gouda
1 Karton Kresse

1. Blumenkohl putzen, waschen und in kochendem Salzwasser 15–20 Minuten garen, abtropfen lassen.

2. Hackfleisch zerzupfen und braten, bis es krümelig ist. Zwiebeln würfeln und in dem Hack glasig werden lassen. Passierte Tomaten und Tomatenmark zugeben und etwa 5 Minuten kochen lassen.

3. Mit Salz, Pfeffer, Muskatnuß, Zucker und Oregano abschmecken und die Crème fraîche unterrühren.

4. Sauce in eine Auflaufform geben. Blumenkohl daraufsetzen. Käsescheiben

darauflegen. Im Backofen bei 250 Grad (Gas 5) 5 Minuten überbacken. Mit Kresse bestreut servieren.

Vorbereitungszeit: 20 Minuten
Garzeit: 20 Minuten
Umluft: ca. 7 Min. bei 225 Grad
Pro Portion ca. 29 g Eiweiß, 32 g Fett, 11 g Kohlenhydrate = 2019 Joule (482 Kalorien)

Rindfleischcurry mit Blumenkohl

Für 4 Portionen:

- 500 g Rinderschmorbraten
- 3 El Öl
- 1–2 El Curry
- 20 g Mehl
- ¼ l Rindfleischbrühe (Instant)
- 1 Becher Crème fraîche (200 g)
- Salz, Pfeffer a. d. Mühle
- 1 Blumenkohl (ca. 800 g)
- 1 Bund Schnittlauch

1. Fleisch würfeln und

portionsweise in dem heißen Öl kräftig anbraten. Curry und Mehl mischen und über das Fleisch streuen, unterrühren.

2. Sofort mit der Brühe auffüllen und zugedeckt etwa 1 Stunde schmoren. Dann die Crème fraîche unterrühren, mit Salz und Pfeffer abschmecken.

3. Blumenkohl putzen, waschen und in kleine Röschen schneiden. In kräftig kochendem Salzwasser etwa 10 Minuten garen.

4. Blumenkohl abtropfen lassen und vorsichtig unter das Curry mischen. Mit Schnittlauchröllchen bestreut servieren.
Dazu paßt Reis.

Vorbereitungszeit: 20 Minuten
Garzeit: ca. 1¼ Stunde
Pro Portion ca. 32 g Eiweiß, 35 g Fett, 12 g Kohlenhydrate = 2181 Joule (521 Kalorien)

Blumenkohlsalat mit Krabben und Curry-Mayonnaise

Für 10 – 12 Portionen:

- 2 große Blumenkohlköpfe
- Salz
- 8 Eier
- 2 Bund Dill
- 6 El Zitronensaft
- Pfeffer aus der Mühle
- 300 g Tiefseekrabben
- 2 Gläser Mayonnaise (80 %)
- 2–4 El milder Curry
- 1/4 l Schlagsahne

1. Den Blumenkohl putzen, waschen und in Röschen zerteilen. Ungefähr 7 Minuten in Salzwasser kochen lassen. Herausnehmen und abkühlen lassen.

2. Die Eier 8 Minuten kochen lassen, abschrecken, pellen und sechsteln.

3. Den Dill hacken und mit 2–4 El Zitronensaft und Pfeffer vermischen. Die Krabben kurz darin marinieren.

4. Die Mayonnaise mit Salz, Pfeffer, dem restlichen Zitronensaft und Curry mit den Quirlen des Handrührers vermischen.

5. Die Sahne steif schlagen und unter die Mayonnaise

ziehen. Noch mal mit Salz und Pfeffer würzen.

6. Den Blumenkohl auf einer Platte anrichten und mit der Mayonnaise begießen. Die Krabben und Eier darauf verteilen. Eventuell mit Dillästchen garnieren.

Zubereitungszeit: 35 Minuten
Pro Portion (bei 10 Portionen) etwa 15 g Eiweiß, 56 g Fett, 8 g Kohlenhydrate = 2733 Joule (653 Kalorien)

Preiswert: lockerer Kopf mit gelblichen Röschen. Teurer: weißer, festgeschlossener Kopf. In Geschmack und Frische können beide gleich sein.

BLUMENKOHL aktuell

Pflegeleichtes Gemüse

Blumenkohl zuzubereiten macht kaum Arbeit. Nur die großen dunkelgrünen Blätter kann man nicht mitessen. Die ganz zarten hellgrünen Blätter dagegen schmecken sehr gut und enthalten viele Mineralstoffe. Am besten, man schneidet sie ab und dünstet sie in etwas Butter.
Der Kohlkopf selbst wird immer in reichlich Salzwasser gekocht. Besonders dekorativ macht sich auf dem Tisch ein unzerteilter Kopf, von dem sich jeder seine Röschen abteilen kann (der harte Strunk bleibt übrig). Dazu den Kohl kurz vor dem Kochen in Salzwasser legen, damit eventuell im Kohl verstecktes Ungeziefer herauskommt. Dann mit dem Strunk nach unten 15–18 Minuten garen.
Für Salate, Eintöpfe oder Mischgemüse trennt man dagegen die Röschen vor dem Kochen vom Strunk. Sie werden in ca. 12 Min. gar.

REICH AN MINERALSTOFFEN

Blumenkohl enthält viele Mineralstoffe.
Der wichtigste ist Kalium (330 mg in 100 g).
Sein Kaloriengehalt: 30 Kalorien pro 100 g.

Frische kann man riechen

Angenehm mild und würzig zugleich schmeckt nur frischer Kohl. Ob er frisch ist oder nicht, das kann man am Geruch erkennen. Beim Kauf sollten Sie sich darum vor allem auf Ihre Nase verlassen. Ein Kopf, der schon im Gemüseregal des Händlers unangenehm riecht, ist alt oder kommt aus dem Kühlhaus. Er wird auch in der besten Sauce nicht gut schmecken.
An der Farbe dagegen, was viele Hausfrauen glauben, erkennt man nicht, wie frisch ein Blumenkohl ist: Bevorzugt werden weiße Köpfe, doch ein elfenbeinfarbener Kohl kann ebenso frisch oder alt sein und geschmacklich so gut wie ein weißer. Heben Sie Blumenkohl nicht länger als zwei, drei Tage zu Hause auf. Er wird auch im Gemüsefach des Kühlschranks schnell welk und penetrant im Geschmack.

MIT CURRY ODER BRAUNER BUTTER

Blumenkohl schmeckt auf klassische Art mit einer holländischen Sauce oder brauner Butter. Ebenso gut können Sie ihn aber auch mit Tomatensauce oder Currysahne servieren.

Blumenkohl für feine Salate putzen

Bei größeren Blumenkohlköpfen ist die Haut an den Stielenden der Röschen hart. Für feine Salate sollten Sie sie darum vom Stielende her abziehen.

Blumenkohl als Rohkost zubereiten

Blumenkohl ist auch eine aromatische Rohkost. Und so wird er zubereitet: Der Kopf wird gründlich gewaschen und auf der groben Seite der Haushaltsreibe geraffelt.

BOHNEN

Bohnen gehören zu den ältesten Gemüsen, die wir kennen. Allerdings aß man hierzulande ursprünglich nur die derben dicken Bohnen, bis im 16. Jahrhundert spanische Eroberer aus Südamerika eine zartere grüne Bohne mitbrachten. Die verdrängte dann in einem rasanten Siegeszug die dicke Bohne von ihrem Platz eins auf der Speisekarte. Und sicherte sich einen Platz in den Herzen der Deutschen: Viele der typischen Regionalgerichte sind ohne die Teilnahme des Neulings grüne Bohne nicht mehr vorstellbar.

Bohnengemüse mit Tomatenspalten

Für 4 Portionen:

750 g grüne Bohnen
1 Bund Bohnenkraut
Salz, 375 g Tomaten
2 Zwiebeln, 3 El Öl
Pfeffer a. d. Mühle
Zucker, 1 Tl Oregano
30 g Butter oder Margarine
1 Bund glatte Petersilie

1. Bohnen waschen, putzen und mit dem Bohnenkraut in kochendem Salzwasser 15–20 Minuten garen, Bohnenkraut herausnehmen.

2. Tomaten kreuzweise einritzen, mit kochendem Wasser überbrühen, abschrecken, häuten, vierteln und die Kerne herauskratzen.

3. Zwiebeln pellen, fein würfeln und in dem Öl glasig werden lassen. Tomatenviertel zugeben und bei milder Hitze 5 Minuten dünsten. Mit Salz, Pfeffer, Zucker und Oregano würzen.

4. Butter oder Margarine in einem Topf zerlassen, die Bohnen darin schwenken. Die Petersilie fein hacken und zugeben.

5. Bohnen auf Teller verteilen und die Tomaten darübergeben.

Vorbereitungszeit: 25 Minuten
Garzeit: 20 Minuten
Pro Portion ca. 5 g Eiweiß, 14 g Fett, 13 g Kohlenhydrate = 885 Joule (211 Kalorien)

Bohnensalat

Für 4 Portionen:
500 g grüne Bohnen
Salz
1 Bund Schnittlauch
6 El Weißweinessig
Pfeffer a. d. Mühle
12 El Öl
250 g Champignons
200 g Lachsschinken

1. Die Bohnen waschen, putzen und in etwa 4 cm große Stücke brechen. In kochendem Salzwasser etwa 20 Minuten garen.

2. Schnittlauch in Röllchen schneiden. Aus Essig, Salz, Pfeffer und Öl eine Salatsauce rühren, Schnittlauch zugeben.

3. Champignons waschen, putzen und in dünne Schei-

ben direkt in die Salatsauce schneiden.

4. Bohnen zugeben und alles etwa 20 Minuten durchziehen lassen. Dann den Lachsschinken in Streifen schneiden und darüberstreuen.

Vorbereitungszeit: 20 Minuten
Garzeit: 20 Minuten
Pro Portion ca. 12 g Eiweiß, 44 g Fett, 8 g Kohlenhydrate = 2155 Joule (515 Kalorien)

Kartoffelsuppe mit Schneidebohnen

Für 6 Portionen:

- 400 g Kartoffeln
- 1 Zwiebel
- 30 g Butter oder Margarine
- 1 l Gemüsebrühe (Instant)
- 500 g grüne Bohnen
- 1 Becher Schlagsahne (200 g)
- Salz
- Pfeffer a. d. Mühle
- 1 Paket Bacon (150 g)
- 1 Bund Majoran

1. Kartoffeln schälen, waschen und in Würfel schneiden. Zwiebel pellen, würfeln und mit den Kartoffeln in der Butter oder Margarine andünsten. Die Brühe dazugießen und alles 15 Minuten zugedeckt kochen lassen.

2. Bohnen waschen, putzen und in kleine Stückchen schneiden. Die Kartoffeln in der Brühe mit dem Schneidstab des Handrührers pürieren. Sahne zugeben, Bohnen in den Topf geben und alles bei milder Hitze nochmals 15 Minuten kochen. Mit Salz und Pfeffer abschmecken.

3. Speck fein würfeln, in der Pfanne knusprig braten und auf Küchenpapier abtropfen lassen. Majoran von den Stielen zupfen und in die Suppe geben.

4. Suppe mit dem Speck bestreuen und servieren.

Vorbereitungszeit: 25 Minuten
Garzeit: 30 Minuten
Pro Portion ca. 8 g Eiweiß, 33 g Fett, 25 g Kohlenhydrate = 2040 Joule (587 Kalorien)

Matjes mit Speckstippe und grünen Bohnen

Für 4 Portionen:

750 g grüne Bohnen

2 Zweige Bohnenkraut

Salz, 750 g Kartoffeln

1 Bund glatte Petersilie

250 g durchw. Speck in Scheiben

20 g Butter oder Margarine

12 Matjesfilets (750 g)

1. Geputzte Bohnen mit Bohnenkraut in Salzwasser 15–20 Minuten garen. Gewaschene Kartoffeln mit Schale in Salzwasser 20 Minuten garen. Petersilie hacken.

2. Speck fein würfeln und knusprig ausbraten.

3. Bohnen und Kartoffeln abgießen. Fett und Petersilie unter die Bohnen geben. Kartoffeln pellen. Matjes mit grünen Bohnen, Kartoffeln und Speckstippe anrichten.

Vorbereitungszeit: 35 Minuten
Garzeit: 20 Minuten
Pro Portion etwa 42 g Eiweiß, 79 g Fett, 36 g Kohlenhydrate = 4874 Joule (1165 Kalorien)

Rindfleischsalat mit Meerrettichsauce

Für 6 Portionen:

1 kg Ochsenbein
6 Zwiebeln, Salz
2 Lorbeerblätter
500 g grüne Bohnen
500 g Tomaten
50 g frischer Meerrettich
5–6 El Zitronensaft
Pfeffer a. d. Mühle, 8 El Öl

1. Rindfleisch mit 1 gepellten, geviertelten Zwiebel, Salz und Lorbeer in kochendem Salzwasser ca. 1½ Stunden garen. Herausnehmen, abkühlen lassen, vom Knochen lösen, Fett entfernen. Fleisch in Scheiben schneiden.

2. Bohnen waschen, putzen, in Stücke schneiden, in kochendem Salzwasser 10–15 Minuten garen, kalt abschrecken und abtropfen lassen.

3. Tomaten waschen, Blütenansatz herausschneiden. Tomaten achteln.

4. Restliche Zwiebeln pellen, halbieren, quer in dünne Spalten schneiden.

5. Fleisch, Bohnen, Tomaten und Zwiebeln in einer Schüssel mischen.

6. Den Meerrettich waschen, schälen, auf der Haushaltsreibe (oder in der Küchenmaschine) fein reiben, mit Zitronensaft verrühren, salzen und pfeffern. Dann das Öl unterrühren.

7. Salatsauce unter die anderen Zutaten mischen. 20 Minuten durchziehen lassen. Vor dem Servieren eventuell nachwürzen.

Vorbereitungszeit: 45 Minuten
Garzeit: 1½ Stunden
Pro Portion ca. 32 g Eiweiß, 26 g Fett, 12 g Kohlenhydrate = 1813 Joule (433 Kalorien)

Bohnengemüse in Thymian-Senfsahne

Für 4 Portionen:
750 g grüne Bohnen
Salz
1 Becher Schlagsahne (200 g)
1 Becher Crème fraîche (200 g)
1 El Senf, mittelscharf
Pfeffer a. d. Mühle
1 Bund Thymian

1. Bohnen waschen, putzen und in kochendem Salzwasser 15–20 Minuten kochen.

2. Sahne und Crème fraîche in einem breiten, flachen Topf etwa 5–10 Minuten dicklich einkochen. Mit Senf, Salz und Pfeffer würzen, abschmecken.

3. Thymian von den Stielen

zupfen, etwas hacken und unter die Sauce geben.

4. Bohnen auf den Tellern anrichten, mit der Sauce übergießen.
Dazu passen Lammkoteletts und frisches Baguette.

Vorbereitungszeit: 20 Minuten
Garzeit: 15–20 Minuten
Pro Portion ca. 6 g Eiweiß, 35 g Fett, 13 g Kohlenhydrate = 1914 Joule (457 Kalorien)

So vielseitig ist das Bohnenangebot im Sommer: oben Wachsbohnen, grüne Brechbohne, Prinzeßbohnen, neben ihnen dicke Bohnenkerne, darunter die glänzende Schote der Dicken Bohne, ganz unten die flache Schneidebohne.

BOHNEN aktuell

Schätze aus der Neuen Welt

Auch die Gartenbohne gehört wie Kartoffel und Tomate zu den Schätzen, die die Seefahrer aus der Neuen Welt mit nach Europa brachten. Im 16. Jahrhundert kam sie über Italien zu uns nach Deutschland. Bis dahin kannte man bei uns nur die Dicke oder Pferdebohne und die Langbohne, beides Sorten, von denen nur die Kerne, nicht aber die Hülsen zum Verzehr geeignet sind. Deshalb betrachtete man die neuen Bohnen, bei denen nicht der Kern, sondern die fleischige Hülse die kulinarische Hauptsache ist, zuerst mit Mißtrauen. Und es dauerte lange Zeit, bis sie sich bei uns einbürgerten. Dafür aber um so gründlicher: Heute sind Bohnen ein Standardgemüse, das weder aus der feinen noch aus der deftigen Küche wegzudenken ist. Die alten Sorten dagegen gerieten aus der Mode und werden heute hauptsächlich nur noch als Viehfutter angebaut, wie die Bezeichnungen Acker-, Pferde- oder Saubohne beweisen. Die neuen Bohnen aus Übersee kommen als Gartenbohnen klassifiziert in den Handel.

Niedrig gezüchtet

Die Bohnenpflanzen, die von den Indios kultiviert und die ursprünglich auch bei uns angebaut wurden, waren sogenannte Stangenbohnen. Diese Rankgewächse mußten an Stangen oder Schnüren gezogen werden. Anbau und Ernte dieser Kletterbohnen war aber recht arbeitsaufwendig, deshalb züchtete man die niedrig wachsende Buschbohne. Inzwischen ist die Stangenbohne zumindest aus dem Erwerbsanbau fast völlig verschwunden. Was sehr schade ist, denn sie ist aromatischer im Geschmack als die Buschbohne. Darum unbedingt zugreifen, wenn im Handel Stangenbohnen angeboten werden. Sie können sie an ihrem Stengel unterscheiden: Der von Stangenbohnen ist lang und dünn, der von Buschbohnen kurz und kräftig.

Wichtiges über die Sortengruppen

Es gibt zahlreiche unterschiedliche Bohnensorten: Kerne weiß, grün, gelb oder violett gefärbt, Hülsen rund, oval oder flach. Blauhülsige Sorten werden nur von Hobbygärtnern angebaut, und gelbe Sorten, die sogenannten Wachsbohnen, werden hauptsächlich für die Konservierung verwendet.

Die für den Verbraucher wichtigsten Bohnen sind die grünen mit den runden oder rund-oval geformten Hülsen. Hier unterscheiden wir nach Größe und Feinheit im Geschmack zwischen Prinzeß-, Delikateß- und Brechbohnen. Am größten und derb im Geschmack sind die Brechbohnen. Sie werden zum Verzehr in mundgerechte Stücke gebrochen. Die früh geernteten, zartesten sind die Prinzeßbohnen (französisch: Haricots verts). Und die feinsten unter den feinen sind die Bohnen aus Kenia. Dort hat man sich darauf spezialisiert, die Bohnen ausgesucht zart und jung zu ernten. Eine flachovale oder ganz flache Form und größere, grobfleischige Hülsen dagegen haben die Schnittbohnen. Vor dem Verzehr werden sie in Stücke geschnitten.

Eine Bohnenart für sich sind die Dicken Bohnen, auch Saubohnen oder Puffbohnen genannt, die nicht zur engeren Bohnen-, sondern zur Wickenfamilie gehören. Bei ihnen können nur die nierenförmigen Kerne gegessen werden.

Niemals welke Bohnen kaufen

Kaufen Sie nur Bohnen, die straff und knackig sind. Welke Bohnen haben weniger Aroma, weniger Vitamine und brauchen eine längere Garzeit. Außerdem sollten die Bohnen weder braune noch faulige Stellen auf-

SO GESUND SIND BOHNEN

Bohnen sind besonders resistent gegen schädliche Umwelteinflüsse. Im Gegensatz zum Beispiel zu Salat oder Pilzen nehmen sie die umweltbedingten Schadstoffe nur wenig auf. Sie bleiben bei ihnen nur zum Teil auf der Hülse sitzen. Durch gründliches Waschen werden sie entfernt. Und das steckt an hochwertigen Inhaltsstoffen in 100 g Bohnen:
2,2 g pflanzliches Eiweiß, 260 mg Kalium, 50 mg Kalzium, beachtliche Mengen Vitamin A und B_2.
Außerdem sind sie fast so kalorienarm wie Blattsalat: in 100 g sind nur 33 Kalorien enthalten.

weisen. Auch frische Dicke oder Saubohnen sollten immer glatte, feste Hülsen haben.

Nur kurz lagerfähig

Bohnen sollten Sie nie länger als zwei Tage aufbewahren, und zwar im Gemüsefach des Kühlschranks. Sie werden sonst schlaff und welk. Welke Hülsen werden zwar wieder straff, wenn man sie in kaltes Wasser legt, aber einmal verlorenes Aroma und Vitamine bekommen sie nicht zurück.

Immer mit etwas Fett servieren!

Bohnen kocht man entweder in wenig Salzwasser mit Bohnenkraut und fügt ihnen nach dem Abtropfen einen Stich Butter zu. Oder man gibt sie nach italienischer Art tropfnaß in einen Topf mit etwas Öl oder Butter und dünstet sie auf kleiner Flamme. Fett unterstreicht das Bohnenaroma. Die zarten Kenia-Bohnen sind nach ungefähr sechs Minuten gar, die Brech- und Schnittbohnen brauchen bis zu 20 Minuten. Auf jeden Fall aber: Bohnen nie ganz weich kochen, sie sollten noch Biß haben.

Man würzt sie mit Petersilie oder Bohnenkraut. Sie schmecken aber auch mit Basilikum, Knoblauch, Oregano oder Thymian. Und auch das paßt zu Bohnen: Etwas Zitrone, Sahne oder das Aroma von Räucherspeck.

So bleiben die Bohnen dunkelgrün

Zu lange gekochte oder zu lange warm gehaltene Bohnen verfärben sich grau-oliv bis gelbgrün. Sie sehen nicht besonders appetitanregend aus. Darum Bohnen möglichst nie zu lange kochen, und auch möglichst erst unmittelbar vor dem Servieren zubereiten! Und für einen Salat nicht zu lange in der Marinade ziehen lassen. Kommen Sie in eine Situation, in der Sie sie einige Zeit vorher garen müssen, dann wenden Sie den Trick der Spitzenköche an: Die Bohnen knapp gar kochen und in Eiswasser abschrecken, das stabilisiert die Farbe. Vor dem Servieren in Butter aufwärmen.

BOHNEN NUR GEKOCHT ESSEN!

Frische, grüne Bohnen enthalten den Eiweißstoff Phasin, in dem sich Spuren von Blausäure befinden. Dieses Gift wird durch Kochen zerstört. Darum sollten Sie Bohnen grundsätzlich mindestens 2–3 Minuten blanchieren.

Brechbohnen putzen

Seitdem man fadenlose Brechbohnen züchtet, ist das Putzen ganz einfach: Man schneidet jeder Bohne Spitze und Stielansatz ab und bricht sie in Stücke.

Dicke Bohnen palen: erster Schritt

Dicke Bohnen müssen gepalt werden. Dazu zieht man zuerst den an der Schotenunterseite befindlichen Faden vom Stielansatz her ab.

Dicke Bohnen palen: zweiter Schritt

Dann kann man die Schote aufbrechen und mit dem Daumen die locker in der Schote sitzenden Bohnenkerne herausschieben.

Schneidebohnen vorbereiten

Schneidebohnen haben derberes Fleisch. Man schneidet es schräg in schmale Streifen. Dazu hält man die Bohne hochkant zwischen Daumen und Mittelfinger.

BROCCOLI

Wußten Sie, daß Sie Blütenknospen essen, wenn Sie Broccoli auf dem Teller haben? Denn was uns so gut als Gemüse schmeckt, das sind die Blütenstände und Knospen einer Kohlpflanze. Darin gleicht der Broccoli seinem weißen Verwandten, dem Blumenkohl, dem er übrigens auch im Geschmack ähnlich ist.

Broccoli-Salat

Für 6 – 8 Portionen:
- 700 g Broccoli
- 300 g Blumenkohl
- 250 g Möhren, Salz
- 10 El Weißweinessig
- Pfeffer a. d. Mühle
- Zucker
- 10 El Öl
- 200 g geräucherte Putenbrust in Scheiben

1. Broccoli und Blumenkohl waschen, putzen und in Röschen teilen. Broccoli-

stiele schälen und in Scheiben schneiden. Möhren putzen und in Scheiben schneiden.

2. Blumenkohl in kochendem Salzwasser 5 Minuten garen, dann Broccoli und Möhren dazugeben und weitere 5 Minuten garen.

3. Gemüse zum Abtropfen auf ein Sieb geben, 4 El Kochwasser auffangen.

4. Aus Kochwasser, Essig, Salz, Pfeffer, einer Prise Zucker und Öl eine Salatsauce rühren und unter das noch warme Gemüse geben. Zugedeckt 10 Minuten durchziehen lassen, dann nochmals vorsichtig durchmischen.

5. Mit den Putenbrustscheiben servieren.

Vorbereitungszeit: 20 Minuten
Garzeit: 10 Minuten
Pro Portion (bei 8 Portionen) ca. 7 g Eiweiß, 18 g Fett, 5 g Kohlenhydrate = 908 Joule (217 Kalorien)

Broccoli-Tarte

Für 4 – 6 Portionen:

1 Paket Blätterteig (TK, 300 g)
500 g Broccoli
150 g Salami
10 g Butter oder Margarine
⅛ l Fleischbrühe (Instant)
¼ l Schlagsahne
75 g Parmesan, gerieben
3 Eier, Pfeffer
Muskatnuß, gemahlen
Mehl für die Arbeitsfläche

1. Blätterteigscheiben auseinanderlegen und antauen lassen. Broccoli waschen, putzen, in Röschen teilen. Die Stiele schälen und in Scheiben schneiden.

2. Salami würfeln, Butter oder Margarine in einem Topf zerlassen und die Broccolischeiben darin andünsten. Brühe, ⅛ l Schlagsahne und 50 g Parmesan zugeben, unter Rühren aufkochen.

3. Eier mit der restlichen Sahne verquirlen und unter die Käsesauce rühren, mit Pfeffer und Muskat würzen.

4. Blätterteigscheiben aufeinanderlegen und auf einer bemehlten Arbeitsplatte auf die Größe einer Tarte-Form ausrollen (26 cm ∅) und in die kalt ausgespülte Form legen. Den Teigrand geradeschneiden.

5. Salamiwürfel auf den Teig geben, die Sauce darübergießen. Broccoliröschen in der Form verteilen und mit dem restlichen Parmesan bestreuen. Im vorgeheizten Backofen bei 200 Grad (Gas 3) 20 Minuten auf dem Boden des Backofens backen. Dann die Tarte auf der zweiten Einschubleiste von unten weitere 10 Minuten backen und in der Form auskühlen lassen.

Vorbereitungszeit: 30 Minuten
Garzeit: 35 Minuten
Umluft: 30 Minuten bei 175 Grad
Pro Portion (bei 6 Portionen) ca. 18 g Eiweiß, 47 g Fett, 21 g Kohlenhydrate = 2498 Joule (597 Kalorien)

Lammeintopf mit Broccoli

Für 6 – 8 Portionen:

1 kg Lammschulter ohne Knochen, 3 El Öl
40 g Mehl
1 l Fleischbrühe (Instant)
1 Becher Crème fraîche
300 g Broccoli
250 g Zucchini
1 Bund Frühlingszwiebeln
1–2 Knoblauchzehen, Salz
Pfeffer, 1–2 Tl Thymian

1. Fleisch von Fett und Sehnen befreien, würfeln und in dem heißen Öl kräftig anbraten. Mehl darüberstäuben, kurz mitbraten lassen und dann mit Brühe ablöschen. Crème fraîche zugeben, zugedeckt 45 Minuten garen.

2. Broccoli waschen, in Röschen teilen, Stiele schälen und in Scheiben schneiden. Zucchini waschen, putzen, längs halbieren und in Scheiben schneiden.

3. Frühlingszwiebeln waschen, putzen und in Scheiben schneiden. Zusammen

mit Broccoli und Zucchini nach 45 Minuten zum Fleisch geben. Zugedeckt weitere 15 Minuten garen.

4. Knoblauch pellen und pürieren, zum Eintopf geben. Alles mit Salz, Pfeffer und Thymian abschmecken.

Vorbereitungszeit: 30 Minuten
Garzeit: 60 Minuten
Pro Portion (bei 8 Portionen) 21 g Eiweiß, 31 g Fett, 10 g Kohlenhydrate = 1736 Joule (415 Kalorien)

Broccolisuppe

Für 4 Portionen:
500 g Broccoli
2 Zwiebeln (ca. 80 g)
30 g Butter oder Margarine
$^3/_4$ l Brühe (Instant)
$^1/_8$ l Schlagsahne
3–4 El helle Mehlschwitze (aus der Packung)
Salz, Pfeffer a. d. Mühle
Muskatnuß, frisch gerieben
1 Bund Schnittlauch

1. Broccoliröschen von den Stielen schneiden. Stiele dünn schälen und in Scheiben schneiden. Zwiebeln pellen, fein würfeln und in Butter oder Margarine glasig dünsten.

2. Die Broccolistiele zugeben, und ebenfalls glasig

dünsten. Brühe angießen und zugedeckt 15 Minuten garen.

3. Sahne zugießen und alles mit dem Schneidstab des Handrührgeräts pürieren. Die Mehlschwitze einstreuen und aufkochen lassen.

4. Die Suppe mit Salz, Pfeffer und Muskat kräftig würzen. Röschen dazugeben und 5 Minuten darin garen.

5. Schnittlauch in Röllchen schneiden, vor dem Servieren über die Suppe streuen.

Vorbereitungszeit: 20 Minuten
Garzeit: 15 Minuten
Pro Portion ca. 5 g Eiweiß, 21 g Fett, 10 g Kohlenhydrate = 1100 Joule (262 Kalorien)

Beim Broccoli ißt man nicht nur die zarten Röschen, die Blütenknospen der Kohlpflanze, sondern auch die Stiele. Die dickeren Stiele müssen allerdings geschält werden. Sie erinnern im Geschmack ein bißchen an Spargel.

BROCCOLI *aktuell*

Kleine Blütenknospen sind am besten

Im Gegensatz zu seinem weißen Verwandten, dem Blumenkohl, muß Broccoli nicht unbedingt dicke, geschlossene Köpfe haben. Die kleineren Röschen sind nämlich zarter. Stiele und Blätter werden mitgegessen, deshalb gibt es beim Putzen von Broccoli auch kaum Abfall.

BRÖCKELKOHL
Schon im 18. Jahrhundert war er bei uns ein beliebtes Gemüse. Damals hieß er allerdings nicht Broccoli, sondern hatte den gut-deutschen Namen Bröckelkohl.

Beim Einkauf sollten Sie unbedingt darauf achten, daß Broccoli immer knackigfrisch ist und keine welken Blätter aufweist. Außerdem sollte er immer dunkelgrün aussehen, denn gelbliche oder violette Verfärbungen an den Köpfen zeigen nämlich, daß er zu blühen anfängt. Und blühende Köpfe büßen erheblich an Geschmack ein.

Längere Kochzeit für Stiele

Wenn Sie Broccoli zum Kochen vorbereiten, trennen Sie zuerst die kleinen Köpfchen von den Stielen. Die Stiele werden von den größeren Blättern befreit, die nicht mitgegessen werden. Zum Garen geben Sie zuerst die Stiele ins kochende Wasser, da sie eine längere Kochzeit haben. Nach sechs Minuten kommen die Röschen dazu, nach weiteren sechs Minuten sind Stiele und Röschen gleichzeitig gar.

So vielseitig wie Blumenkohl

Broccoli schmeckt ähnlich wie Blumenkohl, jedoch noch würziger und intensiver. Deshalb können Sie ihn auf dieselbe Weise servieren wie Blumenkohl, zum Beispiel mit brauner Butter oder mit einer holländischen Sauce, auf polnische Art (mit Butter, Semmelbröseln und gehacktem Ei) oder auf römische Art (mit Knoblauch in Öl gedünstet, mit Zitronensaft beträufelt). Broccoli schmeckt aber auch gut mit einer Käsesauce überzogen und gratiniert. Er läßt sich gut mit anderen Gemüsen kombinieren, zum Beispiel mit Spargel, mit Möhren und mit Tomaten. Er schmeckt gut zusammen mit Kartoffeln. Besonders apart: Broccoli und Blumenkohl.

NOCH GESÜNDER ALS BLUMENKOHL
Broccoli enthält mehr Mineralstoffe und Vitamine als Blumenkohl:
zum Beispiel 40mal soviel Carotin, ungefähr doppelt soviel Vitamin C, Eisen und Kalium.
Sein Kaloriengehalt:
33 Kalorien pro 100 g.

Broccoli putzen

Zuerst trennt man Röschen von den Stielen. Den feinen Stielen zieht man mit einem Messer die Haut ab, die dicken werden geschält und in Scheiben geschnitten.

Broccoli blanchieren

Wenn Sie Broccoli für Salate verwenden wollen, sollten Sie ihn blanchieren, danach kurz mit Eiswasser abschrecken, damit er schön grün bleibt. Er wird nie roh gegessen.

CHAMPIGNONS

Die meisten Champignons werden bei uns immer noch als Konserven gekauft und gegessen. 110.000 Tonnen importieren wir jährlich in Dosen – nur ganze 20.000 Tonnen werden als frische Pilze verkauft. Und das ist ein Jammer, denn frische Champignons schmecken unvergleichlich besser – vor allem, wenn man die neuen Sorten nimmt, die braunen oder rosafarbenen. Für Kenner besonders lecker: Frische Champignons, knackig-roh im gemischten Salat angerichtet.

Schmorbraten mit Champignons

Für 6 Portionen:

- 1,5 kg Rinderschmorbraten
- Salz, Pfeffer
- 30 g Butterschmalz
- 1 kg Champignons
- 500 g Schalotten
- 8 Lorbeerblätter
- 1 Becher Crème fraîche
- 2–3 El dkl. Saucenbindemittel

1. Fleisch mit Salz und Pfeffer einreiben. In dem Butterschmalz von allen Seiten kräftig anbraten. Im vorgeheizten Backofen zugedeckt bei 225 Grad (Gas 4) $1\frac{1}{2}$–2 Stunden garen. Dabei nach und nach $\frac{1}{4}$ l Wasser zugießen.

2. Champignons putzen

und waschen, Schalotten pellen. Nach etwa 1 Stunde beides mit den Lorbeerblättern zum Fleisch geben.

3. Fertiges Fleisch herausnehmen und in Scheiben schneiden. Mit Champignons und Schalotten anrichten und warm stellen.

4. Sauce aufkochen lassen, Crème fraîche unterrühren, salzen, pfeffern und mit Saucenbindemittel binden.

Vorbereitungszeit: 60 Minuten
Garzeit: 2 Stunden
Umluft: 2–$2\frac{1}{4}$ Stunden bei 225 Grad
Pro Portion ca. 59 g Eiweiß, 23 g Fett, 17 g Kohlenhydrate = 2305 Joule (550 Kalorien)

Champignonsalat

Für 4 Portionen:

150 g Feldsalat

375 g Champignons

6 El Zitronensaft

Salz, Pfeffer a. d. Mühle

10 El Öl

1 Bund Schnittlauch

1. Feldsalat waschen und verlesen, Champignons kurz waschen und putzen.

2. Aus Zitronensaft, Salz, Pfeffer und Öl eine Sauce rühren. Schnittlauch in Röllchen schneiden und zur Sauce geben.

3. Champignons in dünne Scheiben schneiden.

4. Erst den Feldsalat in der Sauce wenden, abtropfen lassen und auf einer Platte anrichten. Dann die Champignons in der Marinade wenden und auf dem Feldsalat verteilen.
Dazu passen Baguette und Rosé-Wein.

Vorbereitungszeit: 20 Minuten
Pro Portion ca. 3 g Eiweiß, 25 g Fett, 6 g Kohlenhydrate = 1133 Joule (270 Kalorien)

CHAMPIGNONS

Brot-Pizza mit Champignons

Für 4 Portionen:
8 Scheiben Roggentoast
1 Pk. dän. Frühstücksspeck (Bacon, 150 g)
2 Zwiebeln
750 g Champignons
Salz, Pfeffer
250 g Tomaten, Oregano
250 g Gouda, mittelalt

1. Toastbrot toasten und in eine Form oder auf ein Backblech legen. Bacon in Streifen schneiden und in einer Pfanne anbraten.

2. Zwiebeln pellen, fein würfeln und im Speckfett glasig werden lassen. Champignons putzen, waschen, vierteln und zum Speck-Gemisch geben. So lange dünsten, bis die Flüssigkeit vollständig verdampft ist. Salzen und pfeffern.

3. Die Pilz-Mischung auf die Toastscheiben verteilen.

Tomaten waschen, in Scheiben schneiden und auf die Champignons legen. Salzen und pfeffern, mit Oregano bestreuen.

4. Käse in Scheiben schneiden und auf den Tomaten verteilen. Im vorgeheizten Backofen bei 225 Grad (Gas 4) auf mittlerer Einschubleiste goldbraun überbacken.

Vorbereitungszeit: 30 Minuten
Garzeit: 20 Minuten
Umluft: etwa 25 Min. bei 200 Grad
Pro Portion ca. 29 g Eiweiß, 44 g Fett, 37 g Kohlenhydrate = 2883 Joule (689 Kalorien)

Geschnetzeltes mit Champignons

Für 4 Portionen:

500 g Kalbfleisch aus der Keule

1 Zwiebel

250 g Champignons

2 Beutel getrocknete Steinpilze (à 3 g)

30 g Butterschmalz

$\frac{1}{8}$ l Weißwein

100 g Crème fraîche

1 El helles Saucenbindemittel

Salz

1. Das Kalbfleisch mit einem scharfen Messer erst in dünne Scheiben, dann in Streifen schneiden. Zwiebel pellen und würfeln, Champignons waschen, putzen und in dünne Scheiben schneiden. Getrocknete Pilze in $\frac{1}{8}$ l warmem Wasser einweichen.

2. Das Butterschmalz in einer Pfanne zerlassen und

das Fleisch darin portionsweise anbraten, warmstellen. Wenn alles Fleisch verbraucht ist, die Zwiebeln und die Champignons in dem Fett anschwitzen.

3. Die getrockneten Pilze mit dem Einweichwasser und den Wein zugeben, einige Minuten einkochen lassen. Dann Crème fraîche und Saucenbindemittel zugeben, einmal aufkochen lassen und mit Salz abschmecken. Fleisch wieder zugeben und etwa 1 Minute ziehen lassen, abschmecken. Dazu passen Spätzle und Feldsalat.

Vorbereitungszeit: 25 Minuten
Garzeit: 15–20 Minuten
Pro Portion ca. 28 g Eiweiß, 19 g Fett, 6 g Kohlenhydrate = 1464 Joule (350 Kalorien)

Bandnudeln mit Champignons

Für 4 Portionen:

- 375 g Bandnudeln, Salz
- 500 g Porree
- 500 g Champignons
- 20 g Butterschmalz
- 375 ccm Schlagsahne
- $\frac{1}{8}$ l Weißwein
- 250 g mittelalter Gouda
- 1–2 El Saucenbindemittel (hell)
- Pfeffer a. d. Mühle
- Muskat

1. Nudeln in viel Salzwasser nach Vorschrift garen.

2. Porree putzen, halbieren, waschen, in schmale Streifen schneiden. Pilze putzen, waschen, große Köpfe halbieren, in Butterschmalz braun braten. Porree zugeben, glasig dünsten.

3. Nudeln abgießen, wieder in den Topf geben, mit dem Gemüse mischen.

4. Sahne und Wein zum Kochen bringen, grob geraffelten Käse darin schmelzen lassen. Saucenbindemittel einrühren, einmal aufkochen. Mit Salz, Pfeffer und Muskat würzen. Sauce unter die Nudeln mischen.

Vorbereitungszeit: 20 Minuten
Garzeit: 15 Minuten
Pro Portion ca. 34 g Eiweiß, 54 g Fett, 85 g Kohlenhydrate = 4635 Joule (1108 Kalorien)

Die zahlreichen Arten sind Züchtungen der gleichen Gattung: die weißen Champignons mit glatten, glänzend-weißen Köpfen und die sogenannten „rosa“ oder „blonden“ Champignons mit bräunlichen, schuppigen Köpfen.

CHAMPIGNONS aktuell

Als Konserve bevorzugt

Als der Champignon noch Egerling hieß und wild in Wald und Feld wuchs, war er ein seltenes Luxusgemüse. Seit es aber gelang, den Champignon zu züchten, ging es – zumindest mengenmäßig – sprunghaft aufwärts mit ihm: Bei uns in Deutschland werden inzwischen pro Jahr rund 130.000 Tonnen Champignons gegessen.

Der weitaus größte Teil davon – nämlich rund 110.000 Tonnen – wird allerdings konserviert gegessen. Aber an das Aroma eines frischen Pilzes kommt die beste Konserve nicht heran.

Züchtung auf Pferdedung

Angeblich war es ein in Ungnade gefallener Offizier Napoleons, dem wir die Entdeckung verdanken, daß Champignons sich züchten lassen. Dieser Offizier mußte sich nämlich eine Zeitlang in einem verlassenen Steinbruch verbergen, der von einem Kavalleriecorps als Abladeplatz benutzt wurde. Und auf Pferdemist wachsen die besten Champignons. Der Offizier ernährte sich von den Pilzen und vertrieb sich die Zeit damit, zu beobachten, wie sie wuchsen. Pferdemist wird zum Teil auch heute noch für die Champignonaufzucht genommen, das heißt, eine Mischung aus pasteurisiertem Pferdemist und Torf. Man geht aber immer mehr dazu über, die Pilze in anderem Kompost, wie z. B. Kalkmergel, wachsen zu lassen.

Champignons werden von Hand geerntet und kommen möglichst noch am selben Tag auf den Großmarkt und zum Händler.

Die meisten der frischen Champignons, die bei uns angeboten werden, kommen übrigens aus Deutschland. Es gibt über 100 Champignonanbauer bei uns. Die restlichen Pilze importieren wir aus Holland und aus Frankreich.

WENN SIE CHAMPIGNONS SELBST SAMMELN WOLLEN

Zuchtchampignons haben noch einen unschätzbaren Vorzug vor den wildwachsenden: Unter ihnen befindet sich unter Garantie kein Knollenblätterpilz, der leider immer wieder mit Champignons verwechselt wird. An zwei untrüglichen Kennzeichen können Sie aber diesen giftigsten aller heimischen Pilze vom Champignon unterscheiden: Seine Lamellen sind weiß, während die des Champignons rosa bis braun sind. Außerdem ist er als ganz junger Pilz von einer membranartigen Haut umgeben, die beim ausgereiften Pilz noch als wulstartige Verdickung am Fuß deutlich zu erkennen ist. Dem Champignonfuß fehlt eine solche wulstige Haut.

Großer Pilz, kräftiges Aroma

Ein frischer Champignon ist immer jeder Konserve vorzuziehen. Aber auch die frischen schmecken nicht alle gleich, obwohl alle Champignons Züchtungen derselben Gattung sind.

Zu allererst sollten Sie sich von dem Vorurteil trennen, daß die kleinen Exemplare mit den hübsch geschlossenen Köpfen besser schmekken als die größeren mit den dunklen Lamellen. Das Gegenteil ist richtig: Die kleinen Pilze sind nämlich ganz einfach noch nicht so voll ausgereift wie die größeren. Sie können darum auch nicht das Aroma haben, das ein größerer Pilz besitzt.

Bei ihnen liegt auch der Wasseranteil bei 92–93 Prozent, bei den größeren, ausgereiften ist er geringer: nämlich nur 85 Prozent.

Dunkle Köpfe kräftiger im Geschmack

Die meisten Leute ziehen immer noch die Champignons mit den glatten reinweißen Köpfen denen mit den bräunlich-schuppigen vor. Dabei haben die Pilze mit den dunkel gefärbten, schuppigen Hüten (im Handel als „rosa" oder „blond" bezeichnet) ein intensiveres Pilzaroma als die weißen. Und zwar aus folgendem Grund: Diese Sorten benötigen eine längere Reifezeit als die schnellwachsenden weißen Sorten. Sie haben also auch mehr Zeit, ihr Pilzaroma zu entwickeln. Darum sind sie auch immer etwas teurer. Aber probieren Sie sie einmal selbst. Dann werden Sie merken, der Aufpreis lohnt sich.

Ein pflegeleichter Pilz

Champignons schmecken am besten, wenn sie ganz frisch gegessen werden. Frische Pilze erkennt man an der straffen Haut, die frei von braunen Druck- oder Faulstellen ist. Reife Köpfe sollen fest und geöffnet sein, sie dürfen aber an den Rändern weder welk noch schlaff sein. Sie überstehen aber auch ein bis zwei Tage im Gemüsefach des Kühlschranks ohne große Aromaeinbußen. Dann sollte man sie allerdings locker und luftig ausbreiten.
Champignons zu putzen, macht wenig Arbeit. Es lohnt sich darum nicht, schon geputzte Ware zu kaufen, die manchmal angeboten wird. Denn sie ist teuer und – weil an den Stielenden schon beschnitten – immer auch weniger knackig.

AUFWÄRMEN ERLAUBT

Die alte Regel, daß man Pilze nicht aufwärmen darf, trifft nicht mehr zu: Man darf! Wichtig ist aber, daß man sie sofort, nachdem sie gegart und abgekühlt sind, in den Kühlschrank stellt. Dort halten sie sich bis zu zwei Tagen. Bei Zimmertemperatur jedoch zersetzt sich das Pilzeiweiß und wird unbekömmlich.

Roh ein Genuß

Zuchtchampignons schmecken zwar nicht ganz so aromatisch wie die wildwachsenden Pilze. Sie haben aber doch ein paar Vorzüge: Es gibt sie das ganze Jahr über und sie enthalten kaum Schadstoffe, was man von den Waldpilzen leider nicht sagen kann. Schon vor Tschernobyl war der Genuß der wildwachsenden Arten wegen ihres hohen Kadmium-Gehalts nicht ganz unproblematisch. Zuchtpilze kann man auch gut roh essen. Bei Waldpilzen ist das wegen eines möglichen Insektenbefalls nicht ratsam. Feinblättrig geschnittene sind rohe Zuchtchampignons u. a. eine delikate Zutat zu grünen Salaten.

Vielseitiges Gemüse

Champignons lassen sich auf vielerlei Art zubereiten. Klassisch: Die Pilze in Butter mit Zwiebelwürfeln oder Schalotten garen; mit etwas Zitronensaft, Sahne oder Wein verfeinern; mit Pfeffer, Petersilie oder Schnittlauch würzen. Sie schmecken aber auch zum Beispiel auf deftig-provenzalische Art: mit Knoblauch und Lorbeer in gutem Olivenöl gegart. Und, in Maßen angewendet, vertragen sie auch kräftige Mittelmeergewürze wie Basilikum, Rosmarin oder Thymian. Tomaten, Schinken und vor allem aber auch Käse sind Zutaten, die gut mit dem Champignonaroma harmonieren.

DAS STECKT IM CHAMPIGNON

Champignons sind kalorienarm. In 100 g stecken nur 24 Kalorien. Außerdem enthalten sie 2,8 g Eiweiß, 2,8 g Kohlenhydrate, Vitamine der B-Gruppe, Niacin, Kalium und Phosphor. Alle diese Stoffe allerdings nicht in übermäßig großen Mengen.

Champignons putzen

Champignons zu putzen, macht wenig Arbeit. Man schneidet den unteren Teil des Stiels, den Fuß, ab und alle dunkel verfärbten Teile an Stiel und Kopf.

Champignons waschen

Champignons saugen sich schnell mit Wasser voll. Man sollte sie, wenn überhaupt nötig, nur ganz kurz mit fließendem kalten Wasser abbrausen.

Champignon – Duxelles zubereiten

Champignons und Zwiebeln, beides feingehackt, werden zusammen in Butter gegart, bis die Flüssigkeit verdampft ist. Diese klassische Farce ist vielseitig verwendbar.

CHICOREE

Chicoree ist durch reinen Zufall entstanden: ein belgischer Bauer ließ die Zichorienwurzeln im Stall liegen, statt sie gleich in die Rösterei zu bringen (aus gerösteten Zichorienwurzeln wird Kaffee-Ersatz gemacht). In der feuchtwarmen Dunkelheit schlugen die Wurzeln wieder aus – und zwar mit weißlich-gelben Blättern. Ein neues Gemüse war geboren! Mit dem Zichorien-Kaffee ist es seitdem kontinuierlich abwärts gegangen, das neue Gemüse hingegen hat sich etabliert.

Chicoreesalat mit Hähnchenbrust

Für 4 – 6 Portionen:

- 4 Orangen
- 400 g Hähnchenbrust
- 2 El Öl, Salz, Pfeffer
- 2 El Curry, 3 El Weißwein
- 500 g Staudensellerie
- 2 Chicoreekolben (à 100 g)
- 250 g Mayonnaise (50 %)
- Zucker

1. Orangen wie Äpfel schälen. Über einer Schüssel die einzelnen Filets aus den Trennhäuten schneiden. Saft auffangen.

2. Fleisch im heißen Öl von jeder Seite 5 Minuten goldbraun braten, salzen, pfeffern, aus der Pfanne nehmen.

3. Curry im Bratfett kurz anschwitzen. Mit Weißwein und 4 El Orangensaft ablöschen. Abkühlen lassen.

4. Staudensellerie putzen, waschen, quer in Scheiben schneiden.

5. Chicoree halbieren, bittere Keile entfernen. Chicoree waschen, unteren Teil in Streifen schneiden.

6. Hähnchenbrust in Scheiben schneiden, mit Oran-

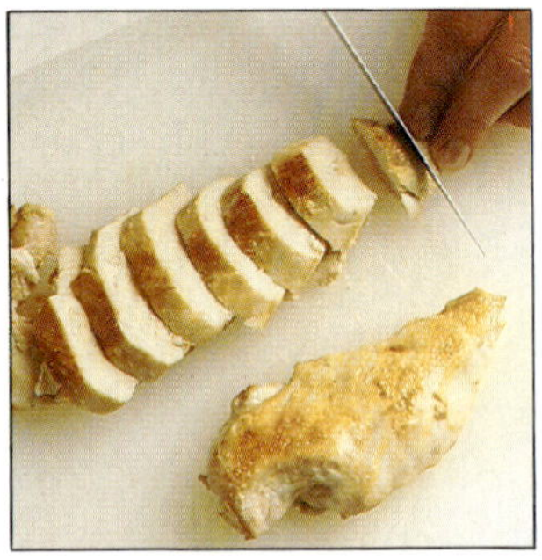

gen, Staudenselleriescheiben und -blättchen und Chicoree mischen.

7. Mayonnaise mit Currysauce verrühren, salzen, pfeffern und mit 1 Prise Zucker würzen.

Vorbereitungszeit: 40 Minuten
Garzeit: 10 Minuten
Pro Portion (bei 6 Portionen) ca. 14 g Eiweiß, 27 g Fett, 16 g Kohlenhydrate = 1570 Joule (375 Kalorien)

Chicoreeblätter mit Champignons

Für 4 – 6 Portionen:

3 Zwiebeln

400 g rosa Champignons

4 El Olivenöl

Salz, Pfeffer

2 El Rotweinessig

Zucker

3 Chicoreekolben (ca. 500 g)

1 Bund glatte Petersilie

1. Zwiebeln pellen, halbieren und fein würfeln. Champignons putzen, waschen und würfeln. Zwiebeln in dem Olivenöl glasig werden lassen, Champignons zugeben und 5 Minuten mitgaren, kräftig salzen und pfeffern.

2. Mit Essig ablöschen, mit

einer Prise Zucker würzen und abkühlen lassen.

3. In der Zwischenzeit den Chicoree putzen, halbieren, das untere Ende keilförmig herauslösen und die Blätter voneinander lösen. Zum Anrichten einige Blätter zurücklassen, die übrigen quer in feine Streifen schneiden und zu den Champignons geben.

4. Petersilie von den Stielen zupfen und hacken. Salat auf den Chicoreeblättern anrichten, mit Petersilie bestreuen.

Vorbereitungszeit: 30 Minuten
Garzeit: 10 Minuten
Pro Portion (bei 6 Portionen) ca. 3 g Eiweiß, 8 g Fett, 5 g Kohlenhydrate = 480 Joule (115 Kalorien)

Chicoreesalat mit Orangen und Äpfeln

Für 4 Portionen:

- 40 g Mandelstifte
- 3 Orangen
- 2 Äpfel
- 3 Chicoreekolben (ca. 500 g)
- 200 g Doppelrahmfrischkäse
- 1 Becher Vollmilchjoghurt (150 g)
- 1 Prise Zucker
- Salz, Pfeffer

1. Mandelstifte in einer

Pfanne ohne Fett goldbraun rösten, abkühlen lassen. Die Orangen über einer Schüssel wie Äpfel schälen und den Saft auffangen. Filets zwischen den Trennhäuten herauslösen, Rest der Früchte gut ausdrücken.

2. Äpfel schälen, vierteln, entkernen, in Spalten schneiden und zu den Orangen geben. Chicoree putzen, am unteren Ende einen Keil herausschneiden, Blätter bis auf die Spitzen in Streifen schneiden und zu den Früchten geben.

3. Saft abgießen und mit Frischkäse und Joghurt verrühren, mit Zucker, Salz und Pfeffer abschmecken. Salat in einer Schale anrichten, mit den Blattspitzen garnieren, mit der Sauce übergießen und mit Mandeln bestreuen.

Vorbereitungszeit: 25 Minuten
Pro Portion ca. 11 g Eiweiß, 24 g Fett, 25 g Kohlenhydrate = 1637 Joule (392 Kalorien)

Chicoree-Risotto

Für 4 Portionen:

- 2 Zwiebeln
- 20 g Butterschmalz
- 200 g Langkornreis
- $\frac{1}{2}$ l Brühe (Instant)
- 2 Fleischtomaten (500 g)
- 3 Chicoree
- 100 g Gruyère (oder andere würzige Hartkäse)
- Salz
- Pfeffer a. d. Mühle
- 1 Bund glatte Petersilie

1. Zwiebeln pellen, fein würfeln und in dem heißen Butterschmalz anschwitzen. Reis dazugeben, anrösten und die Brühe zugießen. Zugedeckt bei mittlerer Hitze 12–15 Minuten garen.

2. Inzwischen die Tomaten an der Unterseite anritzen, die Blütenansätze herausschneiden. Tomaten kurz in kochendes Wasser geben,

kalt abschrecken und abziehen. Vierteln, entkernen und das Fleisch würfeln.

3. Chicoree putzen, den Strunk herausschneiden, die Blätter bis auf die Spitzen in Streifen schneiden. Käse raffeln.

4. Tomaten, Käse und Chicoreestreifen unter den Reis mischen und nochmals 5 Minuten bei mittlerer Hitze weitergaren.

5. Mit Salz und Pfeffer abschmecken. Petersilie hakken (einige Blätter zum Verzieren zurücklassen) und unter den Risotto mischen. Auf den Chicoreespitzen anrichten, mit Petersilie garnieren.

Vorbereitungszeit: 30 Minuten
Garzeit: 20 Minuten
Pro Portion ca. 14 g Eiweiß, 12 g Fett, 49 g Kohlenhydrate = 1586 Joule (378 Kalorien)

Chicoree in Idealform: Der Kolben ist fest geschlossen, die Blätter sind nur an den Spitzen hellgelb verfärbt.

CHICOREE aktuell

Durch Zufall entdeckt

Chicoree ist noch ein sehr junges Gemüse: Es wurde vor ungefähr 150 Jahren in Belgien entdeckt, und zwar durch einen Zufall. Der Chefgärtner des Botanischen Gartens in Brüssel stellte fest, daß die im dunklen Keller gelagerten Zichorienwurzeln unter Wärmeeinfluß nochmals zu treiben begannen. Sie bekamen zarte weiße Sprossen, die Chicoree-Kolben, die ausgezeichnet schmeckten: Zuvor hatte man nur die Wurzeln der Chicoreepflanze verwendet, die geröstet als Kaffee-Ersatz, „Zichorienkaffee", dienten. Noch heute erfolgt der Chicoreeanbau in zwei Arbeitsgängen: Im Frühling und Sommer werden im Freiland die langen Chicoreewurzeln gezogen und geerntet.
Diese läßt man im Herbst und Winter in Dunkelheit und Wärme neu austreiben. Früher legte man dazu im Winter die Wurzeln in den Boden ein. Heute züchtet man Chicoree in Hydrokultur. Die auf herkömmliche Weise gezogenen Wurzeln kommen in mit Nährflüssigkeit gefüllte Container, die in dunklen Gewächshäusern stehen.

GESUNDES WINTERGEMÜSE

Chicoree ist kalorienarm. In 100 g stecken nur 14 Kalorien. Daneben enthält er Vitamine der B-Gruppe (50 mg B_1 und 33 mg B_2 pro 100 g) und viele Mineralstoffe, vor allem Kalium, Kalzium und Phosphor.

Beim Kauf nicht auf Schönheit achten!

Beim Chicoree finden Sie erhebliche Preisunterschiede, die aber nichts mit seinen inneren Qualitäten zu tun haben. Makellos weiße, fest geschlossene Kolben der Qualitätsstufe „extra" kosten wesentlich mehr als lockere Kolben mit leicht gelblichgrün verfärbten Blattspitzen. Im Geschmack unterscheiden sie sich aber nicht voneinander. Darum: Wenn Sie nicht gerade ein repräsentatives Essen geben wollen, sollten Sie den weniger schönen, aber preiswerten Kolben den Vorzug geben.

Problemlos in der Küche

Einen frischen Chicoree-Kolben können Sie ohne weiteres bis zu acht Tagen aufheben. Unter einer Bedingung: Er muß dunkel und kühl gelagert werden, sonst werden seine Blätter intensiv grün und bekommen einen bitteren Geschmack. Am besten ist er im Gemüsefach des Kühlschranks aufgehoben. Das Putzen macht kaum Arbeit. Aber: einmal geschnittenen Chicoree nicht lange in Wasser liegen lassen und sofort weiterverarbeiten, sonst verfärbt er sich.

ALS SALAT UND GEMÜSE GEEIGNET

Chicoree schmeckt roh als Salat, aber auch gedünstet als Gemüse. Roh verträgt er sich mit allen Winterfrüchten und mit Nüssen, aber auch mit Tomaten und Feldsalat. Gedünstet schmeckt er mit Tomaten, Pilzen, Käse, Schinken. Man würzt ihn mit Zitronensaft, Pfeffer, Petersilie, Muskat.

Chicoree schneiden

Man hält den ganzen Kolben am unteren Ende fest und schneidet ihn von der Spitze her mit einem langen Messer in dünne Streifen.

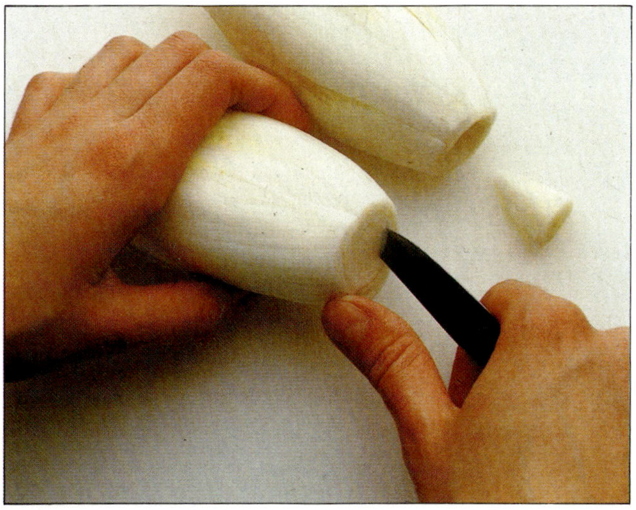

Chicoree putzen

Man schneidet zuerst am unteren Ende eine Scheibe ab und entfernt dann mit einem spitzen Messer den keilförmigen, oft bitteren Stielansatz.

ERBSEN

Frisch, in der Schale, gibt es die Erbsen bei uns nur noch selten zu kaufen. Der Löwenanteil der hier verzehrten Erbsen kommt aus der Dose oder aus der Tiefkühltruhe. Trotzdem sollte man die Saison der frischen Erbsen nutzen, denn junge, süße Markerbsen sind geschmacklich durch nichts zu ersetzen. Und wenn die Sommersaison vorbei ist, kann man all unsere Rezepte mit tiefgefrorenen Erbsen zubereiten. Auch so sind sie einen Versuch wert.

Erbsen-Reis-Pfanne

Für 4 Portionen:

- 1 kg frische Erbsen
- 2 Zwiebeln
- 250 g Porree
- 1 rote und 1 gelbe Paprikaschote
- 500 g Schweineschnitzel
- 30 g Butterschmalz
- 250 g Langkornreis
- $^{3}/_{4}$ l Brühe (Instant)
- Pfeffer, Salz
- Paprikapulver (edelsüß)

1. Erbsen auspalen. Zwiebeln pellen, würfeln, Porree

waschen und in feine Ringe schneiden, Paprika putzen und würfeln, Schweinefleisch in fingerdicke Streifen schneiden.

2. Butterschmalz in einer großen Pfanne erhitzen, das Fleisch darin kräftig anbraten. Fleisch herausnehmen, Reis und Erbsen zugeben, Brühe zugießen und alles 10 Minuten zugedeckt dünsten.

3. Dann das restliche Gemüse zugeben und weitere 10 Minuten schmoren. Fleisch zugeben und erhitzen, mit Pfeffer, Salz und Paprika abschmecken.

Vorbereitungszeit: 30 Minuten
Garzeit: 20 Minuten
Pro Portion ca. 38 g Eiweiß, 19 g Fett, 67 g Kohlenhydrate = 2602 Joule (621 Kalorien)

Reis-Erbsen-Salat mit Krabben

Für 4 Portionen:

1 kg frische Erbsen

Salz

125 g Langkornreis

1 Bund Frühlingszwiebeln

250 g Tiefseekrabben

1 Flasche asiatische Sweet & Sour Sauce (à 250 ml)

1 Bund Dill

Pfeffer, 4 El Zitronensaft

1. Erbsen auspalen. $^3/_8$ l Wasser mit Salz zum Kochen bringen, Reis und Erbsen hineingeben und 15 Minuten kochen. Abkühlen lassen.

2. Zwiebeln putzen, wa-

schen und schräg in Scheiben schneiden.

3. Abgekühltes Reis-Erbsen-Gemisch mit Frühlingszwiebeln, Krabben und Sauce gut vermengen.

4. Dill hacken und untermischen. Mit Pfeffer, Salz und Zitronensaft abschmekken, 20 Minuten ziehen lassen.

Vorbereitungszeit: 35 Minuten
Garzeit: 15 Minuten
Pro Portion ca. 13 g Eiweiß, 1 g Fett, 56 g Kohlenhydrate = 2876 Joule (685 Kalorien)

Erbsensuppe mit Majoran

Für 4 Portionen:

1,5 kg frische Erbsen

1 Zwiebel

30 g Butter oder Margarine

3/8 l Gemüsebrühe (Instant)

1/8 l Schlagsahne

Salz, Pfeffer

1 Bund frischer Majoran

1. Erbsen auspalen. Zwiebel pellen und fein würfeln.

2. Fett in einem Topf zerlassen, Zwiebel darin glasig werden lassen. Erbsen zugeben, kurz andünsten, dann mit der Brühe auffüllen und 20 Minuten leise kochen lassen.

3. Mit der Schaumkelle einige Erbsen aus der Suppe nehmen, den Rest mit dem Schneidstab des Handrührers im Topf fein pürieren.

4. Sahne zugeben, mit Salz, Pfeffer und abgezupftem Majoran würzen. Restliche Erbsen wieder zur Suppe geben.

Vorbereitungszeit: 35 Minuten
Garzeit: 20 Minuten
Pro Portion ca. 10 g Eiweiß, 18 g Fett, 23 g Kohlenhydrate = 1366 Joule (326 Kalorien)

Überbackene Hähnchenbrust auf Erbsengemüse

Für 4 Portionen:

- 1 kg frische Erbsen
- 500 g Hähnchenbrustfilets
- 2 El Öl
- Salz, Pfeffer
- 30 g Butter oder Margarine
- $\frac{1}{8}$ l Brühe (Instant)
- 125 g Emmentaler
- Fett für die Form
- Muskatnuß

1. Erbsen auspalen. Hähnchenbrustfilets in heißem Öl von jeder Seite etwa 5–7 Minuten braten, salzen, pfeffern, beiseite stellen.

2. Butter oder Margarine in einem Topf zerlassen, die Erbsen darin andünsten, Brühe zugeben und 15 Minuten dünsten.

3. In der Zwischenzeit Käse reiben und eine Auf-

laufform ausfetten. Die Erbsen hineingeben, mit Pfeffer, Salz und Muskat würzen.

4. Hähnchenfilets darauflegen, mit dem Käse bestreuen und im vorgeheizten Backofen bei 250 Grad (Gas 5–6) etwa 5 Minuten überbacken.

Vorbereitungszeit: 40 Minuten
Garzeit: ca. 25 Minuten
Umluft: 7 Min. bei 225 Grad
Pro Portion ca. 43 g Eiweiß, 21 g Fett, 16 g Kohlenhydrate = 1929 Joule (461 Kalorien)

Erbsen-Kartoffel-Gemüse in Dillsahne

Für 4 Portionen:

- 1 kg frische Erbsen
- 500 g Kartoffeln
- 40 g Butter oder Margarine
- $\frac{1}{8}$ l Hühnerbrühe (Instant)
- $\frac{1}{8}$ l Schlagsahne
- 2 Eigelb
- Salz, Pfeffer
- Muskatnuß
- 2 Bund Dill

1. Erbsen auspalen. Kartoffeln schälen, waschen, würfeln. Beides in dem Fett andünsten, mit der Brühe auffüllen und geschlossen 15 Minuten garen.

2. Sahne mit Eigelb verquirlen und unter das Gemüse rühren (nicht mehr kochen lassen). Mit Salz, Pfeffer und Muskat herzhaft würzen.

3. Dill fein hacken und unter das Gemüse heben. Dazu paßt gebratenes Fischfilet.

Vorbereitungszeit: 35 Minuten
Garzeit: 15 Minuten
Pro Portion ca. 13 g Eiweiß, 22 g Fett, 37 g Kohlenhydrate = 1853 Joule (441 Kalorien)

Je jünger die Erbsen, desto süßer und saftiger sind sie. Die Samen der süßen Zuckerschote sind noch kaum ausgebildet. Schon etwas herber schmecken die dickeren Palerbsen.

ERBSEN aktuell

Der Sonnenkönig machte sie populär

Erbsen werden bei uns seit mindestens 5000 Jahren gegessen. So alt ist nämlich der älteste Erbsenfund, den man bei archäologischen Ausgrabungen in der Nähe von Heilbronn entdeckt hat. Jahrtausendelang gehörten sie zu den Grundnahrungsmitteln. Nicht zuletzt darum spielen sie ja auch in so vielen Märchen eine wichtige Rolle.

Allerdings handelte es sich nicht um die süßen, frischen Gemüseerbsen. Solch eine Erbse hätte auch der empfindlichsten Prinzessin unter ihren 12 Matratzen und Daunendecken nicht zu schaffen gemacht: Es waren die voll ausgereiften, getrockneten Samen der Erbsenschote. Dank ihres Reichtums an hochwertigen Kohlenhydraten und pflanzlichem Eiweiß gehörten sie wie die getrockneten Bohnenkerne und Getreidekörner zu den wichtigsten Nahrungsmittelreserven unserer Vorfahren, die unsere modernen Konservierungsmethoden ja noch nicht kannten.

Und bis weit in die Neuzeit hinein ist auch kaum jemand auf die Idee gekommen, Erbsen noch nicht voll ausgereift zu pflücken und ungetrocknet zu verwenden. Erst der Sonnenkönig brachte die frischen, süßen, im Stadium der sogenannten Milchreife gepflückten Erbsen in Mode. (In diesem Reifestadium hat sich der Zucker in der Erbse noch nicht in Stärke verwandelt.) Er muß so ein begeisterter Erbsen-Fan gewesen sein, daß er einen Teil des Louvre-Parks umpflügen und in Erbsenfelder umwandeln ließ. Und ihm tat es natürlich die feine französische Gesellschaft nach. „Die grünen Erbsen bilden fortwährend den Hauptgegenstand aller Unterhaltungen", schreibt des Königs Maitresse, Madame de Maintenon, im Jahre 1696. „Alle Welt ist wie toll darauf."

Trotzdem hätten die Erbsen nie die Chance gehabt, zu einem der meistgegessenen Gemüse zu werden, denn ihre Saison ist nur kurz, von Mai bis August. Daß sie heute so häufig bei uns auf den Tisch kommen, ist ein Verdienst der modernen Konservierungstechniken: Erbsen in Dosen und tiefgekühlte Erbsen sind heute das ganze Jahr über verfügbar. Und: Zumindest die tiefgekühlten stehen im Geschmack den ganz frischen Erbsen kaum nach.

Alles über die Sorten

Es gibt ungefähr 80 unterschiedliche Erbsensorten. Die frische Erbse, die bei uns hauptsächlich in den Handel kommt, ist die sogenannte **Markerbse**. Sie hat eine leicht flachgedrückte Schote, die kleine, runzlige, fast eckige Körner enthält. Sie schmeckt süß und lieblich und verwandelt den in ihr enthaltenen Zukker auch nur langsam in Stärke.

Die runde **Palerbse** dagegen ist nur süß, solange sie ganz jung ist, später wird sie schnell mehlig und fade, da sie ihren Fruchtzucker beim Reifen schnell in Stärke umwandelt. Sie ist darum auch als Trockenerbse geeignet. Palerbsen werden bei uns hauptsächlich in Konserven aus dem Ausland, vor allem aus Frankreich, angeboten.

Ebenfalls zur Erbsenfamilie gehören die **Zuckerschoten**. Bei ihnen spielen aber nicht die Erbsensamen, sondern die zarten Schoten die Hauptrolle. Sie werden geerntet, solange die Samen noch klein und wenig ausgebildet sind. In diesem Zustand schmecken die Schoten noch ausgesprochen süß und sind noch ganz zart, da sie noch keine Pergamenthaut ausgebildet haben.

Je frischer, desto süßer

Nur wenn sie ganz frisch und jung sind, schmecken Erbsen auch wirklich zart, saftig und süß. Ältere, reifere Erbsen (man erkennt sie an der leicht trockenen Schale, durch die die Konturen der einzelnen Erbsen-

DAS ALLES STECKT IN DEN ERBSEN

Erbsen sind das eiweißreichste Gemüse: In 100 g Erbsenkörnern stecken etwa 6,7 g. Außerdem enthalten sie 14 g Kohlenhydrate, bei jungen Erbsen zum größten Teil in Form von Zucker. Darum sind sie auch nicht so kalorienarm wie andere Gemüsesorten: 100 g enthalten 94 Kalorien. Sie sind reich an Mineralstoffen: 300 mg Kalium, 120 mg Phosphor und 1,9 mg Eisen. Und sie enthalten Vitamine der B-Gruppe, viel Vitamin A und Vitamin C.

samen deutlich zu erkennen sind) schmecken mehlig und leicht bitter. Sie haben nämlich den Zucker weitgehend schon in Stärke umgewandelt. Kaufen Sie darum nur Erbsen mit zarten grünen Schoten.
Und: Verbrauchen Sie die Erbsen so bald wie möglich. Sie reifen nämlich nach dem Pflücken nach, das heißt, sie werden herb wie reifere Erbsen. Das gilt für die Erbsen ebenso wie für die Zuckerschoten.

Umgang mit Erbsen und Zuckerschoten

Am besten und schonendsten gart man Erbsen in wenig Salzwasser, mit einer Prise Zucker und einem Stück Butter, und zwar unter einem fest schließenden Deckel. Junge Erbsen werden in 8–15 Minuten gar. Damit man den richtigen Zeitpunkt nicht verpaßt, sollte man ab und zu eine Erbse aus dem Topf nehmen und probieren.

Zuckerschoten werden in ungefähr 4–6 Minuten gar. Man gibt sie tropfnaß in einen Topf und gart sie – ebenfalls bei gut geschlossenem Deckel – mit einem Stück Butter und einer tüchtigen Prise Zucker. Da Erbsen und Zuckerschoten im Geschmack ähnlich sind, vertragen sie sich auch mit denselben Kräutern: Zum Beispiel mit Petersilie, mit Basilikum, mit Pfefferminze, Kerbel, Kresse und – sparsam dosiert – mit Estragon.

Sie lassen sich gut mit Spargel, Kohlrabi und Möhren kombinieren, sie schmecken mit Champignons und mit Schalotten. Sie sind nicht nur eine wohlschmeckende Beilage zu Fleisch oder zu jungen Kartoffeln und Schinken, sie passen auch gut in viele Salate, zum Beispiel in Reissalat, in Nudelsalate oder in den klassischen Krabbencocktail.

Und: Sie lassen sich zu einer ebenso schnellen wie raffinierten Suppe verarbeiten. Und so einfach ist das: Die gegarten Erbsen werden püriert, mit Sahne und Brühe verlängert und mit frischen, gehackten Kräutern, wie Minze oder Kerbel, überstreut. Dazu schmecken Schinkenwürfel.

70 PROZENT ABFALL

Beim Auspalen von Erbsen müssen Sie mit rund 70 Prozent Abfall rechnen. Von einem Kilo Erbsenschoten bleiben nur 300 g Erbsen übrig, die Menge für zwei Portionen. Bei Zuckerschoten haben Sie dagegen fast keinen Abfall.

Zuckerschoten entfädeln
Zuckerschoten besitzen zwei harte Fäden. Man entfernt sie von der Spitze bzw. vom Stielansatz her, und zwar immer den Krümmungslinien entgegengesetzt.

Erbsen auspalen
Um ein Pfund Erbsenschoten auszupalen, brauchen Sie gut 10 Minuten. Sie öffnen die Schote durch Druck auf die Naht und drücken mit den Daumen die Erbsen heraus.

Zuckerschoten blanchieren
Zuckerschoten schmecken gut an frischen Salaten. Dazu sollte man sie kurz in Salzwasser blanchieren und in Eiswasser abschrecken, so behalten sie ihre tiefgrüne Farbe.

Erbsen pürieren
Püree aus frischen Erbsen ist eine Delikatesse zu Fleischgerichten. Und so einfach ist es gemacht: Die Erbsen werden gekocht und mit dem Schneidstab püriert.

ERDBEEREN

Die Gartenerdbeere verdanken wir einem französischen Kapitän, der zur Zeit des Sonnenkönigs lebte. Bis dahin wuchsen in Europa nur die Walderdbeeren, die zwar ausgezeichnet schmecken, aber klein und ziemlich rar sind. Kapitän Fresier nun entdeckte in Chile eine Sorte mit großen Früchten und brachte Ableger davon mit nach Frankreich. Die Gärtner des Sonnenkönigs kreuzten sie mit einer nordamerikanischen Sorte. Was dabei herauskam, ist unsere große, aber aromatische Gartenerdbeere.

Grießauflauf mit Erdbeeren

Für 6 Portionen:

- 1 l Milch, Salz
- geriebene Schale 1 unbehandelten Zitrone
- 175 g Hartweizengrieß
- 30 g Butter oder Margarine
- 80 g Zucker
- 3 Eier, getrennt
- 750 g Erdbeeren, 1 Tl Öl
- 2 Pk. Himbeeren (TK) à 250 g
- 4–5 El Puderzucker

1. Milch mit einer Prise Salz und Zitronenschale zum Kochen bringen, Grieß einstreuen und unter Rühren auf der ausgeschalteten Herdplatte 10 Minuten ausquellen lassen. Kalt stellen.

2. Butter oder Margarine mit Zucker und Eigelb schaumig rühren und unter den abgekühlten Grieß rühren. Eiweiß steif schlagen, unterziehen.

3. Erdbeeren waschen, putzen und halbieren. Die Hälfte des Grießbreis in eine gefettete Auflaufform füllen, die Erdbeeren darauf verteilen, den Rest des Breis darüberstreichen.

4. Auflauf im vorgeheizten Backofen (200 Grad, Gas 3) 30–40 Minuten garen.

5. Himbeeren antauen lassen, pürieren, Puderzucker unterrühren. Als Sauce zum Auflauf servieren.

Vorbereitungszeit: 30 Minuten (und 15 Min. zum Abkühlen)
Garzeit: 30–40 Minuten
Umluft: 30 Minuten bei 200 Grad
Pro Portion ca. 13 g Eiweiß, 14 g Fett, 81 g Kohlenhydrate = 2259 Joule (540 Kalorien)

Erdbeeren und Melonenkugeln

Für 4 Portionen:

- 2 Ogen- oder Netzmelonen (à ca. 900 g)
- 500 g Erdbeeren
- 6 El Orangensaft
- 3 El Zitronensaft
- 2 El Orangenlikör
- 3 El Zucker
- 50 g Mandelsplitter
- 1 Becher Schlagsahne (200 g)

1. Melonen quer halbieren, Kerne mit einem Löffel herauskratzen, dann mit einem Kugelausstecher Kugeln

aus dem Fleisch lösen, den Saft dabei auffangen. Das restliche Fruchtfleisch mit einem Löffel auslösen.

2. Erdbeeren waschen, putzen, halbieren oder vierteln und mit den Melonenkugeln in die ausgehöhlten Melonenhälften füllen.

3. 4 El Melonensaft mit dem Orangensaft, Zitronensaft, Orangenlikör und Zucker verrühren und über die Erdbeeren und Melonenkugeln gießen. 1 Stunde kühl stellen.

4. Mandeln in einer trockenen Pfanne goldbraun rösten, die Sahne steif schlagen. Sahne auf die Melonenhälften verteilen und mit Mandelsplittern bestreuen.

Vorbereitungszeit: 40 Minuten (und 1 Stunde zum Kühlen)
Pro Portion ca. 5 g Eiweiß, 23 g Fett, 41 g Kohlenhydrate = 1926 Joule (460 Kalorien)

Sauerrahmcreme mit Erdbeerpüree

Für 4 Portionen:

375 g Erdbeeren

140 g Zucker

2 El Himbeergeist

4 Blatt rote Gelatine

4 Blatt weiße Gelatine

4 Eigelb

1 Päckchen Vanillinzucker

2 Becher saure Sahne

4 El Zitronensaft

abgeriebene Schale einer unbehandelten Zitrone

1 Becher Schlagsahne (200 g)

1. Erdbeeren waschen, putzen, vierteln und pürieren. Einige zum Garnieren zurückbehalten. 60 g Zukker und den Himbeergeist unterrühren. Gelatine getrennt in kaltem Wasser ausquellen lassen.

2. Eigelb mit dem restlichen Zucker und dem Vanillinzucker schaumig schlagen. Saure Sahne, Zitronensaft und -schale unterrühren.

Die Gelatine ausdrücken und getrennt tropfnaß bei milder Hitze auflösen. Schnell die rote Gelatine unter das Erdbeerpüree, die weiße Gelatine unter die Sauerrahmcreme ziehen. Beide Cremes ca. 20 Minuten kühl stellen.

3. Sahne steif schlagen und unter die Sauerrahmcreme ziehen.

4. Die Sauerrahmcreme und das Erdbeerpüree abwechselnd in eine Glasschüssel füllen und mit einer Gabel durchziehen. Noch mal 1 Stunde kühl stellen, dann servieren.

Vorbereitungszeit: 35 Minuten
Pro Portion ca. 10 g Eiweiß, 30 g Fett, 49 g Kohlenhydrate = 2418 Joule (577 Kalorien)

Erdbeer-Baisers

Für 8 Baisers:

750 g Erdbeeren

2 El Zucker

1 Pk. Vanillinzucker

250 ml Erdbeereis

8 Baiserschalen (fertig gekauft)

1. Die Erdbeeren waschen und putzen. ⅔ mit dem Schneidstab des Handrüh-

rers pürieren, die restlichen in Scheiben schneiden.

2. Das Püree mit Zucker und Vanillinzucker würzen, Erdbeerscheiben dazugeben.

3. Eis zu Kugeln formen, in die Baiserschalen geben, mit der Erdbeersauce begießen. Sofort servieren.

Zubereitungszeit: 30 Minuten
Pro Baiser ca. 2 g Eiweiß, 5 g Fett, 33 g Kohlenhydrate = 951 Joule (229 Kalorien)

Eierkuchen mit Erdbeersauce

Für 4 Portionen:
500 g Erdbeeren
2 El Zucker
1 El Orangenlikör
100 g Mehl
¼ l Milch, 1 Prise Salz
abgeriebene Schale von 1 Zitrone, unbehandelt
3 Eier, getrennt
2 El Zucker
60 g Butter oder Margarine
Puderzucker

1. Erdbeeren waschen, putzen und 250 g mit dem Schneidstab des Handrührers pürieren. Mit Zucker und Orangenlikör würzen. Die restlichen Erdbeeren in Scheiben schneiden, in das Püree geben und kalt stellen.

2. Mehl, Milch, Salz, Zitronenschale und Eigelb in einer Schüssel glatt rühren.

3. Eiweiß zu steifem Schnee schlagen, dabei den Zucker nach und nach zugeben. Den fertigen Eischnee unter den Teig ziehen.

4. In jeweils 15 g Butter oder Margarine nacheinander der 4 Eierkuchen backen. Jeweils mit ¼ der Sauce füllen. Einmal überklappen, mit Puderzucker bestäuben und servieren.

Vorbereitungszeit: 15 Minuten
Garzeit: insgesamt ca. 20 Min.
Pro Eierkuchen etwa 11 g Eiweiß, 20 g Fett, 52 g Kohlenhydrate = 1967 Joule (470 Kalorien)

Erdbeer-Charlotte

Für 8 Portionen:
8 Blatt rote Gelatine
750 g Erdbeeren
4 El Zucker
2 El Himbeergeist
½ l Schlagsahne
2 Pk. Vanillinzucker
100 g Löffelbiskuits

1. Gelatine in kaltem Wasser einweichen. Erdbeeren waschen und putzen. ⅓ würfeln und zur Seite stellen. Restliche Erdbeeren mit dem Schneidstab des Handrührers pürieren, mit Zucker und Himbeergeist würzen.

2. Tropfnasse Gelatine bei milder Hitze auflösen. Unter das Fruchtpüree rühren. 30 Minuten kalt stellen.

3. ⅜ l Sahne mit dem Vanillinzucker steif schlagen. Etwas Sahne in einen Spritzbeutel füllen und in einer Springform (18 cm ∅) einen Rand spritzen.

4. Löffelbiskuits mit der gezuckerten Seite nach

außen in die Sahne setzen. Restliche steife Sahne mit den Erdbeerwürfeln unter das Fruchtpüree ziehen. Die Masse in den Ring füllen. Ca. 2 Stunden kalt stellen.

5. Springformrand lösen, Charlotte mit dem Springformboden auf einen Teller stellen. Restliche Sahne steif schlagen, die Charlotte damit verzieren.

Vorbereitungszeit: 35 Minuten
Kühlzeit insgesamt: 2 Stunden, 30 Minuten
Pro Portion ca. 3 g Eiweiß, 20 g Fett, 36 g Kohlenhydrate = 1780 Joule (420 Kalorien)

Immer noch im Aroma die feinste unter allen: die kleine Walderdbeere (rechts). Keine der größeren Gartenerdbeeren konnte ihren Geschmack erreichen.

ERDBEEREN aktuell

Mehr als 1000 Sorten

Unsere Gartenerdbeeren sind nicht, wie man vermuten könnte, eine Züchtung aus der Walderdbeere, die bei uns in Europa schon seit jeher beheimatet ist. Sie sind eine Kreuzung aus der kleinen amerikanischen Scharlach-Erdbeere mit der großfruchtigen „Schönen von Chile", die der französische Fregattenkapitän Frezier von seinen Fahrten mitbrachte. Geschehen ist dieses denkwürdige Ereignis Mitte des 18. Jahrhunderts in einem Garten von Versailles. Inzwischen sind daraus mehr als 1000 Erdbeersorten entstanden, und jedes Jahr kommen ein paar neue hinzu. Leider sind es oft genug Sorten, die mehr den Bedürfnissen der Erzeuger und des Handels als denen des Verbrauchers gerecht werden. Und die wünschen sich nun mal große, ansehnliche Früchte, die unbeschadet längere Transportwege und ein paar Tage Lagerung überstehen. Daß diese Früchte oft kaum mehr saftig sind, sondern eher eine schaumgummi-ähnliche Konsistenz haben und im Aroma nur noch ganz entfernt an die intensive Würze der traditionellen Sorten erinnern, scheint da gar nicht so wichtig zu sein.

Die traditionellen Sorten aber verschwinden immer mehr aus dem Erwerbsanbau. Heute wird im Handel kaum noch die vor gar nicht so langer Zeit meistangebaute, aromatische Sorte „Senga Sengana" angeboten: Sie gilt als zu empfindlich und nicht ansehnlich genug. Und so aromatische Sorten wie „Mieze Schindler" oder „Hansa" wurden völlig von den Anbauflächen der gewerblichen Erdbeererzeuger verbannt und gelten heute als reine Liebhabersorten der Hobby-Gärtner.

Allerdings: Inzwischen lassen sich auch wieder Ansätze zum Positiven erkennen. Aus Spanien kamen in letzter Zeit zum Beispiel Früchte, die nicht nur robust und ansehnlich waren, sondern auch wie aromatische Erdbeeren schmeckten. Vielleicht gelingt in nächster Zeit doch noch die Züchtung einer Erdbeere, die nicht nur schön aussieht, sondern auch transportunempfindlich ist und das Aroma früherer Sorten hat.

ROSENVERWANDTE

Nicht zufällig sehen Erdbeerblüten wie kleine Heckenrosen aus. Die Erdbeere gehört zur Gattung der Rosengewächse. Was wir als Erdbeerfrucht bezeichnen und genießen, ist botanisch gesehen nichts anderes als der fleischig-verdickte Blütenstand, auf dem die eigentlichen Früchte sitzen: winzig kleine, braune, harte Nüßchen.

Wie man an aromatische Beeren kommt

Die meisten Beeren, die sich so appetitlich in Körbchen oder Kunststoffschalen präsentieren, sind im Geschmack eine Enttäuschung. Trotzdem kann man auch heute noch an wirklich aromatische Erdbeeren herankommen.

Liebhaber traditioneller Sorten und Hobby-Gärtner pflanzen sie selbst im eigenen Garten an. So kann man sich die Sorten ziehen, die aromatisch sind: Eine „Mieze Schindler" etwa, eine „Senga Sengana" oder „Hansa". Man bekommt sie ohne weiteres in spezialisierten Gärtnereien.

Wer keine eigenen Beeren anbauen kann, der sollte sich trotzdem nicht benachteiligt fühlen. Er kann sich nämlich seine Erdbeeren selbst auf einer der vielen Erdbeerplantagen pflücken, die es rund um jede größere Stadt gibt. Die Mühe lohnt sich in jedem Fall. Auf solchen Plantagen werden in der Regel immer noch so aromatische Sorten wie „Senga Sengana" angebaut. Dann kann man auch feststellen, daß eine frisch gepflückte Beere unvergleichlich viel besser schmeckt.

Eine weitere Möglichkeit, sich beim Erdbeerkauf Enttäuschungen zu ersparen, ist der Gang über den Wochenmarkt. Hier bieten oft heimische Bauern ihre Ware in kleinen Mengen an, und die Chance, aromatische Erdbeeren kaufen zu können, ist ziemlich groß.

Kaufen Sie Erdbeeren nicht nur mit den Augen: Unscheinbare, kleine Früchte schmecken manchmal viel aromatischer als tiefrote, große. Kaufen Sie auch mit der Nase: Eine frische, aromatische Erdbeere hat in der Regel einen intensiven Duft. Der Händler muß die Sorten auszeichnen. Probieren Sie einfach aus, welche Sorten Ihnen am besten schmecken.

Umgang mit den zarten Früchten

Erdbeeren müssen vorsichtig transportiert werden. Sie sind druckempfindlich und faulen dann schnell.
Erdbeeren verlieren schnell ihr Aroma. Sie sollten spätestens zwei Tage nach der Ernte verzehrt werden. Und wenn Sie sie nicht gleich verbrauchen können, dann sortieren Sie alle Früchte mit Druckstellen aus, breiten die unbeschädigten Beeren locker nebeneinander auf einem Teller aus und stellen diesen zugedeckt an einen kühlen Ort (am besten im Gemüsefach des Kühlschranks).
Erdbeeren sollten Sie nie mit hartem Wasserstrahl abbrausen, sondern Sie sollten sie nur kurz in kaltes Wasser tauchen. Die gewaschenen Beeren sollten gut abtropfen oder vorsichtig trockengetupft werden. Erst nach dem Waschen entfernt man Stiele und Blätter, sonst wird das Aroma verwässert. Zuckern Sie die Erdbeeren auch erst kurz vor dem Servieren, sonst verlieren sie zu viel Saft und werden weich und schlaff.

Sparsam würzen

Kombinieren Sie die feinen Früchte nur mit Zutaten, die ihr Aroma unterstützen und nicht erdrücken. Klassische Kombinationen bieten Ananas, Orangen, Kiwis, Rhabarber. Sie vertragen aber auch das milde Aroma von Nüssen, Mandeln, Sahne und Cremes. Sie schmecken außerdem zusammen mit frischen grünen Salaten, mit Krabben oder Hähnchenbrust.
Mit weiteren Aromen sollte man vorsichtig sein: Was zu ihnen paßt, sind neben Zukker und Vanillezucker vor allem Zitronen- oder Orangensaft, Wein, Orangenlikör, Obstgeist oder ein Spritzer Rum. Aber auch die Würze des frischen Waldmeisters oder frisch gemahlener Pfeffer sind interessant. Beim Würzen sollten Sie immer folgende Regel beachten: Möglichst nicht die Erdbeeren, sondern die Salatsauce, die Creme oder die Sahne würzen und die Früchte erst kurz vor dem Servieren damit vermischen. Dann bleiben Aroma und Konsistenz am besten erhalten.

Erdbeeren einfrieren

Es gibt inzwischen zwar auch in den Wintermonaten frische Erdbeeren, aber diese sind teuer und schmecken in der Regel wässerig und fade, weil sie weite Transportwege haben und deshalb unreif auf den Weg gebracht werden. Es lohnt sich darum immer, Früchte einzufrieren, wenn sie aus dem eigenen Garten stammen, oder wenn Sie sie auf einer Plantage preisgünstig selbst pflücken können.
Achten Sie aber darauf, daß die Sorten sich zum Einfrieren eignen (zum Beispiel „Senga Sengana", „Hansa", „Climax"). Nur unbeschädigte Früchte verwenden.
Frieren Sie die Beeren mit etwas Zucker ein, so bleibt ihr Vitamin C-Gehalt erhalten.
Unser Tip: Die Beeren nicht nur ganz, sondern auch gleich als Püree in Joghurt-Bechern einfrieren. Mit diesem Vorrat können Sie im Winter ganz schnell sommerliche, raffinierte Desserts zaubern.

GESUNDE FRÜCHTE

Von allen Früchten haben sie fast das meiste Vitamin C (60 mg pro 100 g Fruchtfleisch). Sie sind reich an Eisen, gelten darum als blutbildend, und werden in der Naturmedizin wegen ihres hohen Gehalts an Salizylsäure zur Linderung von Gicht und Rheuma empfohlen. Ihr Kalorienwert: 39 Kalorien pro 100 g Frucht.

Erdbeeren waschen

Erdbeeren sollte man nie unter scharfem Wasserstrahl säubern. Man gibt sie am besten in ein Sieb und schwenkt dieses vorsichtig in einer Schüssel mit viel kaltem Wasser.

Erdbeeren putzen

Erst nach dem Waschen werden die Früchte geputzt. Dazu faßt man mit der Messerspitze unter die Blattrosette und hebt sie mitsamt dem Stielansatz heraus.

Sonderbehandlung für Walderdbeeren

Walderdbeeren sind eine Rarität und müssen als solche behandelt werden: Feinschmecker in Italien waschen sie darum auch manchmal in Wein anstatt in Wasser.

FENCHEL

Die Samenkörner werden bei uns schon seit Jahrhunderten geschätzt: als Baby-Tee und als Brotgewürz. Daß Fenchel aber auch als Gemüse ausgezeichnet schmeckt, diese Entdeckung haben wir erst vor ungefähr 20 Jahren gemacht. Wir haben es den Italienern abgeguckt, die im Umgang mit der knackigen Knolle eine längere Erfahrung haben. Mittlerweile genießen wir den frischen Anisgeschmack des Fenchels gern roh im Salat, aber noch beliebter sind die Gerichte, für die der Fenchel erst gedünstet und dann mit milden Saucen oder würzigem Käse zu Tisch gebracht wird.

Fenchelgemüse mit Schnittlauch-Senfsahne

Für 4 Portionen:

- 4 Eier, 750 g Fenchel
- 30 g Butter oder Margarine
- 1–2 El körniger Senf
- ⅛ l Weißwein
- 1 Becher Schlagsahne (200 g)
- 1 Bund Schnittlauch
- Pfeffer, Salz
- abgeriebene Schale einer unbehandelten Zitrone
- 1–2 Tl Zucker
- 2 El helles Saucenbindemittel

1. Die Eier anstechen und in kochendem Wasser 10 Minuten garen. Dann abschrecken, pellen und fein hacken, beiseite stellen.

2. Fenchel putzen, wenn nötig, waschen und vierteln. In der Butter oder Margarine im geschlossenen Topf etwa 10 Minuten dünsten.

3. Senf, Weißwein und Sahne zugeben und alles zu-

gedeckt weitere 15–20 Minuten garen. Schnittlauch in Röllchen schneiden.

4. Sauce mit Pfeffer, Salz, Zitronenschale und Zucker abschmecken. Saucenbindemittel einstreuen, Sauce aufkochen lassen.

5. Fenchel mit der Sauce servieren, mit dem gehackten Ei und Schnittlauch bestreuen.
Dazu paßt Kartoffelpüree.

Vorbereitungszeit: 20 Minuten
Garzeit: 25–30 Minuten
Pro Portion ca. 13 g Eiweiß, 29 g Fett, 20 g Kohlenhydrate = 1757 Joule (420 Kalorien)

Fenchel-Auflauf

Für 4 – 6 Portionen:
1 kg Fenchel, Salz
2 El Zitronensaft, 2 El Öl
750 g gemischtes Hack
2 Zwiebeln
$\frac{1}{8}$ l Fleischbrühe (Instant)
1 Tube Tomatenmark (50 g)
Pfeffer a. d. Mühle
Paprikapulver, scharf
200 g Crème fraîche
3 Eier, Fett für die Form
1 Paket Bratkartoffeln (TK, 450 g)

1. Fenchel putzen, wenn nötig, waschen und in Sechstel schneiden. Dann in kochendem Salzwasser mit Zitronensaft 10 Minuten garen. Gut abtropfen lassen, $\frac{1}{4}$ l Kochwasser abmessen und aufbewahren.

2. Öl in einem flachen Topf erhitzen, das Hackfleisch darin kräftig anbraten.

3. Zwiebeln pellen, würfeln und zum Hackfleisch geben. Brühe zugießen und alles 10 Minuten garen. Hackfleisch mit Tomatenmark, Salz, Pfeffer und Paprikapulver kräftig würzen.

4. Das Fenchelkochwasser mit der Crème fraîche und den Eiern verquirlen, mit Salz und Pfeffer würzen.

5. Eine feuerfeste, flache Form ausfetten und die Bratkartoffeln noch gefroren hineingeben. Das Fleisch darüber verteilen und die Fenchelspalten darüberlegen.

6. Eiersahne über den Auflauf gießen und das Ganze im vorgeheizten Backofen bei 200 Grad (Gas 3) bei mittlerer Einschubleiste 40–45 Minuten garen.

Vorbereitungszeit: 40 Minuten
Garzeit: 45 Minuten
Umluft: 40–45 Min. bei 180 Grad
Pro Portion (bei 6 Portionen) ca. 34 g Eiweiß, 50 g Fett, 32 g Kohlenhydrate = 3079 Joule (736 Kalorien)

FENCHEL

Fenchelsalat

Für 4 Portionen:

- 750 g Fenchel
- 1 Bund Dill
- 5 El Zitronensaft
- Salz, Pfeffer a. d. Mühle
- 2 El Öl
- 125 g Mayonnaise
- 125 g Schmant (24 % saure Sahne)
- 1 kleine Zwiebel
- 1 Knoblauchzehe

1. Fenchel putzen, das Grün aufbewahren. Knollen längs in dünne Scheiben schneiden, Dill hacken.

2. 2 El Zitronensaft mit dem Salz, Pfeffer, Dill und Öl verrühren und unter die Fenchelscheiben mischen.

3. Mayonnaise mit dem Schmant und dem restlichen Zitronensaft verrühren.

Zwiebel und Knoblauch pellen. Zwiebel fein würfeln, Knoblauch durch die Presse drücken und beides mit der Sauce verrühren.

4. Sauce mit Salz und Pfeffer abschmecken, Fenchelgrün hacken. Fenchel mit der Sauce servieren und mit Fenchelgrün bestreuen. Dazu paßt Roastbeef.

Vorbereitungszeit: 20 Minuten
Pro Portion ca. 5 g Eiweiß, 35 g Fett, 19 g Kohlenhydrate = 1803 Joule (431 Kalorien)

Fenchel-Fischtopf

Für 4 Portionen:
4 Knollen Fenchel (1 kg)
30 g Butter oder Margarine
¾ l Brühe (Instant)
Salz, Pfeffer
Zucker
500 g Rotbarschfilet
2 Zitronenscheiben
1 Bund Dill

1. Fenchel putzen, waschen, längs halbieren und das Fenchelgrün aufbewahren. Fenchelhälften in Scheiben schneiden, in der zerlassenen Butter oder Margarine andünsten und

mit der Brühe ablöschen. Bei milder Hitze im geschlossenen Topf 10–15 Minuten ziehen lassen, mit Salz, Pfeffer und einer Prise Zucker würzen.

2. Rotbarschfilet in einem anderen Topf in leise kochendem Wasser mit Salz und den Zitronenscheiben zugedeckt 8 Minuten ziehen lassen.

3. Dill und Fenchelgrün hacken. Fischfilet mit einer Schaumkelle aus dem Sud nehmen und in mundgerechte Stücke zerzupfen. Fischstücke zum Fenchel geben und mit den gehackten Kräutern bestreut servieren.

Vorbereitungszeit: 10 Minuten
Garzeit: 15 Minuten
Pro Portion ca. 28 g Eiweiß, 11 g Fett, 18 g Kohlenhydrate = 1309 Joule (312 Kalorien)

Botanisch gesehen keine echte Knolle sondern verdickte Blattansätze.

FENCHEL aktuell

Gemüsefenchel – Gewürzfenchel

Zur Fenchelfamilie gehören drei unterschiedliche Pflanzen, die alle auch auf verschiedene Weise benutzt werden. Die bei uns bekannteste Fenchelart ist der Gartenfenchel. Sein Samen wird als Tee verwendet und als Gewürz zum Backen benutzt. In Italien besonders beliebt ist der Gewürz- oder Wildfenchel, der im Süden überall an den Wegrändern wächst. Seine trockenen Zweige und Ästchen werden zum Würzen von Fisch und von Schweinefleisch verwendet (sehr delikat: porchetta al finocchio, gegrilltes Spanferkel mit Fenchel und Rosmarin gefüllt). Aus Italien stammt außerdem der Gemüsefenchel. Diese Fenchelsorte bildet direkt oberhalb der Wurzel eine knollenartige Verdikkung aus den fleischigen Ansätzen ihrer Unterblätter: die sogenannte Fenchelknolle.

Umgang mit Gemüsefenchel

Gemüsefenchel ist ein ganz problemloses Gemüse. Achten Sie beim Einkauf nur darauf, daß Sie möglichst makellos weiße Knollen ohne braune Faulstellen bekommen. Wichtig: Die Blätter sollten noch frisch und leuchtend grün sein. Im Gemüsefach des Kühlschranks hält sich der frische Fenchel dann ein paar Tage. Noch besser: Sie heben die Knolle in einem luftgefüllten, verschlossenen Plastikbeutel auf.

FENCHELGRÜN MITVERWENDEN

Das frische Grün der Fenchelknolle sollten Sie nicht wegwerfen. Man hackt es fein und streut es dann später über das fertige Gericht. Denn es enthält viele Vitamine und hat einen frischen, würzigen Anisgeschmack.

So vielseitig ist Fenchel

Fenchel schmeckt sowohl roh als auch gekocht. Roh kann man ihn zum Beispiel mit einem Dip als Vorspeise oder als Salat mit einer Vinaigrette servieren. Gut paßt er auch zum Käse, besonders gut zu Blauschimmelkäse. Warm als Gemüse serviert man ihn entweder nur mit Butter begossen oder mit Butter und geriebenem Käse, mit gebräunten Semmelbröseln, in einer holländischen Sauce oder mit Käse überbacken. Er harmoniert mit Fisch ebenso wie mit Fleisch.

Sparsam würzen

Mit seinem zarten Anisgeschmack braucht Fenchel kaum noch zusätzliche Würze. Zu ihm passen, sparsam verwendet: Zitronensaft, Pfeffer, Muskat, Schnittlauch und Petersilie. Kombinieren kann man ihn mit Karotten, Tomaten und Frühlingszwiebeln. Am Salat paßt er außerdem zu Blattsalaten, zu Äpfeln, Ananas, zu Orangen, zu Nüssen und zu Käse.

MEHR VITAMIN C ALS ORANGEN

Gemüsefenchel hat nur 50 Kalorien (pro 100 g). Er enthält fast genausoviel Eisen wie Spinat, außerdem Kalzium und Phosphor, und dazu noch reichlich Vitamin C, fast doppelt soviel wie Orangen.

Fenchel putzen

Alle braunen Stellen werden abgeschnitten, eventuell entfernt man sogar die äußere Blattschicht. Dann werden Stengel und Wurzelansatz abgeschnitten.

Fenchel schneiden

Fenchel schneidet man immer längs der Faser. Dazu wird die Knolle längs halbiert, auf die Schnittfläche gelegt und in dünne Scheiben geschnitten.

GURKEN

Salatgurken sind viel zu schade, um ausschließlich im Salat zu landen. Man kann sie auch zu hinreißenden warmen Gerichten verarbeiten, wie unsere Rezepte zeigen. Und daß die helleren, dicken Schmorgurken, die nur im Sommer auf den Markt kommen, vielseitiger sind als ihr Ruf, zeigen unsere Rezepte ebenfalls. Sogar im Salat schmecken sie überraschend gut. Was beweist: Wer sich nur an Standardgerichte hält, versäumt viel.

Gurkengemüse in Senf-Kapern-Sauce

Für 4 Portionen:

- 2 Salatgurken (à 500 g)
- 30 g Butter oder Margarine
- 1 Becher Crème fraîche (200 g)
- 1 El Senf
- 50 g Kapern
- Pfeffer a. d. Mühle, Salz
- 1 Prise Zucker
- 1 Bund glatte Petersilie

1. Gurken schälen, der Länge nach halbieren und mit einem Teelöffel die Kerne herauskratzen. Gurken in Scheiben schneiden.

2. Butter oder Margarine in einem Topf schmelzen lassen und die Gurkenscheiben darin 5 Minuten dünsten. Crème fraîche und

Senf unterrühren und alles zugedeckt 10 Minuten garen.

3. Die Kapern unterrühren und das Gemüse mit Pfeffer, Salz und Zucker abschmekken. Petersilie hacken und darüberstreuen. Dazu passen gebratenes Kasseler, Salzkartoffeln und Bier.

Vorbereitungszeit: 10 Minuten
Garzeit: 10 Minuten
Pro Portion ca. 3 g Eiweiß, 26 g Fett, 7 g Kohlenhydrate = 1218 Joule (291 Kalorien)

Gefüllte Gurken

Für 4 Portionen:
125 g Langkornreis, Salz
150 g Bacon, 2 Zwiebeln
400 g Champignons
50 g Parmesan (gerieben)
Pfeffer a. d. Mühle
2 Salatgurken
$^{1}/_{8}$ l Gemüsebrühe (Instant)
100 g Gouda (mittelalt)

1. Reis in reichlich kochendem Salzwasser 10 Minuten kochen, abgießen. Bacon in Streifen schneiden, Zwiebeln hacken, Champignons putzen, waschen und in Scheiben schneiden.

2. Bacon in einer Pfanne goldbraun anbraten, dann die Zwiebeln und Champignons braten, bis die Flüssigkeit verdampft ist.

3. Reis und Parmesan zugeben, salzen und pfeffern.

4. Salatgurken schälen, längs halbieren, die Kerne

herauskratzen. Gurken salzen und füllen.

5. Brühe in eine ofenfeste Form gießen, Gurken hineinlegen und zugedeckt im Backofen bei 200 Grad (Gas 3) 30 Minuten garen. Form öffnen, Käse darüberstreuen und alles bei 250 Grad (Gas 5) 5 Minuten überbacken.

Vorbereitungszeit: 45 Minuten
Garzeit: 35 Minuten
Umluftherd: 45–50 Minuten bei 175 Grad, dann 5 Minuten bei 225 Grad
Pro Portion ca. 19 g Eiweiß, 33 g Fett, 38 g Kohlenhydrate = 2400 Joule (573 Kalorien)

GURKEN

Tzatziki

Griechischer Gurkensalat

Für 4 Portionen:

- 1 Salatgurke
- Salz
- 1 Becher Dickmilch (500 g)
- 3 El Olivenöl
- 1 El Essig
- 1 Zwiebel
- 2–3 Knoblauchzehen
- Pfeffer a. d. Mühle
- 1 Bund Dill

1. Gurke schälen, halbieren, die Kerne mit einem Teelöffel herauskratzen. Gurke grob raffeln, leicht

salzen und beiseite stellen.

2. Dickmilch mit Öl und Essig verrühren, Zwiebel pellen, fein reiben und dazugeben. Knoblauch pellen und durch die Presse ebenfalls dazugeben.

3. Gurkenraspel in einem Tuch ausdrücken und mit der Sauce verrühren. Mit Pfeffer und Salz abschmekken, mit gehacktem Dill verrühren.

Dazu passen Pellkartoffeln oder Vollkornbrot.

Vorbereitungszeit: 25 Minuten
Pro Portion ca. 6 g Eiweiß, 10 g Fett, 10 g Kohlenhydrate = 656 Joule (158 Kalorien)

Gurkensalat mit Radieschen

Für 4 Portionen:

1 Salatgurke

5 El Zitronensaft

Salz, Pfeffer a. d. Mühle

1 Prise Zucker

8 El Öl

2 Bund Schnittlauch

1 Bund Radieschen

1. Die Salatgurke mit heißem Wasser gründlich waschen, dann streifig abschälen und in dünne Scheiben schneiden.

2. Aus Zitronensaft, Salz, Pfeffer, Zucker und Öl eine Salatsauce rühren. Schnittlauch in Röllchen schneiden und zugeben. Salatsauce mit

den Gurkenscheiben mischen und alles ca. 10 Minuten durchziehen lassen.

3. Radieschen putzen, waschen und in Scheiben schneiden. Unter den Salat mischen und sofort servieren.

Vorbereitungszeit: 20 Minuten
Pro Portion ca. 1 g Eiweiß, 20 g Fett, 7 g Kohlenhydrate = 929 Joule (222 Kalorien)

Schmorgurken in Senfsahne

Für 4 Portionen:
350 g Kartoffeln
Salz
1 kg Schmorgurken
40 g Butter oder Margarine
20 g Mehl
$^1/_2$ l Rinderbrühe (Suppenpaste)
$^1/_8$ l Schlagsahne
2–3 El mittelscharfer Senf
1–2 Tl Zitronensaft
Pfeffer a. d. Mühle
1 El Senfkörner
1 Bund Dill

1. Kartoffeln schälen, waschen, würfeln und in Salzwasser 10 Minuten kochen.

2. Schmorgurken schälen, halbieren, mit einem Löffel die Kerne herauskratzen. Gurke in dicke Scheiben schneiden.

3. 30 g Butter oder Margarine in einem Topf schmelzen lassen, die Gurken zu-

geben, glasig dünsten und dann das Mehl darüberstäuben. Unterrühren, leicht anschwitzen und die Brühe dazugießen. Aufkochen lassen und dann 15–20 Minuten zugedeckt garen.

4. Sahne und Kartoffeln zugeben und mit Senf, Zitronensaft, Salz und Pfeffer würzen.

5. Restliche Butter oder Margarine in einer Pfanne erhitzen, die Senfkörner darin kräftig anbraten. Dill hacken. Senfkörner und Dill über das Gemüse streuen.

Vorbereitungszeit: 30 Minuten
Garzeit: 25 Minuten
Pro Portion ca. 7 g Eiweiß, 23 g Fett, 26 g Kohlenhydrate = 1665 Joule (398 Kalorien)

Schmorgurkengemüse mit Champignons

Für 4 Portionen:

1 kg Schmorgurken
2 Zwiebeln
75 g durchw. Speck
20 g Butter oder Margarine
375 g Champignons
2 El Tomatenmark
4 El Weißwein
Salz, Pfeffer
1 Bund glatte Petersilie

1. Die Gurken schälen, längs halbieren und mit einem Löffel die Kerne herauskratzen. Gurken in Scheiben schneiden.

2. Zwiebeln pellen und fein würfeln, Speck ebenfalls würfeln. Speck in der Butter oder Margarine goldbraun ausbraten, Zwiebeln zugeben und unterrühren, glasig werden lassen.

3. In der Zwischenzeit die Champignons putzen, waschen, dann dazugeben.

4. Gurken zugeben und alles so lange dünsten, bis die Flüssigkeit fast völlig verdampft ist.

5. Tomatenmark und

Weißwein verrühren, zum Gemüse geben und gut durchschwenken. Mit Salz und Pfeffer abschmecken.

6. Petersilie hacken und zum Schluß über das Gemüse streuen.
Dazu paßt kurzgebratenes Fleisch.

Vorbereitungszeit: 25 Minuten
Garzeit: 15 Minuten
Pro Portion ca. 19 g Eiweiß, 16 g Fett, 7 g Kohlenhydrate = 902 Joule (215 Kalorien)

Schmorgurken-Kartoffelsalat

Für 4 Portionen:

- 500 g Kartoffeln, Salz
- 500 g Schmorgurken
- 50 g durchw. Speck, 2 El Öl
- 1 Zwiebel
- 1/8 l Hühnerbrühe (Suppenpaste)
- 2–3 El Weißweinessig
- 2 Tl Senf
- Salz, Pfeffer a. d. Mühle
- Zucker, 1 Eigelb
- 1 Bund Schnittlauch

1. Kartoffeln waschen und in der Schale in Salzwasser 20 Minuten kochen.

2. Während dessen die Schmorgurken schälen, halbieren und mit einem Löffel die Kerne herauskratzen. Gurken in dicke Scheiben schneiden.

3. Speck in feine Würfel schneiden und in dem Öl ausbraten. Zwiebel pellen, fein würfeln und in dem Speck glasig werden lassen. Brühe zugießen und aufkochen lassen. Mit Essig, Senf, Salz, Pfeffer und einer Prise Zucker abschmecken.

4. Kartoffeln abgießen, pellen und noch heiß in Scheiben schneiden. Scheiben in die Brühe geben. Die Gurken untermischen.

5. Eigelb mit 2 El Wasser verquirlen und die Sauce

damit binden. Den Salat zugedeckt 10 Minuten durchziehen lassen.

6. Schnittlauch in feine Röllchen schneiden und untermischen.

Als Beilage: gekochte, halbierte Eier.

Vorbereitungszeit: 30 Minuten
Garzeit: 20 Minuten
Pro Portion ca. 15 g Eiweiß, 16 g Fett, 25 g Kohlenhydrate = 1230 Joule (294 Kalorien)

So unterschiedlich sehen Gurken aus: oben links Cornichons, daneben die Gewürzgurken, ganz rechts die Salatgurke, unten die dicke Schmorgurke

GURKEN aktuell

Gurken für Schönheit und Schlankheit

Seit jeher schätzte man nicht nur den Geschmack, sondern auch die gesundheitlichen Werte der Gurke. Schon die Damen im alten Rom pflegten ihre Haut mit Gurkenmilch. Gewiß nicht ohne Erfolg, wie man heute weiß. Denn Gurkensaft enthält einen Stoff, der die Durchblutung der Haut anregt.

Die Ärzte empfahlen Gurken wegen ihrer positiven Wirkung auf unseren gesamten Verdauungsapparat. Eine Erkenntnis, die moderne Forschungen bestätigt haben.

Gurken sind das Gemüse für alle, die auf ihre schlanke Linie achten. Denn sie haben pro 100 g Fruchtfleisch nur 10 Kalorien. Schließlich bestehen sie zu 95 Prozent aus Wasser. Vor allem aber regen sie durch ihren überdurchschnittlich hohen Gehalt an Mineralstoffen Darm- und Nierentätigkeit an und helfen, überflüssiges Körperfett abzubauen. Ein Tip: Eingelegte Gurken sind eine kalorienarme Knabberei für Fernsehabende und auch für Partys.

Salatgurken aus dem Treibhaus und vom Freiland

Ihre Urheimat sind die feuchtwarmen Gebiete an den Südhängen des Himalaja. Deshalb fühlen sich Gurken im Gewächshaus auch so besonders wohl.

Treibhausgurken, das sind übrigens ausschließlich die schlanken Salatgurken und nicht Schmorgurken oder Einlegegurken, gibt es das ganze Jahr über. Sie sehen alle gleich aus: lang, schlank und gleichmäßig gerade gewachsen, weil die EG-Normen es so verlangen. Die Bitterstoffe wurden ihnen weggezüchtet – damit allerdings auch ein Teil des würzigen Gurkengeschmacks. Treibhausgurken schmecken eher neutral. Ein intensives Gurkenaroma finden Sie aber noch bei den Salatgurken, die im Freiland reif werden. Ihre Saison ist von Mitte August bis Ende September. Im Gegensatz zu den Treibhausgurken können sie krumm und unregelmäßig gewachsen sein. Sie haben eine härtere Schale, die nicht mitgegessen werden kann – im Gegensatz zur zarten Schale der Treibhausgurken, bei denen das Mitessen eine Ermessensfrage ist. Sie schmeckt nämlich nicht bitter und wird kaum noch gespritzt. Freilandgurken schmecken wesentlich würziger als Treibhausgurken. Nur, sie können manchmal eben noch bitter sein. Darum machen Sie bei ihnen immer vorsichtshalber eine Probe, indem Sie am Stielansatz ein Stück abschneiden und kosten. Ist das Stück bitter, muß die Gurke ein Stück gekürzt werden.

Nur vom Freiland: Schmorgurken, Einlegegurken und Schälgurken

Im August und September werden auch die anderen Gurken auf dem Feld reif:

> **GURKEN UND SALZ**
> *Gurken werden wäßrig, wenn sie mit Salz in Berührung kommen. Viele traditionelle Gerichte schreiben darum vor, sie zu salzen, Wasser ziehen zu lassen und sie hinterher sogar noch auszudrücken. Dadurch verlieren sie aber sowohl an Geschmack als auch an Inhaltsstoffen. Darum ist es besser, die moderne Methode anzuwenden und die Gurken erst unmittelbar vor dem Servieren zu salzen.*

die gedrungenen Schmorgurken mit der gerippten, dicken Schale, die kleinen warzigen Einlegegurken und die dicken Schälgurken. Schmorgurken sollten Sie immer schälen, denn ihre Schale wird durchs Kochen zäh. Auch hier sollten Sie immer eine Bitterprobe machen. Einlegegurken dagegen werden nur sehr gründlich geschrubbt. Ihre Schale wird mitgegessen. Einlegegurken gibt es übrigens in unterschiedlichen Größen. Die ganz kleinen werden als Cornichons verkauft, die größeren als Salz- oder Gewürzgurken. Die dicksten unter den Gurken sind die Schäl- oder Senfgurken, einige Sorten können bis zu 4 kg schwer werden. Ihre grüne bis orangefarbene Schale und die Kerne werden immer entfernt. Das Fruchtfleisch wird in Scheiben geschnitten und eingelegt.

Wichtig: Nur ganz frische Gurken kaufen!

Alle Gurken, die Sie kaufen, sollten frisch sein. Salatgurken sollten dunkelgrün aussehen, an den Enden nicht runzlig sein, eine straffe und feste Form aufweisen und sich nicht biegen lassen. Schmorgurken dürfen ruhig etwas gelblich verfärbt aussehen, dann sind sie reifer als die ganz grünen. Aber auch sie sollten eine straffe Oberfläche haben. Einlegegurken sollten immer besonders makellos sein, da sie mit Schale konserviert werden.

Gurken sind ein pflegeleichtes Gemüse

Frische, unbeschädigte Gurken halten sich im Gemüsefach des Kühlschranks ein paar Tage.
Salatgurken eignen sich vor allem für Rohkost, Schmorgurken, die sogenannten Gemüsegurken, zum Kochen und Schmoren. Man kann aber auch Salatgurken für warme Gerichte verwenden wie umgekehrt Schmorgurken für Salate. Nur sollten Sie dann Salatgurken erst gegen Ende der Garzeit an das Gericht geben, sie brauchen nämlich nur 5–7 Minuten zum Garen, während Schmorgurken, je nach Dicke, 15 bis 20 Minuten benötigen.
Und bei Schmorgurken, wenn sie roh verwendet werden, sollten auf jeden Fall die harten Kerne entfernt werden, während die zarten Kerne der Salatgurke auch als Rohkost mitverzehrt werden können.

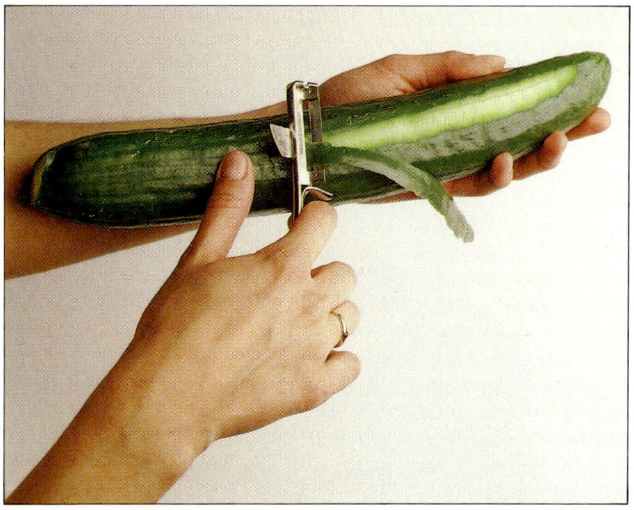

Gurken schälen

Die meisten Freilandgurken müssen geschält werden, denn ihre Schale ist zäh. Am besten nimmt man dazu einen Sparschäler und arbeitet von der Spitze zum Stielansatz.

Kerne entfernen

Gurkenkerne und das sie umgebende wäßrige Fruchtfleisch entfernt man, indem man die Frucht längs halbiert und die Hälften mit einem Löffel auskratzt.

Geschmort passen Gurken zu Tomaten, Auberginen, Paprika und Pilzen. Sie schmecken zum Beispiel mit Dill, Petersilie, Borretsch, Pfeffer und Knoblauch, aber auch mit Fenchelsamen oder Senfsaat und Kapern. Geräucherter Speck oder Sahne runden ihren Geschmack ab.

Vielseitig im Salat

Rohe Gurken lassen sich fast mit allen anderen Salaten und Gemüsen kombinieren, besonders gut mit Tomaten und Radieschen. Auch sie werden mit Dill, Borretsch, Schnittlauch, Petersilie und Knoblauch gewürzt.

So kann man Gurken einlegen:

- süß-sauer mit Zimtstangen, Gewürzen und Ingwer;
- als Cornichons mit Pfeffer, Dillblüten, Lorbeer, Knoblauch und Zwiebeln;
- als Senfgurken mit Senfkörnern, Meerrettich und Lorbeerblättern;
- als Dillgurken mit frischen Dillblättchen und Dillblüten;
- als Gewürzgurken mit Fenchelkörnern, Piment, Zwiebeln, Dillblüten und sonstigen frischen Kräutern;
- als Salzgurken mit Dillblüten und Sauerkirschblättern in einer Salzlake anstatt in Essig.

HIMBEEREN

„Sie helfen denen, so von gifftigen Schlangen und Skorpionen seind gestochen." Das glaubten die Mönche des Mittelalters und machten die angeblich so heilkräftigen Beeren in ihren Klöstergärten heimisch. Seither gehören die Himbeeren zu den beliebtesten Sommerfrüchten. Aber nicht, weil sie gegen Schlangenbisse helfen. Da irrten die weisen Mönche. Wohl aber, weil es die zartesten und schönsten Beeren sind, die der Sommer uns zu bieten hat.

Himbeer-Sahne-Creme

Für 4 Portionen:

- 2 Pakete Himbeeren (tiefgekühlt, à 250 g) oder 500 g frische Himbeeren
- 3 Blatt weiße Gelatine
- 3 El Zucker
- 1–2 El Zitronensaft
- 1–2 El Himbeergeist
- 250 g Schlagsahne
- 1 Päckchen Vanillinzucker

1. Himbeeren, wenn nötig, auftauen lassen, Gelatine in kaltem Wasser einweichen.

2. Ein Paket Himbeeren durch ein Sieb streichen, mit Zucker, Zitronensaft und Himbeergeist verrühren. Gelatine tropfnaß bei milder Hitze auflösen und ebenfalls darunterrühren. Kalt stellen.

3. Die Sahne mit dem Vanillinzucker steif schlagen.

4. Einen El Himbeeren bei-

seite legen. Wenn die Himbeercreme zu gelieren beginnt, zuerst die restlichen Himbeeren, dann die Sahne unterziehen. Nochmals 30 Minuten kühl stellen. Kurz vor dem Servieren mit den restlichen, abgetropften Himbeeren belegen.

Zubereitungszeit: 15 Minuten
Pro Portion etwa 3 g Eiweiß, 20 g Fett, 59 g Kohlenhydrate = 2153 Joule (514 Kalorien)

Reis mit Himbeeren

Für 4 – 6 Portionen:

1 Vanilleschote

125 g Rundkornreis

625 ccm Milch

100 g Zucker

1 Prise Salz

1 Paket Vanillinzucker

500 g Himbeeren

1 Becher Schlagsahne (200 g)

abgeriebene Schale einer Zitrone (unbehandelt)

1. Vanilleschote aufschlitzen, das Mark herauskratzen. Mark, Schote und Reis in die Milch geben. Zum Kochen bringen und bei milder Hitze 30–35 Minuten ausquellen lassen, dabei ständig umrühren.

2. Zucker, Salz und Vanillinzucker unterrühren, erkalten lassen.

3. Himbeeren, wenn nötig, verlesen. Sahne sehr steif

schlagen und unter den Reis heben.

4. Reis und Himbeeren abwechselnd in eine Schüssel schichten und gut durchkühlen lassen.

5. Mit Himbeeren und Zitronenschale garniert servieren.

Vorbereitungszeit: 15 Minuten
Garzeit: 30–35 Minuten
Pro Portion (bei 6 Portionen) ca. 6 g Eiweiß, 14 g Fett, 47 g Kohlenhydrate = 1601 Joule (382 Kalorien)

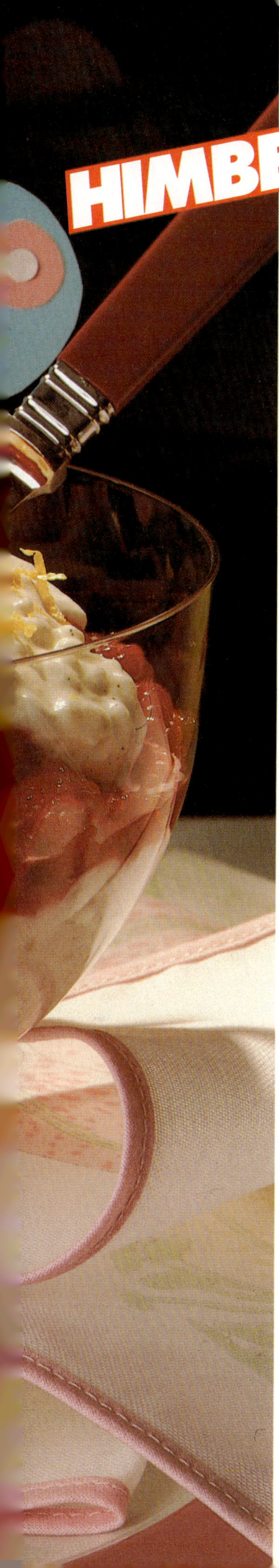

HIMBEEREN

Joghurt-Himbeer-Eis

Für 4 – 6 Portionen:

100 g Zucker

4 Eigelb

500 g Himbeeren

2 Becher Sahnejoghurt (à 150 g)

1. Zucker mit 100 ccm Wasser etwa 3 Minuten sprudelnd kochen lassen. Eigelb mit den Quirlen des Handrührers aufschlagen, dann den noch heißen Zuckersirup zugeben und alles schlagen, bis eine dickliche Creme entsteht.

2. Himbeeren, wenn nötig, verlesen und mit dem Schneidstab des Handrührers pürieren. Himbeerpüree mit dem Joghurt verrühren und unter die Creme ziehen.

3. Creme im Gefriergerät 2–3 Stunden gefrieren lassen, dabei immer wieder

einmal mit dem Schneebesen durchrühren.

4. Fertiges Eis mit dem Spritzbeutel oder mit 2 Löffeln in Gläser verteilen, mit einigen Himbeeren garnieren. Dazu passen Löffelbiskuits.

Vorbereitungszeit: 25 Minuten
Zeit zum Durchkühlen: 2–3 Std.
Pro Portion (bei 6 Portionen) ca. 8 g Eiweiß, 9 g Fett, 29 g Kohlenhydrate = 1561 Joule (373 Kalorien)

HIMBEEREN aktuell

Wie die Erdbeeren gehören die Himbeeren zu den Rosengewächsen: Sie haben Blüten, die aussehen wie kleine Heckenrosen. Ihre Früchte sind wie bei den Erdbeeren, botanisch gesehen, kleine Beeren. Auf einem fleischig verdickten Fruchtstand sitzen kleine, harte, flaumig behaarte Steinfrüchte („Nüßchen").

Himbeeren pürieren

Manchen stören die kleinen harten Himbeerkerne. Darum sollte man die Früchte für feine Gerichte mit dem Passierstab des Handrührers durch ein Sieb drücken.

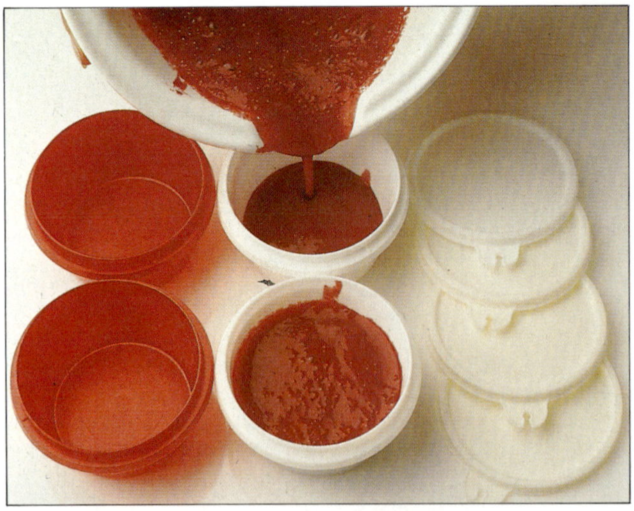

Himbeeren als Püree einfrieren

Himbeeren lassen sich gut einfrieren. Und zwar nicht nur als ganze Früchte. Mindestens ebenso praktisch ist es, Himbeerpüree portionsweise einzufrieren.

Die besten wachsen noch immer im Wald

Sie sind zwar nicht ganz so dekorativ wie ihre Verwandten, die Rosen, aber mindestens ebenso beliebt und so teuer. Die Himbeeren, die genau wie die Erdbeeren zu den Rosengewächsen zählen, wurden bei uns schon im Mittelalter sehr geschätzt, allerdings nicht so sehr ihres Geschmackes als ihrer Heilkraft wegen: „Sie helfen denen, so von gifftigen Schlangen, Würmern und Scorpionen seind gestochen", kann man in einem alten Kräuterbuch nachlesen. Im Mittelalter hat man auch damit begonnen, die bis dahin nur wild wachsenden Waldhimbeeren in unseren Gärten heimisch zu machen. Es sind wahrscheinlich Mönche gewesen, denen wir die Gartenhimbeere verdanken. Inzwischen gibt es schätzungsweise 1500 Sorten von Gartenhimbeeren. Keine aber hat das intensive spezifische Aroma der Waldhimbeeren. Daran wird sich voraussichtlich auch in absehbarer Zeit nichts ändern, zumal das Hauptinteresse der Züchter nicht auf Geschmacksverbesserung ausgerichtet ist. Schuld daran, zumindest nach Meinung der Züchter, sind die Verbraucher, die große, feste, appetitlich frische Früchte bevorzugen, ein gutes Aroma dagegen nicht honorieren.

Einen großen Fortschritt haben die Züchtungen der letzten Jahre aber doch gebracht: Die Himbeersaison ist doppelt so lang geworden. Haupterntezeit ist nach wie vor der Juli. Aber es werden daneben jetzt auch Sorten angebaut, deren Früchte im August bis in den September hinein reif werden, eine tolle Sache für Himbeer-Fans.

HIMBEEREN ALS MEDIZIN

Himbeeren sind reich an Vitamin C (25 mg pro 100 g Frucht), an Kalium, Eisen und Phosphor. Dank ihres hohen Gehalts an Fruchtsäure und Fruchtzucker wirken sie harntreibend und lindern Leber- und Nierenleiden. Ihr Kaloriengehalt: 40 Kalorien pro 100 g Fruchtfleisch.

Möglichst nicht waschen

Viele Experten verzichten darauf, Himbeeren zu waschen: Die Früchte sind nämlich nicht gespritzt (das ist nicht erlaubt). Und sie werden auch wirklich nur von dem Pflücker angefaßt, der sie direkt vom Strauch vorsichtig in die 250-Gramm-Schälchen legt. Himbeeren verlieren durchs Waschen an Saft und Form, vor allem aber an Aroma. Wer die Früchte aber wegen der Luftverschmutzung waschen möchte, der sollte das niemals unter fließendem Wasser tun, sondern sie nur kurz in einem Sieb in eine Schüssel mit lauwarmem Wasser tauchen.

Tips für den Umgang mit Himbeeren

- Schauen Sie sich beim Kauf die Schälchen auch von unten an.
- Wenn der Boden feucht ist, dann sind die unten im Schälchen liegenden Beeren nicht mehr einwandfrei. Daß die oberen Früchte einwandfrei, also glatt, straff und trocken, d. h. ohne Schimmel sein sollen, ist selbstverständlich.
- Breiten Sie die Beeren direkt nach dem Einkauf locker nebeneinander auf einem Tablett aus und verwenden Sie sie so bald wie möglich.
- Am besten schmecken Himbeeren roh. Längeres Erhitzen beeinträchtigt ihr Aroma. Darum allerhöchstens einmal aufwallen lassen.
- Was ihnen aber ausgesprochen gut bekommt, ist Kälte als Konservierungsmöglichkeit: Tiefgefroren und aufgetaut schmecken sie fast so gut wie frisch. Darum sollten Sie Himbeeren einfrieren, wenn Sie für den Winter vorsorgen wollen. Tiefgefroren sind sie eine ausgezeichnete Ergänzung zu winterlichen frischen Früchten.

Besonders fein mit Erdbeeren

Mit ihrem intensiven Aroma sind Himbeeren eine ausgezeichnete Ergänzung zu allen Früchten, von Birnen bis hin zu Bananen. Besonders fein: Himbeeren mit Ananas, Erdbeeren, Johannisbeeren oder Pfirsichen und Aprikosen. Ihr Aroma verträgt sich gut mit Rum, mit Weinbrand, vor allem aber mit Obstgeist und Wein.

Ein Spritzer Zitronensaft bringt ihr Aroma noch besser zur Geltung. Bei klassischen Gewürzen harmonieren sie nur mit Vanille. Mit ihrer würzigen Säure passen sie ausgezeichnet zu milden Cremes, zu Sahne und zu Quark.

PRO SCHÄLCHEN 30 PFENNIG PFLÜCKGEBÜHR

Himbeeren werden per Hand geerntet. Ein mühsames Geschäft. Darum kommt die Ernte den Verbraucher auch teuer: Mindestens 30 Pfennig müssen Sie fürs Pflücken bezahlen, wenn Sie ein 250 g-Schälchen frischer Beeren kaufen.

Roh gerührte Himbeermarmelade

Himbeeren pürieren, zu gleichen Teilen mit Gelierzucker mischen und 15 Minuten schaumig schlagen, in Gläsern im Kühlschrank aufbewahren.

Ganze Himbeeren einfrieren

Damit die empfindlichen Früchte auch ihre Form halten, sollte man sie auf ein Tablett legen und vorgefrieren. Erst dann in Beutel oder Schalen füllen.

JOHANNIS-BEEREN

Man kann sich einen Bauerngarten kaum ohne sie vorstellen – die roten, weißen und schwarzen Johannisbeeren. Während die roten und weißen bei uns schon lange heimisch sind, haben die herb-säuerlichen schwarzen erst seit dem späten 18. Jahrhundert Eingang in unsere Gärten gefunden. Heute sind sie wegen ihres Vitamin-C-Gehaltes besonders beliebt.

Beeren-Cocktail mit Quarksahne

Für 4 Portionen:

125 g Himbeeren
125 g Brombeeren
100 g rote Johannisbeeren
100 g schwarze Johannisbeeren
3 El Zitronensaft
30 g Puderzucker
250 g Quark (Magerstufe)
$\frac{1}{8}$ l Schlagsahne
2 Pakete Vanillinzucker
2 El Eierlikör

1. Himbeeren und Brombeeren verlesen, Johannisbeeren mit der Gabel von den Rispen zupfen. Alle Früchte mit dem Zitronensaft und dem Puderzucker mischen.

2. Quark zusammen mit der Schlagsahne, dem Vanillinzucker und dem Eierlikör mit den Schlägern des Handrührers aufschlagen wie Schlagsahne.

3. Beerenmischung und Quarksahne abwechselnd in Portionsgläser schichten, sofort servieren.

Unser Tip: Außerhalb der kurzen Saison für frische Beeren kann man das Gericht auch mit fertig gekauftem, tiefgefrorenem Beeren-Cocktail bereiten. Dann mischt man die gefrorenen Früchte mit Puderzucker und Zitronensaft und läßt sie bei Zimmertemperatur 1 Stunde auftauen.

Vorbereitungszeit: 20 Minuten
Pro Portion ca. 11 g Eiweiß, 11 g Fett, 28 g Kohlenhydrate = 1189 Joule (287 Kalorien)

Marinierte Johannisbeeren mit Vanilleschaum

Für 4 Portionen:
- 250 g rote Johannisbeeren
- 250 g schwarze Johannisbeeren
- 7 El Zucker
- 2 Pakete Vanillinzucker
- 4 Eigelb
- 2 Eier
- 1 Vanilleschote
- $\frac{1}{8}$ l Milch
- 200 ccm Schlagsahne

1. Johannisbeeren waschen, die Beeren mit einer Gabel von den Rispen streifen und in vier Portionsschälchen füllen. Einige Beeren zur Dekoration beiseite stellen. 3 El Zucker und ein Päckchen Vanillinzucker mischen und darüberstreuen.

2. Eigelb, Eier, das ausgekratzte Mark der Vanilleschote, den restlichen Zukker, Vanillinzucker, Milch und Schlagsahne in einem Topf verrühren.

3. Alles bei milder Hitze im Wasserbad oder auf der Automatikplatte mit dem

Schneebesen zu einer dicklichen Creme aufschlagen.

4. Vanillecreme über die Beeren streichen, mit den restlichen Beeren bestreuen.

Vorbereitungszeit: 20 Minuten
Garzeit: 5 Minuten
Pro Portion ca. 10 g Eiweiß, 18 g Fett, 21 g Kohlenhydrate = 1576 Joule (377 Kalorien)

Cassiscreme mit Johannisbeeren

Für 4 Portionen:
- 250 g rote Johannisbeeren
- 250 g schwarze Johannisbeeren
- 5 El Zucker
- 4 Blatt weiße Gelatine
- 6 Eigelb
- 6 El Cassis-Likör (Likör von schwarzen Johannisbeeren)
- $^3/_4$ l Schlagsahne

1. Johannisbeeren waschen und mit einer Gabel von den Rispen streifen. Mit 3 El Zucker bestreuen.

2. Gelatine in kaltem Wasser einweichen. Eigelb mit dem restlichen Zucker und dem Cassis zu einer dicklichen Creme aufschlagen. Gelatine tropfnaß in einen kleinen Topf geben und bei

milder Hitze auflösen. Unter die Creme rühren.

3. Die Hälfte der Johannisbeeren unter die Creme ziehen und die Schüssel kalt stellen. Wenn die Creme zu gelieren beginnt, $^5/_8$ l Schlagsahne steif schlagen und unterziehen. Nochmals 2 Stunden kalt stellen.

4. Restliche Sahne steif schlagen, in einen Spritzbeutel mit Sterntülle füllen und damit Tupfer auf die Creme setzen. Mit den restlichen Beeren dekorieren.

Vorbereitungszeit: 30 Minuten
Pro Portion ca. 12 g Eiweiß, 69 g Fett, 45 g Kohlenhydrate = 3849 Joule (922 Kalorien)

1. Blauschwarze, unterschiedlich große, stark riechende Beeren: die schwarzen Johannisbeeren.
2. Nur noch in Privatgärten zu finden: die milden weißen Johannisbeeren.
3. Saftig und von intensiver Säure: die roten Johannisbeeren.

JOHANNIS-BEEREN aktuell

1

2

3

Fast so beliebt wie Erdbeeren

Ihre Vorfahren wuchsen zwar seit eh und je wild in den Wäldern nördlich der Alpen. Als Früchte geschätzt werden die roten und die schwarzen Johannisbeeren aber noch gar nicht besonders lange. Die roten werden erstmals im Jahre 1450 als Gartenfrucht erwähnt, und die schwarzen gar tauchen mehr als 100 Jahre später auf. Inzwischen haben sich die roten nach den Erdbeeren zu dem meist angebauten Beerenobst entwickelt, und auch die schwarzen zeigen einen deutlichen Aufwärtstrend.

Nach Johannes dem Täufer benannt

Schon im 1543 erschienenen Kräuterbuch des Gelehrten Leonhart Fuchs werden sie als „Sant Johanstreublin" bezeichnet. Und Leonhart Fuchs erklärt auch, woher sie ihren Namen haben: „Sie werden auß keiner andern ursachen so genent, das sie umb S. Johans des Teüffers tag reiff und zeitig werden." Und um den 24. Juni herum beginnt auch jetzt noch ihre Saison.

Was sich aber seit den Tagen Leonhart Fuchs' entscheidend geändert hat, ist das Ende der Saison. Da man spät reifende Sorten gezüchtet hat, kann man heute noch bis in den September hinein Johannisbeeren kaufen, während man zu Fuchs' Zeit spätestens Anfang August auf alle frischen Johannisbeeren verzichten mußte.

Rote Johannisbeeren

Nach Rhabarber und Sauerkirsche sind sie die säurereichsten Früchte. In 100 g Fruchtfleisch stecken bis zu 2,6 g Fruchtsäure. Johannisbeeren wachsen in Trauben oder Rispen von bis zu 20 einzelnen Beeren zusammen. Neben den roten Johannisbeeren gibt es auch Sorten mit blaßgelben Früchten, die sogenannten weißen Johannisbeeren. Sie schmecken etwas milder als die roten. Sie haben allerdings heute nur noch Liebhaberwert für den Hobbygärtner.

Schwarze Johannisbeeren

Ihres intensiven, manchen Leuten unangenehm in die Nase stechenden Geruchs

wegen wurden sie früher oft auch als Wanzenbeeren bezeichnet. Sie wachsen an Sträuchern oder Hochstämmen, jeweils fünf bis zehn schwarzblaue Beeren zu einer Traube vereinigt. Sie sind unterschiedlich groß, die größten können den Umfang einer Kirsche haben. Da sie viel Gerbsäure enthalten, ist ihr Aroma ziemlich herb. Seit jeher wurden sie vor allem ihres gesundheitlichen Werts wegen geschätzt. Daß ihr Saft daneben auch ein wunderbares Aroma hat, erkannte man erst im 19. Jahrhundert, und zwar in Frankreich, in der Feinschmeckerstadt Dijon. Dort wurde die erste Johannisbeerlikörfabrik gegründet, und der Bürgermeister der Stadt, ein Domherr namens Kir, kreierte auch das nach ihm benannte Getränk, den Kir: Eine winzige Menge Cassis, so heißt der französische Johannisbeerlikör, wird mit trockenem, weißen Bordeaux aufgefüllt.

Beim Kauf auf Frische achten

Rote und schwarze Beeren werden in 250 g- bzw. in 500 g-Schälchen angeboten. Achten Sie beim Kauf darauf, daß die Früchte glänzend-rot oder schwarz und prall aussehen. Dann nämlich sind sie frisch und ausgereift und haben das meiste Aroma. Blasse Beeren schmecken fade. Und achten Sie bei den Früchten auch darauf, daß sich kein Schimmel zwischen den Rispen gebildet hat.

DAS STECKT IN DEN SCHWARZEN

Sie enthalten dreimal soviel Vitamin C wie Orangen, außerdem u. a. Vitamin A, Vitamin P und reichlich Kalzium und Phosphor. In der Naturmedizin empfiehlt man sie zur Linderung von Arteriosklerose, Gicht und Rheuma und bei Erschöpfungszuständen.

Johannisbeeren in der Küche

Johannisbeeren sind nicht ganz so empfindlich wie Erdbeeren oder Himbeeren. Sie vertragen es durchaus, wenn man sie ein bis zwei Tage liegen läßt. Dazu sollte man die Beeren aber locker nebeneinander auf einem Tablett ausbreiten, alle schadhaften Früchte aussortieren und das Tablett kühl stellen oder sie putzen und zuckern. Auch dann bleiben sie bis zum nächsten Tag frisch. Johannisbeeren sollte man immer waschen, bevor man die Beeren von der Rispe zupft. Jedoch nicht unter einem harten Wasserstrahl, sondern behutsam in einer Schüssel mit Wasser. Johannisbeeren entrebelt man am besten mit einer Gabel. Wenn Sie Saft oder Gelee zubereiten wollen, können Sie sich das mühsame Geschäft aber sparen. Dann kochen Sie die Früchte mitsamt der Stielchen und drücken dann den Saft heraus.

Ausgezeichnet als Wintervorrat

Johannisbeeren sind ein ausgezeichneter Wintervorrat. Sie lassen sich gut zu Saft verarbeiten, den man in Flaschen einmacht. Sie schmecken gut als Gelee oder Konfitüre. Vor allem aber lassen sie sich problemlos einfrieren: Abgerebelt und gezuckert oder ungezuckert eingefroren sind sie in Konsistenz und Aroma nach dem Auftauen von den frischen kaum zu unterscheiden.

Johannisbeeren kulinarisch

Die roten Johannisbeeren schmecken ausgezeichnet roh, und zwar solo ebenso wie mit Himbeeren, mit Pfirsichen, Melonen oder Aprikosen zusammen. Zu ihrer Säure sind Quark, Sahne oder eine milde Creme, Milchreis oder Grießbrei eine gute Ergänzung. Sie schmecken gut als Tortenbelag oder auf Pfannkuchen. Sie gehören an die rote Grütze und Kaltschalen. Manchmal passen sie auch zu herzhaften Gerichten, zum Beispiel an grünen Salat oder in eine Sauce zu Wild, Lamm und Geflügel. Die schwarzen schmecken ebenfalls gut roh, vor allem mit anderen Beeren gemischt als Obstsalat. Feinschmecker mögen sie auch kombiniert mit einer Creme oder mit Sahne.
In der Hauptsache aber verwendet man sie für Gelees, für Konfitüren, für die rote Grütze und für Saft. Wegen ihres herben Aromas kann man sie gut zu einigen pikanten Gerichten verwenden, zum Beispiel in einer Sauce zu Kalbsfilet, zu Wild oder zu Entenbrust.

DAS STECKT IN DEN ROTEN BEEREN

Durch ihren hohen Säureanteil wirken die roten belebend und appetitanregend. Sie enthalten pro 100 g Fruchtfleisch 37 Kalorien, 32 mg Vitamin C, außerdem reichlich Kalium und Phosphor.

Johannisbeeren entrebeln

Die kleinen Beeren von der Rispe zu streifen, braucht Zeit. Am schnellsten geht es, wenn man eine Gabel zu Hilfe nimmt.

Johannisbeermarmelade, roh gerührt

Man bereitet sie zu wie Himbeermarmelade (Seite 129). Zuvor muß man die Beeren allerdings pürieren und durch ein Sieb passieren.

KARTOFFELN

Viel Phantasie verwendet man hierzulande nicht auf die Kartoffeln: zur Hälfte kommen sie als normale Salzkartoffeln auf den Tisch, weitere 25 Prozent fallen auf Fertigprodukte von Püreepulver bis zu tiefgekühlten Pommes frites. Grund genug, sich in Zeiten, in denen es neue Kartoffeln gibt, darauf zu besinnen, daß Kartoffelgerichte Delikatessen sein können. Und eines unserer Kartoffelgerichte zu versuchen. Egal, ob sie neu sind oder traditionell – köstlich sind sie allemal.

Kartoffelpfanne

Für 4 Portionen:

- 750 g Kartoffeln
- 250 g Zwiebeln
- 6 El Öl
- Salz, Pfeffer aus der Mühle
- 1 Dose Tomaten (825 g EW)
- 1 Bd. Schnittlauch
- 150 g Emmentaler in Scheiben

1. Kartoffeln schälen, waschen und in Scheiben schneiden. Zwiebeln pellen, halbieren und in feine Ringe schneiden.

2. In einer großen Pfanne die Kartoffeln in Öl rundherum anbraten. Zwiebeln zugeben und glasig werden lassen. Mit Salz und frisch gemahlenem Pfeffer würzen.

3. Tomaten in einem Sieb abtropfen lassen, entkernen und zu den Kartoffeln geben. Zugedeckt weitere 15 Minuten garen.

4. Schnittlauch in Röllchen schneiden und über die Kartoffeln streuen.

5. Käsescheiben darauf

verteilen und bei geschlossenem Deckel 10 Minuten schmelzen lassen. In der Pfanne servieren.
Dazu passen grüner Salat und Bier.

Vorbereitungszeit: 25 Minuten
Garzeit: 30 Minuten
Pro Portion ca. 16 g Eiweiß, 25 g Fett, 44 g Kohlenhydrate = 2043 Joule (488 Kalorien)

Sesam- und Kümmelkartoffeln vom Blech

Für 4 Portionen:

30 g flüssige Butter oder Margarine
Salz
2 El Kümmel, 2 El Sesam
1 kg kleine Kartoffeln
2 Bund Schnittlauch
2 Becher Schmant (à 200 g, 24 % saure Sahne)
Pfeffer aus der Mühle

1. Ein Blech mit der Hälfte der Butter oder Margarine fetten, salzen, eine Hälfte mit Kümmel, eine mit Sesam bestreuen.

2. Die Kartoffeln waschen und mit einer Bürste schrubben. Dann längs halbieren und mit einem Messer mehrmals kreuzweise einschneiden. Kartoffeln mit der

Schnittfläche nach unten auf das Blech setzen.

3. Mit der restlichen Butter oder Margarine einpinseln, mit Salz bestreuen und im vorgeheizten Backofen bei 200 Grad (Gas 3) auf der mittleren Einschubleiste 25–30 Minuten backen.

4. Schnittlauch in Röllchen schneiden und zusammen mit Pfeffer zum Schmant geben. Zusammen mit den Kartoffeln servieren.
Dazu passen Salat und Bier.

Vorbereitungszeit: 25 Minuten
Garzeit: 25–30 Minuten
Umluft: 20–30 Minuten bei 200 Grad
Pro Portion ca. 7 g Eiweiß, 45 g Fett, 41 g Kohlenhydrate = 2628 Joule (628 Kalorien)

Kartoffelsalat mit Würstchen

Für 4 Portionen:
750 g Kartoffeln
Salz
250 g Gewürzgurken
250 g Rote Bete (i. Glas)
1 Dose Würstchen (360 g)
1 Glas Mayonnaise, 80 % Fett (250 g)
1 Becher saure Sahne (200 g)
1 Glas Kapern (30 g)
2 Tl Zitronensaft
Pfeffer aus der Mühle
1 Bd. Schnittlauch

1. Kartoffeln in der Schale in Salzwasser gut 15 Minuten kochen, abgießen und abkühlen lassen.

2. Gurken und Rote Bete abtropfen lassen und würfeln, Würstchen in Scheiben schneiden.

3. Mayonnaise mit saurer Sahne verrühren, Kapern abtropfen lassen und zugeben, Gurken, Rote Bete und Würstchen untermischen.

4. Kartoffeln pellen, würfeln und untermischen. Mit Zitronensaft, Salz und Pfeffer würzen und gut durchziehen lassen.

5. Salat nochmals abschmecken und eventuell nachwürzen. Schnittlauch in Röllchen schneiden und darüberstreuen.
Dazu paßt Bier oder leichter Rotwein.

Vorbereitungszeit: 30 Minuten
Garzeit: 20 Minuten
Pro Portion ca. 18 g Eiweiß, 74 g Fett, 40 g Kohlenhydrate = 4064 Joule (981 Kalorien)

Kartoffeln mit Äpfeln

Für 4 Portionen:
1 kg Kartoffeln
Salz, 750 g Äpfel
2 El Zitronensaft
150 g durchwachsener Speck
125 g Zwiebeln
1/8 l Milch
Pfeffer a. d. Mühle
Muskat (frisch gerieben)
750 g Rotwurst (Naturdarm, in Scheiben)
2 El Öl

1. Geschälte Kartoffeln waschen, vierteln, in Salzwasser 15–20 Minuten garen.

2. Äpfel schälen, achteln, entkernen. 1/8 l Wasser und den Zitronensaft aufkochen, Äpfel darin 10 Minuten garen.

3. Speck würfeln, in der Pfanne ausbraten. Zwiebeln pellen, würfeln, zugeben und 10 Minuten mitbraten.

4. Milch aufkochen.

5. Kartoffeln und Äpfel abgießen. Kartoffeln fein stampfen. Äpfel zugeben (einige Stücke beiseite legen), grob stampfen. Kochende

Milch zugießen und unterrühren. Mit Salz, Pfeffer und Muskat würzen.

6. Rotwurstscheiben im Öl knusprig braten.

7. Kartoffel-Apfel-Püree beim Servieren mit Speck-Zwiebeln übergießen. Mit Wurstscheiben und Apfelstücken anrichten.

Vorbereitungszeit: 30 Minuten
Garzeit: 30 Minuten
Pro Portion ca. 33 g Eiweiß, 100 g Fett, 63 g Kohlenhydrate = 5463 Joule (1305 Kalorien)

Folienkartoffeln mit Meerrettichbutter

Für 6 Portionen:

6 große Kartoffeln (ca. 1 kg)
Salz
50 g frischer Meerrettich
1–2 Tl Zitronensaft
1 Bund Dill
150 g Butter
Salz, Pfeffer a. d. Mühle
Worcestershiresauce

1. Die Kartoffeln mit der Bürste unter fließendem Wasser gründlich schrubben, mit der Schale in kochendem Salzwasser 20 Minuten vorgaren.

2. Den Meerrettich waschen, schälen, auf der Haushaltsreibe (oder in der Küchenmaschine) fein reiben, sofort mit Zitronensaft beträufeln.

3. Dill hacken. 1 Tl Dill mit Meerrettich unter die Butter rühren, mit Salz, Pfeffer und Worcestershiresauce würzen. Butter in Alufolie zur Rolle formen, 15 Minuten ins Gefrierfach legen.

4. Die Kartoffeln einzeln in Alufolie wickeln, im vorgeheizten Backofen bei 200 Grad (Gas 3) 20–25 Minuten backen.

5. Butter vor dem Servieren aus der Folie nehmen, im restlichen Dill wälzen und in 12 Scheiben schneiden.

6. Die Folie der Kartoffeln etwas öffnen, die Kartoffeln kreuzweise einschneiden, etwas zusammendrükken. Zu jeder Kartoffel 2 Scheiben Butter servieren.

Vorbereitungszeit: 10 Minuten
Garzeit: insgesamt 45 Minuten
Umluft: 25 Min. bei 175 Grad
Pro Portion ca. 3 g Eiweiß, 21 g Fett, 26 g Kohlenhydrate = 1311 Joule (313 Kalorien)

Dibbelabbes

Für 4 Portionen:

- 150 g dänischer Frühstücksspeck (Bacon)
- 2 kg Kartoffeln
- 2 Zwiebeln
- Salz
- Pfeffer a. d. Mühle
- 3 Eier
- 4 El Öl

1. Die Hälfte Speck in feine Streifen schneiden. Kartoffeln schälen, waschen und grob raffeln.

2. Zwiebeln pellen, fein raffeln, mit den gut ausgedrückten Kartoffeln, Salz, Pfeffer und Eiern in einer Schüssel mischen.

3. Speckstreifen in einer

großen schweren Pfanne im Öl kroß ausbraten. Kartoffelmasse in die Pfanne geben, die Oberfläche glattstreichen. Kartoffelkuchen so lange braten, bis die Unterseite goldbraun ist.

4. Den Kuchen wenden und während des Weiterbratens mit zwei Gabeln zerreißen, so daß viele kleine Krüstchen entstehen.

5. Inzwischen in einer anderen Pfanne den restlichen Speck ausbraten. Vor dem Servieren auf den Kartoffelkuchen legen.
Der Dibbelabbes ist, zusammen mit einem Feldsalat zum Beispiel, eine vollständige Mahlzeit.

Vorbereitungszeit: 40 Minuten
Garzeit: 10 Minuten
Pro Portion etwa 16 g Eiweiß, 37 g Fett, 75 g Kohlenhydrate = 3256 Joule (778 Kalorien)

1

2

3

4

5

6

Kartoffeln sind die Knollen einer krautigen Pflanze, die wie Tomate und Tollkirsche zu den Nachtschattengewächsen gehört. Bei uns werden ungefähr 130 unterschiedliche Sorten angebaut. Nur die wenigsten allerdings sind überregional zu haben, wie zum Beispiel ***„Sieglinde“ (4), „Desirée“ (3)*** *oder die* ***„Bintje“ (6),*** *die hauptsächlich aus den Niederlanden kommt. Die meisten anderen haben nur regionale Bedeutung, wie zum Beispiel die ausgezeichneten* ***„Bamberger Hörndl“ (1)*** *oder die* ***Prinzeß (2)*** *oder die* ***„Waja“ (5).***

KARTOFFELN aktuell

Von Peru nach Preußen

Ursprünglich ist die Kartoffel kein europäisches, sondern ein aus den Anden stammendes Knollengewächs. Die Inkas züchteten die Pflanze schon vor mehr als 2000 Jahren. Im 16. Jahrhundert brachten die spanischen Eroberer dieses Nachtschattengewächs mit nach Europa. Aber erst 200 Jahre später wurde die Kartoffel bei uns heimisch, nachdem nämlich der preussische König Friedrich der Große seinen mißtrauischen märkischen Bauern per Dekret befohlen hatte, die Knollen anzubauen. Es dauerte dann aber gar nicht lange, bis die Kartoffel zu einem unserer Grundnahrungsmittel, neben Mehl und Reis, avancierte.

Erschmecken Sie sich „Ihre“ Sorte

Es gibt zur Zeit bei uns in Deutschland ungefähr 130 zugelassene Kartoffelsorten, die sich in Form, Größe, Schale, Geschmack und Kocheigenschaft voneinander unterscheiden. Und alljährlich kommen neue Sorten hinzu, während einige nicht mehr angebaut werden. Nur die wenigsten Sorten werden überregional angebaut, da die Qualität je nach Klima und Bodenbeschaffenheit in den einzelnen Kartoffelanbauregionen unterschiedlich ausfallen kann. Für einen Kartoffel-Fan ist es also das beste, auf dem heimischen Markt die vielfältige Auswahl der Sorten mit den besonderen Eigenschaften zu vergleichen. Die Händler müssen die Sortennamen immer auszeichnen und werden den Verwendungszweck empfehlen. Nur durch Probieren werden Sie Ihre Lieblingssorte finden.

Auf die Kocheigenschaften achten

Die einzelnen Kartoffelsorten verhalten sich unterschiedlich beim Kochen: Die einen bleiben auch nach langer Garzeit fest, die anderen werden mehlig und zerfallen. Um Ihnen die Auswahl zu erleichtern, hat man die Speisekartoffeln, ihrem Verhalten entsprechend, in drei Kochtypen eingeteilt:

- **Festkochende Sorten.** Sie eignen sich für Salate und Pellkartoffeln oder Bratkartoffeln, denn sie sind nach dem Kochen fest und lassen sich gut in Scheiben schneiden. Die wichtigsten überregionalen Sorten sind z. B. „Hansa“, „Nicola“ und „Sieglinde“.
- **Vorwiegend festkochende Sorten.** Sie kann man als Salz- oder Pellkartoffeln zubereiten, aber auch für Kartoffelsalat oder für Püree verwenden. Denn sie werden beim Kochen weicher als die festkochenden Sorten, zerfallen aber auch nicht wie die dritte Gruppe. Die wichtigsten Sorten sind „Granola“, „Bintje“ und „Grata“.

● **Mehlig kochende Sorten.** Sie werden durchs Kochen sehr weich und zerfallen. Sie eignen sich darum besonders gut für Püree oder auch für Kartoffelklöße. Die wichtigsten Sorten sind „Irmgard" und „Datura".

Kartoffeln kaufen: lose besser als in Tüten

Am allerbesten schmecken Kartoffeln, wenn man sie noch selbst aus der Erde buddeln kann: Frisch in der gesäuberten Schale gebakken oder gekocht schmecken sie nur mit Butter und Salz hervorragend. Wer solche Kartoffeln einmal gegessen hat, versteht, warum der König aus dem Märchen die Kartoffeln des armen Köhlers im Walde für die feinste Delikatesse hielt, die ihm je serviert worden ist.

KEINE DICKMACHER

Kartoffeln sind keine Dickmacher. Das sind eher die Saucen und Beilagen, die man dazu reicht. Kartoffeln enthalten zwar oft doppelt soviel Kalorien wie die meisten Gemüse (84 Kalorien pro 100 g), dafür sättigen sie aber auch. Und sie enthalten eine Menge Kalium, das den Wasserhaushalt des Körpers reguliert (523 mg pro 100 g), daneben wertvolles Eiweiß, Eisen und viele Vitamine.

Aber wie kommt man an möglichst frische Kartoffeln? Ideal ist es, wenn man sie lose bei einem Bauern, der die eigene Ernte selbst vermarktet, kaufen kann. So kann man auch die einzelnen Knollen begutachten, die immer glatt, straff und ohne Faulstellen sein sollten. Kaufen Sie nach Möglichkeit keine in Plastikbeutel verpackten Kartoffeln. Der Grund: In einem Plastikbeutel können die Kartoffeln nicht atmen. Sie fangen an zu schwitzen und müssen mit Konservierungsstoffen behandelt werden, um nicht allzu schnell zu faulen. Und wenn Sie nicht umhin können, Kartoffeln auf diese Art verpackt zu kaufen, weil viele Supermärkte sie nur so führen, dann sollten Sie sie zu Hause sofort aus der Tüte nehmen und kühl, dunkel und luftig lagern.

Junge Kartoffeln: zum Schälen zu schade

Den Auftakt der Kartoffelsaison bilden die köstlichsten und leider auch die teuersten Knollen: die jungen Kartoffeln, genauer die Speisefrühkartoffeln. Ihre Saison in Deutschland beginnt traditionell am 5. Juni in der Pfalz. Speisefrühkartoffeln sind ein Edelgemüse und sollten auch so behandelt werden. Also möglichst frisch verbrauchen, deshalb auch in kleinen Mengen kaufen, dunkel, kühl und luftig lagern, am besten bei 4–6° C, und vor Fremdgerüchen schützen. Junge Kartoffeln haben eine sehr zarte, dünne Schale, man kann sie darum sogar mitessen, wenn man die Kartoffeln gründlich schrubbt.
Aber wer auch das nicht mag, sollte die Knollen möglichst in der Schale kochen. Es stimmt zwar nicht, daß sich die Mineral- und Aromastoffe und die Vitamine direkt unter der Schale befinden, sie sitzen mehr im Knolleninneren. Die Schale verhindert aber, daß diese wertvollen Stoffe durchs Kochen herausgeschwemmt werden.

Vorratshaltung nur bedingt zu empfehlen

Die späteren Sorten halten sich besser als die Frühkartoffeln. Sie lassen sich den ganzen Winter über einlagern. Voraussetzung allerdings ist ein unbeheizter, luftiger, trockener Keller. In beheizten Kellern werden die besten und lagerfähigsten Knollen schnell welk, beginnen zu keimen und verlieren wertvolle Vitamine und Aromastoffe. Bei Lichteinfluß verfärben sich die Knollenteile grün und entwickeln das gesundheitsschädliche Solanin.

Tips fürs Kartoffelkochen

Kartoffeln kochen ist zwar keine Kunst, sollte man meinen, aber ein paar Dinge sollte man schon beachten, damit sie auch köstlich schmecken:

● Kartoffeln möglichst erst unmittelbar vor dem Kochen schälen und nicht im Wasser stehenlassen.

● Pellkartoffeln sollten mit Kümmel, einem Lorbeerblatt oder Dillzweigen oder Petersilienzweigen gekocht werden, um ihr Aroma zu steigern.

● Die Kochzeiten sind je nach Sorte und Größe der Kartoffeln unterschiedlich. Darum möglichst immer Knollen von ungefähr gleicher Größe miteinander in den Topf geben, und nach ca. 18 bis 20 Minuten mit dem Messer oder einer Gabel die Garprobe machen.

KARTOFFELDIÄT

Mit Kartoffeln können Sie ohne zu hungern auf gesunde Weise ein paar Pfunde verlieren: Täglich 1000 g Kartoffeln und dazu 250 g Magerquark oder ein Ei und frische Kräuter sind erlaubt. Das sind weniger als 1000 Kalorien, in denen aber alle wichtigen Nährstoffe enthalten sind.

Kartoffeln schälen

Wenn Sie Kartoffeln schnell und ohne viel Abfall schälen wollen, nehmen Sie dazu kein gewöhnliches Küchenmesser, sondern einen Sparschäler.

Kartoffeln in feine Scheiben schneiden

Wenn Sie für einen Gratin oder für rohe Bratkartoffeln die Knollen in dünne Scheiben schneiden wollen, nehmen Sie am besten einen Gurkenhobel.

KIRSCHEN

Man teilt die Kirschen bei uns ein – in Süßkirschen und Sauerkirschen. Die süßen schmecken am besten von der Hand in den Mund – zum Kochen fehlt ihnen das Aroma. Die sauren hingegen sind zum Rohessen – wie der Name schon sagt – oft zu herb. Sie entfalten ihr ganzes Aroma erst, wenn man sie gart. Dann sind sie ideal für Kompott, Salate, pikante Saucen und Kuchen.

Quark-Knödel mit Kirschkompott

Für 4 Portionen:
750 g Sauerkirschen
100 g Zucker
1 El Speisestärke
2 El Kirschwasser
2 El Zitronensaft
2 Pakete Quark-Knödel
Salz
1 Vanilleschote
1 Päckchen Vanillinzucker
1 Becher Schlagsahne

1. Kirschen waschen, entstielen und entsteinen. Zucker mit 4 El Wasser aufkochen, die Kirschen zugeben und 5 Minuten ziehen lassen.

2. Speisestärke mit Kirschwasser und Zitronensaft glattrühren, zugeben und aufkochen lassen.

3. Quark-Knödel nach Vorschrift auf der Packung

in leicht gesalzenem Wasser garen.

4. Mark der Vanilleschote auskratzen, mit dem Vanillinzucker zur Sahne geben und halbsteif schlagen.

5. Knödel aus den Kochbeuteln nehmen, mit zwei Gabeln aufreißen. Mit Kirschkompott und Sahne servieren.

Vorbereitungszeit: 45 Minuten
Garzeit: 16 Minuten
Pro Portion ca. 9 g Eiweiß, 22 g Fett, 66 g Kohlenhydrate = 2193 Joule (523 Kalorien)

Sahnequark mit Kirschen

Für 4 Portionen:
750 g Sauerkirschen
100 g Zucker
½ Paket Pumpernickel (125 g)
¼ l Sauerkirschsaft
2 El Rum
250 g Magerquark
3 El Zucker
1–2 Tl abgeriebene Zitronenschale (von unbehandelten Früchten)
2 El Zitronensaft
1 Becher Schlagsahne
1 Paket Vanillinzucker

1. Kirschen waschen, entstielen und entsteinen. Zucker mit 4 El Wasser aufkochen, Kirschen zugeben, 5 Minuten im geschlossenen Topf dünsten, zum Abkühlen beiseite stellen.

2. Pumpernickel zerbröseln. Kirschsaft mit Rum

mischen und darübergießen.

3. Quark mit Zucker, Zitronenschale und Zitronensaft verrühren. Sahne mit Vanillinzucker steif schlagen, unter den Quark heben.

4. Etwas Pumpernickel und einige Kirschen beiseite stellen. Pumpernickel und Kirschen in ein Glas füllen, Quarkcreme darübergeben, mit Pumpernickel und Kirschen garnieren.

Vorbereitungszeit: 1 Stunde
Garzeit: 5 Minuten
Pro Portion ca. 12 g Eiweiß, 23 g Fett, 68 g Kohlenhydrate = 2575 Joule (615 Kalorien)

Sauerkirschkaltschale mit Vanilleeis

Für 6 Portionen:

- 1 kg Sauerkirschen
- 1 Zimtstange
- dünn abgeriebene Schale ½ unbehandelten Zitrone
- 7–8 El Zucker
- 1 Pk. Mandelblättchen (40 g)
- 30 g Speisestärke
- 1 Pk. Vanilleeis (500 ml)
- 100 g Makronen

1. Die Sauerkirschen waschen und entsteinen. Mit ½ l Wasser, Zimtstange, Zitronenschale und Zucker zum Kochen bringen.

2. Mandelblättchen in einer Pfanne ohne Fett unter Wenden goldbraun rösten. Speisestärke mit ⅛ l Wasser glattrühren. Zimtstange aus dem Kompott nehmen, Speisestärke unterrühren.

3. Alles unter Rühren 2–3 Minuten kochen lassen. Kalt stellen.

4. Die Kaltschale mit Vanilleeis, Makronen und Mandelblättchen servieren.

Vorbereitungszeit: 30 Minuten
Garzeit: 5 Minuten
Pro Portion ca. 5 g Eiweiß, 13 g Fett, 65 g Kohlenhydrate = 1668 Joule (397 Kalorien)

KIRSCHEN aktuell

*Unterscheiden sich nicht im Zuckergehalt, sondern in der Menge der Säure, die in ihnen steckt. Darum schmecken die **Sauerkirschen (2)** so sauer und sind nicht zum Rohgenuß geeignet, während umgekehrt die säureärmeren **Süßkirschen (1)** nur etwas zum Roh-Essen sind.*

Lukullus brachte sie mit nach Europa

Wie ihre Verwandten, die Aprikose, die Pflaume und die Walnuß, gehört die Kirsche zu den Steinfrüchten. Gezüchtet und systematisch kultiviert wurde sie zuerst in Kleinasien, in dem Gebiet zwischen dem Schwarzen und dem Kaspischen Meer. Dort entdeckten sie die Römer auf ihren Feldzügen. Der Fama nach war es der Feldherr und Feinschmecker Lukullus, der sie im Jahr 70 vor Christus mit nach Rom brachte.

Süßkirschen – Sauerkirschen

Die ungefähr 400 Kirschsorten, die es heute weltweit gibt, lassen sich in zwei Hauptgruppen unterteilen: in die Gruppe der Süßkirschen und die der Sauerkirschen.

Die **Sauerkirschen** sind ebenso Sonnenkinder wie ihre süßer schmeckenden Verwandten. Sie enthalten ungefähr die gleiche Menge an Fruchtzucker und auch dieselbe Kalorienzahl, nämlich 60 Kalorien pro 100 g Fruchtfleisch. Was sie allerdings von den süßen unterscheidet, ist ihr weitaus höherer Anteil an Fruchtsäure. Deshalb sind sie zum

Kirschen waschen

Kirschen sollten Sie nicht unter hartem Wasserstrahl, sondern in einer Schüssel mit Wasser waschen, und zwar bevor sie entstielt und entsteint sind.

Kirschen entsteinen: 1. Methode

Wenn Sie nur kleine Mengen von Kirschen zu entsteinen haben, können Sie sich mit einer Büroklammer behelfen, die an einem Ende auseinandergebogen ist.

Roh-Essen nicht besonders gut geeignet. **Die süßen** wiederum schmecken gekocht eher fade, und sie sind roh ein besonderer Genuß.
Bei ihnen unterscheidet man zwischen zwei Hauptsorten, den weichfleischigen, sehr milde schmeckenden **Herzkirschen** und den festfleischigen, etwas säurereicheren **Knorpel- oder Knupperkirschen**. Die Herzkirschen sind meist dunkelrot bis schwarz, die Knorpelkirschen buntscheckig, das heißt auf hellerem Grund rot bis tiefrot gefärbt. Die **Sauerkirschen** standen jahrhundertelang im Schatten ihrer süßen Verwandten. Bis die Köche entdeckten, welch köstliche Gerichte sich aus ihnen zaubern lassen. Die bekannteste und am spätesten reifende Sorte ist die Schattenmorelle. Der Name hat allerdings nichts mit Schatten zu tun. Er leitet sich ab von „Château Morel", einem Schloß in Frankreich, wo diese würzigsten unter den Sauerkirschen gezüchtet worden sein sollen.

SO WIRD DAS KIRSCHGELEE FEST

Sauerkirschen besitzen so gut wie kein Pektin. Das ist der Stoff, der Obst in Verbindung mit Zucker und Fruchtsäure zum Gelieren bringt. Wundern Sie sich darum nicht, wenn Ihr Sauerkirschgelee nicht fest wird. Was hier hilft, ist der Zusatz von Johannisbeeren (am besten von schwarzen) oder von Zitronensaft, die beide reichlich Pektin enthalten.

Darum sind Kirschen so teuer:

Sie gehören zwar zu den alteingesessenen Früchten, trotzdem sind sie teurer und rarer als viele Exoten, wie Ananas oder Orangen. Das hat folgenden Grund: Bei uns in Deutschland ist der Anbau stark zurückgegangen, in der Regel zugunsten der rentableren Apfelproduktion. Und das Gros der Ernte wird außerdem von der Industrie aufgekauft. Was den Preis außerdem noch in die Höhe treibt, ist die Tatsache, daß Kirschen für den Frischmarkt nicht maschinell geerntet werden können. Beim Einsatz von Erntemaschinen, die die Früchte von den Bäumen schütteln, zerplatzen nämlich bis zu 30 Prozent der Früchte.

Je reifer, desto dunkler

Achten Sie beim Einkauf darauf, daß die Früchte kräftig gefärbt sind. Je intensiver die Farbe, desto reifer und aromatischer die Kirschen. Außerdem sollten die Früchte sauber und trocken sein und eine feste, glatte Haut haben. Sind die Früchte naß, bildet sich auf der untersten Schicht in Korb oder Schale leicht Schimmel. In Bezug auf Kirschen lohnt es sich in jedem Fall, der am besten sortierten Ware („extra") den Vorzug zu geben.

Bald verbrauchen

Kirschen sind empfindliche Früchte. Kann man sie nicht sofort verbrauchen, sollte man sie locker auf einem Tablett ausbreiten und kühl stellen.
Kirschen sollten erst gewaschen und dann entstielt und entsteint werden, sonst verlieren sie zuviel von ihrem kostbaren Saft. Kirschen sollte man außerdem nicht zu lange kochen. Am besten nicht mehr als fünf Minuten. Dann sind sie gar, aber noch nicht zerkocht.

Besonders gut mit Mandeln

Sauerkirschen würzt man mit Zimt, mit Vanille und Zitronenschale, außerdem mit Wein, Rum oder Obstgeist. Was ihrem Geschmack außerordentlich gut bekommt, sind außerdem Mandeln und Mandelprodukte, vom Marzipan bis zum Mandellikör. Eine sehr gute Ergänzung zu ihrer intensiven Säure sind Sahne, milde Cremes und natürlich auch Eis oder süßer Teig. Im Gegensatz zu den meisten anderen Früchten harmonieren sie außerdem ausgezeichnet mit Schokolade. Bestes Beispiel: die berühmte Schwarzwälder Kirschtorte.

Nicht nur zu süßen Gerichten

Sie schmecken nicht nur als Konfitüre, als Kompott, in der Kaltschale, auf der Torte oder zum Eis. Mit ihrer intensiven Säure passen sie auch gut zu einigen pikanten Gerichten. Klassisch ist die Kombination von Kirschen und Wild. Sie schmecken aber auch zum Beispiel zu Ente oder zu Huhn. Und sie sind eine würzige Zutat zu pikanten Blattsalaten.

VIEL MINERALSTOFFE

Vitamine besitzt die Kirsche kaum. Dafür aber einiges an Mineralstoffen, vor allem Kalzium, Kalium, Magnesium und Eisen. Dank ihres hohen Säureanteils regt sie Darm- und Nierentätigkeit an, wirkt appetitanregend und entwässernd.

Kirschen entsteinen: 2. Methode

Wenn Sie größere Kirschmengen zu bewältigen haben, sollten Sie sich einen Kirschentsteiner leisten, den es in Haushaltsgeschäften gibt.

Kirschen einlegen:

1250 g Sauerkirschen entsteinen, mit 250 g weißem Kandis und 0,7 l weißem Rum in ein Glas füllen. Gut verschließen und stehen lassen, bis sich der Kandis aufgelöst hat.

KIWI

Was den Gehalt an Vitamin C angeht, sind Kiwis die absoluten Spitzenreiter unter den Früchten: In einer Kiwi steckt durchschnittlich 200 mg von diesem Vitamin, das unentbehrlich ist für unser Immunsystem und für die Gesundheit von Zähnen, Knochen und Blut. Das bedeutet, sie hat ungefähr viermal soviel davon wie unser herkömmlicher Vitamin-C-Lieferant, die Orange.

Obstsalat mit Himbeersauce

Für 4 Portionen:

- 4 Kiwis
- 250 g Erdbeeren
- 1 kleine Ogen- oder Netzmelone (1 kg)
- 1 Paket Himbeeren (TK, 250 g)
- 1 Tl Zitronensaft
- 3–4 El Zucker
- 1 El Himbeergeist
- Zitronenmelisse

1. Kiwis schälen und längs in Spalten schneiden. Erdbeeren waschen, putzen, große Früchte halbieren.

2. Melone quer halbieren und die Kerne mit einem Löffel herauskratzen. Fruchtfleisch mit einem

Kugelausstecher oder einem Löffel aus der Schale lösen.

3. Die aufgetauten Himbeeren mit dem Schneidstab des Handrührers pürieren, durch ein Sieb streichen und mit Zitronensaft, Zucker und Himbeergeist würzen.

4. Früchte mischen und mit der Himbeersauce servieren. Mit Zitronenmelisseblättchen garnieren.

Vorbereitungszeit: 20 Minuten
Pro Portion ca. 3 g Eiweiß, 1 g Fett, 35 g Kohlenhydrate = 690 Joule (165 Kalorien)

Kiwi-Geflügel-Salat

Für 4 – 6 Portionen:

- 700 g Hähnchenbrustfilet
- 20 g Butterschmalz
- Salz
- Pfeffer a. d. Mühle
- 1–2 Tl grüner Pfeffer aus dem Glas
- 1 Glas Mayonnaise (250 ml, 50 %)
- 3 El saure Sahne
- 1–2 El Zitronensaft
- Worcestershiresauce
- 5–6 Kiwis
- ½ Bund Schnittlauch

1. Hähnchenfleisch von der groben Sehne befreien und in dem heißen Butterschmalz von jeder Seite 3–5 Minuten braten. Salzen und pfeffern.

2. Pfefferkörner abspülen, abtropfen lassen und hak-

ken. Mayonnaise mit der sauren Sahne verrühren, mit Salz, Zitronensaft, Worcestershiresauce und grünem Pfeffer abschmecken.

3. Kiwis schälen und in Scheiben schneiden. Das abgekühlte Hähnchenfleisch ebenfalls in Scheiben schneiden. Kiwis und Hähnchenfleisch im Wechsel anrichten und mit der Sauce übergießen. Schnittlauch in Röllchen schneiden und darüberstreuen.

Vorbereitungszeit: 15 Minuten
Garzeit: 10 Minuten
Pro Portion (bei 6 Portionen) ca. 20 g Eiweiß, 27 g Fett, 10 g Kohlenhydrate = 1565 Joule (374 Kalorien)

Kiwi-Scheiben in Kiwi-Püree

Für 4 Portionen:
6 Kiwis
2 El Zucker
abgeriebene Schale einer unbehandelten Zitrone
2–3 El Kiwi-Likör
250 ml Vanilleeis

1. Kiwis schälen. Zwei Kiwis in Scheiben schneiden.

2. Die restlichen Kiwis mit dem Schneidstab des Hand-

rührers pürieren. Das Püree mit Zucker, Zitronenschale und Kiwi-Likör verrühren.

3. Kiwi-Püree auf 4 Teller verteilen, die Kiwi-Scheiben darauf anrichten.

4. Das Eis portionieren und auf die Teller verteilen. Sofort servieren.

Vorbereitungszeit: 10 Minuten
Pro Portion ca. 2 g Eiweiß, 3 g Fett, 25 g Kohlenhydrate = 649 Joule (155 Kalorien)

Kiwi-Bowle

Für ca. 3 l Bowle:

- 500 g Erdbeeren
- 2 Pakete Himbeeren (TK, 300 g)
- 1/8 l Kiwilikör
- 2 Flaschen trockener Weißwein (z. B. Riesling)
- 2 Kiwis
- 1 Flasche Sekt

1. Erdbeeren putzen, waschen und halbieren. Himbeeren noch gefroren zugeben. Mit Kiwilikör und Wein übergießen und zugedeckt mindestens 1 Stunde kühl stellen.

2. Kiwis schälen, in Scheiben schneiden und zugeben.

3. Gut gekühlten Sekt darübergießen und sofort servieren.

Unser Tip: Bowlen mit Früchten kann man langfristig auf Vorrat zubereiten: Früchte waschen, putzen und mit Wein und Fruchtsaft oder Likör in Eiswürfelschalen einfrieren. Würfel mit dem Sekt übergießen und 15 Minuten ziehen lassen, dann servieren.

Vorbereitungszeit: 10 Minuten

Kiwi: pelzige Schale, smaragdgrünes saftiges Fruchtfleisch, in der Mitte zahlreiche winzige Kerne, die mitgegessen werden.

KIWI aktuell

Neuseeland machte sie zum Welthit

Die Urheimat der chinesischen Stachelbeere, wie die Kiwi ursprünglich hieß, ist China. Nach Neuseeland kam sie erst vor ungefähr 80 Jahren. Doch die cleveren neuseeländischen Farmer erkannten schon bald, daß die olivbraune Frucht mit der pelzigen Schale und dem smaragdgrünen Fleisch zu einem Welthit werden könnte. Sie tauften sie kurzerhand um und benannten sie nach dem Wahrzeichen ihrer Insel, einem komischen kleinen Straußenvogel, der nur auf Neuseeland vorkommt. Vor allem aber machten sie sich daran, Kiwis in großen Mengen anzubauen. Obwohl inzwischen alle Länder mit Mittelmeerklima Kiwis anbauen, ist Neuseeland immer noch weltweit der größte Kiwi-Produzent und -Exporteur.

OPTISCH REIZVOLL

Mit ihrem mild-säuerlichen Aroma lassen Kiwis sich ausgezeichnet mit vielen anderen Früchten kombinieren, zum Beispiel mit Erdbeeren, Himbeeren, Aprikosen oder Pfirsichen. Mit ihrem leuchtend-grünen Fruchtfleisch und den schwarzen Samenkörnern sind sie im Fruchtsalat oder in der Bowle ein optisch reizvoller Kontrast.

Kiwiplantagen ähneln Weingärten

Sie schmecken wie eine Mischung aus Stachelbeere, Melone und Erdbeere. Aber die Pflanzen, an denen sie reifen, sehen eher wie Weinreben aus: Es sind Rankgewächse, deren Triebe bis zu acht Meter lang werden können.

Reifetest für Kiwis

Unreife Kiwis schmecken unangenehm fade und grasig. Darum sollten Sie nur Kiwis verwenden, bei denen die pelzige Schale auf leichten Fingerdruck nachgibt. Nur solche Frucht ist richtig ausgereift. Sind die Früchte noch hart, läßt man sie bei Zimmertemperatur nachreifen.
Reife Früchte, die man noch nicht gleich essen will, gehören ins Gemüsefach des Kühlschranks. Dort halten sich die Kiwis noch mindestens 4 Tage.

Nicht mit Gelatine verwenden!

Kiwis enthalten, ähnlich wie Ananas, ein eiweißspaltendes Enzym. Dieser Stoff hat einen entscheidenden Nachteil: Er verhindert, daß mit Gelatine angedickte Desserts fest werden, weil Gelatine aus tierischem Eiweiß besteht. Sahne und auf Sahnebasis hergestellte Cremes werden wieder flüssig und außerdem bitter. Darum für Grütze und Gelees besser Stärke zum Binden nehmen. Sahne und Cremes erst im letzten Moment mit Kiwis mischen.

Am besten schmecken sie roh

Dem Kiwi-Aroma bekommt es nicht, wenn man das schmackhafte Fruchtfleisch lange erhitzt. Darum am besten roh verwenden. Oder erst ganz zum Schluß an warme Gerichte geben.

NICHT NUR VITAMIN C

Kiwis enthalten nicht nur viel Vitamin C (in einer Frucht steckt der Tagesbedarf eines Erwachsenen), in ihnen steckt auch reichlich Kalium, Eisen und Vitamin A. Eine 100 g schwere Frucht hat ungefähr 40 Kalorien.

Kiwis schälen

Die pelzige Schale kann man nicht mitessen. Wenn Sie die Frucht für ein Gericht brauchen, müssen Sie sie schälen, am besten mit dem Sparschäler.

Kiwis schneiden

Kiwis können Sie auf zweierlei Art schneiden: Entweder teilt man sie quer zum Blütenansatz in Scheiben oder längs in Spalten.

KOHLRABI

Servieren Sie frischen, jungen Freilandkohlrabi möglichst pur – zum Beispiel in Zitronensahne zu jungen Kartoffeln. Die Kohlrabiblätter sind übrigens noch vitaminhaltiger als die Knollen – man sollte sie nicht wegwerfen, sondern sie feingehackt roh über das Gemüse streuen (oder zum Schluß ganz kurz mitgaren). Und junger Kohlrabi schmeckt überhaupt am allerbesten roh.

Karamelisierte Kohlrabistifte

Für 4 Portionen:

750 g Kohlrabi

50 g Zucker

50 g Butter oder Margarine

2–3 El Zitronensaft

Salz, Pfeffer a. d. Mühle

1 Bund Schnittlauch

1. Kohlrabi putzen, schälen und waschen. Erst in Scheiben, dann in schmale Stifte schneiden.

2. Zucker in einem trockenen Topf mit schwerem Boden schmelzen lassen. Wenn der Zucker hellbraun ist, die Butter oder Margarine zugeben und rühren, bis der Karamel ganz gelöst ist.

3. Kohlrabi tropfnaß zugeben, unterrühren und zugedeckt 20–25 Minuten garen. Mit Zitronensaft, Salz und Pfeffer herzhaft würzen. Schnittlauch in feine Röllchen schneiden und über das Gemüse streuen. Dazu passen gebratene Schweinemedaillons.

Vorbereitungszeit: 15 Minuten
Garzeit: 20 Minuten
Pro Portion ca. 2 g Eiweiß, 10 g Fett, 19 g Kohlenhydrate = 781 Joule (186 Kalorien)

Gefüllte Kohlrabi

Für 4 – 6 Portionen:

6 Kohlrabi (ca. 2 kg), Salz
3 Scheiben Toastbrot
1 Zwiebel
500 g Hackfleisch, 1 Ei
1 El Senf, Pfeffer
1 gehäufter Tl klare Brühe (Instant)
1 Becher Schlagsahne (200 g)
3 El Weißwein, Muskatnuß
3 El Saucenbindemittel (hell)
1 Handvoll Kerbel

1. Kohlrabi putzen, dabei das zarte Grün beiseite legen. Kohlrabi schälen, waschen und in kochendem Salzwasser zugedeckt 30–40 Minuten garen.

2. Toastbrot entrinden und in kaltem Wasser einweichen. Zwiebel pellen und würfeln. Hackfleisch mit Zwiebel, Ei, Senf und dem ausgedrückten Toastbrot gut verkneten und mit Salz und Pfeffer herzhaft würzen.

3. Gegarten Kohlrabi mit der Schaumkelle aus dem Wasser nehmen, mit einem Löffel aushöhlen und mit dem Hackfleisch füllen.

4. $\frac{1}{4}$ l Kochwasser mit der Instant-Brühe verrühren und in eine ofenfeste Form gießen. Kohlrabi hineingeben und im vorgeheizten Backofen bei 200 Grad (Gas 3) 25 Minuten garen.

5. Kohlrabi aus der Form nehmen, warm halten. Die Brühe in einen Topf geben, Sahne und Wein zugeben, mit Salz, Pfeffer und Muskat würzen, aufkochen lassen und mit dem Saucenbindemittel binden. Kerbel und Kohlrabigrün hacken und in die Sauce geben.

Vorbereitungszeit: 40–50 Min.
Garzeit: 25 Minuten
Umluftherd: ca. 25 Minuten bei 200 Grad
Pro Portion (bei 4 Portionen) ca. 35 g Eiweiß, 48 g Fett, 40 g Kohlenhydrate = 3545 Joule (847 Kalorien)

Gemüseragout mit Würstchen

Für 4 – 6 Portionen:

- 1 kg Kohlrabi
- 500 g Möhren
- 30 g Butter oder Margarine
- ¼ l klare Brühe (Instant)
- 1 Becher Schlagsahne (200 g)
- 4 Wiener Würstchen
- 1 Pk. junge Erbsen (TK, 300 g)
- 2 El Zitronensaft
- 2 El Weißwein, Zucker
- Salz, Pfeffer a. d. Mühle
- 3–4 El Saucenbindemittel (hell)
- 2 Eigelb
- 1 Bund glatte Petersilie

1. Kohlrabi putzen, schälen, waschen, halbieren und in Scheiben schneiden. Möhren putzen, waschen und schräg in ca. 1 cm dicke Scheiben schneiden.

2. Kohlrabi in Butter oder Margarine andünsten, Brü-

he und Möhren zugeben, Sahne zugießen, verrühren und alles bei milder Hitze zugedeckt 20–25 Minuten garen.

3. Die Würstchen schräg in Scheiben schneiden, mit den Erbsen zum Gemüse geben und heiß werden lassen.

4. Mit Zitronensaft, Wein, Zucker, Salz und Pfeffer würzen. Saucenbindemittel einstreuen und kurz aufkochen. Eigelb verquirlen und einrühren, nicht mehr kochen lassen. Petersilie hacken und über das Gemüse streuen.
Dazu paßt Kartoffelpüree.

Vorbereitungszeit: 35 Minuten
Garzeit: 25–30 Minuten
Pro Portion (bei 6 Portionen) ca. 16 g Eiweiß, 29 g Fett, 27 g Kohlenhydrate = 2016 Joule (482 Kalorien)

Kohlrabigratin mit Hähnchenbrust

Für 4 Portionen:
750 g Kohlrabi
¼ l Hühnerbrühe (Instant)
¼ l Milch
40 g Butter oder Margarine
30 g Mehl
Salz, Pfeffer, Muskatnuß
500 g Hähnchenbrustfilet
30 g Gouda
40 g Frühstücksspeck

1. Kohlrabi schälen, waschen und halbieren. Hälften in Scheiben schneiden.

2. Hühnerbrühe und Milch aufkochen. Kohlrabischeiben darin zugedeckt 10 Minuten garen.

3. Butter oder Margarine zerlassen, das Mehl unterrühren und anschwitzen. Die Kochflüssigkeit vom Kohlrabi dazugießen, mit dem Schneebesen verrühren. 15 Minuten bei milder Hitze kochen lassen, dann mit Salz, Pfeffer und Muskatnuß abschmecken.

4. Die Hähnchenbrustfilets schräg in Streifen schneiden,

salzen und pfeffern. Mit den Kohlrabischeiben in eine flache Form schichten.

5. Mit der Sauce begießen. Käse reiben und darüberstreuen, mit Speckstreifen belegen.

6. Im Backofen bei 200 Grad (Gas 3) 25 Minuten überbacken.

Vorbereitungszeit: 30 Minuten
Garzeit: 25 Minuten
Umluftherd: 25 Minuten bei 200 Grad
Pro Portion ca. 37 g Eiweiß, 20 g Fett, 18 g Kohlenhydrate = 1833 Joule (438 Kalorien)

Kohlrabi in Zitronensahne

Für 4 Portionen:

- 750 g Kohlrabi (3 Knollen)
- 400 ccm Schlagsahne
- 1 Zitrone mit unbehandelter Schale
- Salz, Pfeffer
- 1 Prise Zucker
- 1 Bund Zitronenmelisse oder Petersilie

1. Kohlrabi schälen und in Scheiben schneiden.

2. Die Sahne zum Kochen bringen und den Kohlrabi hineingeben. Zugedeckt 15–20 Minuten garen.

3. Zitronenschale mit einer Reibe abreiben.

4. Kohlrabi mit der Schaumkelle aus der Sahne nehmen und warm stellen.

5. Die Sahne so lange einkochen, bis sie dicklich wird.

6. Sahne mit Zitronenschale, 2–3 Tl Zitronensaft, Salz, Pfeffer und Zucker würzen.

7. Zitronenmelisse oder Petersilie in feine Streifen schneiden und in die Sauce geben.

8. Die Sauce über den Kohlrabi gießen und servieren.

Vorbereitungszeit: 15 Minuten
Garzeit: 20 Minuten
Pro Portion ca. 5 g Eiweiß, 31 g Fett, 12 g Kohlenhydrate = 1855 Joule (443 Kalorien)

Geschmacklich kein Unterschied: Weißer Treibhauskohlrabi und blauer Freilandkohlrabi

Das ganze Jahr über zu haben

Der Kohlrabi gehört zu den Alltagsgemüsen, die man zwar immer gern gegessen hat, von denen aber weder Geschichten noch amüsante Anekdoten überliefert sind.
Er taucht zum ersten Mal in einem Edikt Karls des Großen auf, als eine unter den vielen Obst- und Gemüsesorten, die auf kaiserlichen Befehl in den Klostergärten angebaut werden sollten.
Heute wird der Kohlrabi in der ganzen Welt angebaut. Dank der Europäischen Gemeinschaft steht er uns das ganze Jahr über zur Verfügung: Von Ende Februar bis Ende Mai importieren wir Unterglasware aus den Niederlanden, von Anfang Dezember bis Ende Mai Freilandware aus Italien. Saison für unsere Eigenproduktion ist von Anfang April bis Ende Mai (Unterglas) und von Anfang Mai bis November (Freiland).

Botanisch gesehen eine Scheinknolle

Jahrhundertelang haben sich die Botaniker gestritten, ob der Kohlrabi nun zur Familie der Rüben oder zu den Kohlarten gehört.
Inzwischen aber weiß man: Er gehört ganz eindeutig in die Kohlfamilie und stammt genau wie Weißkohl oder Blumenkohl vom Wild- oder Meerkohl ab, dessen Heimat Süd- und Mitteleuropa ist. Denn im Gegensatz zur Rübe, die ja unterirdisch wächst und Teil der Wurzel ist, wächst die Kohlrabiknolle oberhalb des Erdreichs. Botanisch gesehen ist die Kohlrabiknolle eine Scheinknolle, sie ist nämlich nichts anderes als die rundliche Verdickung des Stielansatzes der Blätter (woraus sich auch seine Neigung zum Verholzen erklärt).

Treibhauskohlrabi – Freilandkohlrabi

Im Treibhaus wächst der Kohlrabi schneller als im Freiland, und er wird geerntet, wenn die Knollen noch nicht ganz so groß sind. Treibhauskohlrabi ist deshalb zarter und saftiger im Fleisch, Freilandkohlrabi dagegen schmeckt kräftiger. Treibhauskohlrabi hat immer eine weißlich-grüne Oberhaut, Freilandkohlrabi dagegen kann auch blau-violett aussehen. Geschmackliche Unterschiede zwischen blauen und weißen Knollen bestehen nicht.

Holzig oder zart

Man kann einer Kohlrabiknolle nicht so ohne weiteres ansehen, ob sie zartes oder holziges Fruchtfleisch hat. Es gibt aber ein paar

Kohlrabi putzen

Die Blätter mit Stiel direkt von der Knolle abschneiden, am oberen und am unteren Ende jeweils eine Scheibe abschneiden. Herzblätter beiseite legen.

Indizien, die Ihnen helfen, holzige Knollen weitestgehend zu vermeiden.

- So sollten Sie zum Beispiel möglichst Kohlrabi kaufen, der noch ein paar grüne Herzblättchen besitzt. An der Frische der Blätter können Sie nämlich erkennen, ob der Kohlrabi frisch geerntet ist oder schon ein paar Tage liegt. Auch der zarteste Treibhauskohlrabi wird nämlich holzig, wenn man ihn zu lange liegen läßt.
- Die Schale der Knolle muß immer samtig-glänzend und glatt aussehen, sie darf nicht gelblich verfärbt oder stumpf aussehen, nicht schorfig oder rissig sein.
- Größe und Farbe sagen nicht unbedingt etwas über die inneren Werte der Knolle aus, wohl aber die Form: Unter länglich oder birnenförmig gewachsenen Exemplaren finden Sie weit häufiger holzige Exemplare als unter den runden. Der Grund: Längliche oder birnenförmige Knollen entstehen durch eine Wachstumsstörung, die die Güte des Fruchtfleisches beeinträchtigen kann.

DAS STECKT IM KOHLRABI

Kohlrabi ist ein kalorienarmes Gemüse: Pro 100 g enthält er nur 29 Kalorien. Allen Leuten, die abnehmen wollen, ist er darum nur zu empfehlen. Vor allem auch, weil er pro 100 g reichlich Mineralstoffe (z. B. 390 mg Kalium, 75 mg Kalzium, 50 mg Phosphor), Vitamine der B-Gruppe und 53 mg Vitamin C enthält.

Je frischer, desto besser

Je frischer Kohlrabi auf den Tisch kommt, desto zarter ist sein Fruchtfleisch und desto milder schmeckt er. Kaufen Sie darum nie mehr von den Knollen ein, als Sie für eine Mahlzeit gebrauchen können. Und verwenden Sie sie so bald wie möglich.
Kohlrabi schmeckt in Streifen oder in Scheiben geschnitten, man kann ihn raspeln oder in Stifte schneiden. Auf keinen Fall sollte man ihn, nachdem man ihn geschält und geschnitten hat, lange herumliegen lassen, weil er an Inhaltsstoffen und an Knackigkeit einbüßt.

So garen Sie Kohlrabi richtig:

Geben Sie den geschnittenen Kohlrabi in einen gut schließenden Topf, entweder nur mit etwas Wasser oder etwas Sahne. Wer nicht auf Kalorien achten muß, kann noch einen Stich Butter dazutun. Wenn Sie den Kohlrabi in Stifte oder Scheiben von ca. drei Millimeter Dicke geschnitten haben, ist er in 10–12 Minuten gar. Im Schnellkochtopf mit Schonstufe braucht er 4 Minuten, wenn die Stücke die Größe von Würfelzukker haben.

Zurückhaltend würzen

Das zarte Kohlrabigemüse verträgt sich nur mit unaufdringlichen Gewürzen, und das auch nur, wenn man sie sparsam verwendet. Kohlrabi schmeckt zusammen mit weißem Pfeffer, mit etwas Zitronensaft, mit einem Hauch Muskat, einer Prise Zucker, Petersilie, Kerbel oder Estragon und Schnittlauch. Der im Geschmack kräftigere Freilandkohlrabi harmoniert außerdem mit gedünsteten Zwiebeln, kleinen gebratenen Speckwürfeln, mit Käse oder mit edelsüßem Paprika. Er schmeckt vorzüglich mit einer weißen Sauce. Kohlrabi schmeckt ausgezeichnet als Beilage zu feinem Steak ebenso wie zu Frikadellen.
Er paßt aber auch genausogut zu anderen Frühlingsgemüsen (nicht umsonst gehört er zu den Primeurs, der Gruppe der feinen jungen Gemüsen, zu denen auch Karotten, Spargel, junge Erbsen und junge Kartoffeln zählen).

Auch das Blattgrün verwerten

Kohlrabi wird mit und ohne Blattgrün angeboten. Wenn Sie die Wahl haben, sollten Sie immer Knollen mit Blättern kaufen. Und das nicht nur, weil, wie schon erwähnt, an den Blättern die Frische der Knolle zu erkennen ist: Die zarten Herzblätter des Kohlrabis sind mindestens ebenso würzig und mindestens so reich an Inhaltsstoffen wie die Knolle selbst. (Sie enthalten zum Beispiel reichlich Carotin, das in der Knolle kaum vorhanden ist, daneben zweieinhalbmal soviel Phosphor wie die Knolle.) Man sollte die Blätter darum hakken und vor dem Servieren über das fertige Gericht geben.

AUCH ALS ROHKOST GEEIGNET

Junger Kohlrabi schmeckt nicht nur gekocht, sondern geraspelt oder in feine Stifte geschnitten eignet er sich auch ausgezeichnet als Rohkost. Er harmoniert als Salat zusammen mit Möhren und mit Walnußkernen in Joghurtsauce mit vielen frischen Kräutern oder mit Eisbergsalat.

Kohlrabi schälen

Nur den Freilandkohlrabi müssen Sie schälen. Bei jungen Treibhausknollen können Sie von der Wurzelseite her die Schale abziehen.

Kohlrabi aushöhlen

Zum Füllen Kohlrabi von oben 1 cm vom Rand rundum mit einem spitzen Messer einschneiden. Dann das Innere mit einem Teelöffel aushöhlen.

KOPFSALAT

Sein Ahnherr, der wilde Lattich, galt bei den Griechen als so seltene und erlesene Delikatesse, daß sie glaubten, er sei neben Nektar und Ambrosia die dritte Götterspeise. Da haben wir es heute doch viel besser. Denn inzwischen ist Kopfsalat das ganze Jahr über zu haben – und zwar so preiswert, daß er für jeden erschwinglich ist. Zeit also für uns, mit neuen Rezepten für die gute alte Götterspeise Bewegung in die himmlischen Speisepläne zu bringen.

Salatherzen mit Rührei

Für 4 Portionen:

- 4 Kopfsalate
- 1 Bund glatte Petersilie
- 2 El Essig
- Salz, Pfeffer a. d. Mühle
- 4 El Öl
- 200 g durchw. Speck
- 6 Eier
- 30 g Butter oder Margarine
- ½ Bund Schnittlauch

1. Die äußeren Blätter der Salatköpfe entfernen. Salatherzen waschen, gut abtropfen lassen. Blätter etwas auseinanderdrücken und die Salatherzen auf vier Teller verteilen.

2. Petersilie fein hacken und mit Essig, Salz, Pfeffer und Öl zu einer Salatsauce verrühren. Über die Salatherzen verteilen.

3. Speck würfeln und in der Pfanne knusprig braten.

4. Die Eier mit 6 El Wasser und etwas Salz verquirlen. Butter oder Margarine in einer Pfanne zerlassen, Eimasse hineingießen, langsam stocken lassen und dabei mit dem Pfan-

nenwender vorsichtig von außen nach innen zusammenschieben.

5. Rührei in vier Portionen teilen und auf den Salatherzen anrichten. Speckwürfel und die Schnittlauchröllchen darüberstreuen.

Vorbereitungszeit: 30 Minuten
Garzeit: 5 Minuten
Pro Portion ca. 54 g Eiweiß, 56 g Fett, 4 g Kohlenhydrate = 2706 Joule (646 Kalorien)

Geschmorte Kopfsalatherzen in Senfsahne

Für 4 Portionen:	
4 Kopfsalate	
1 Zwiebel	
30 g Butter oder Margarine	
2 El Weißwein	
100 ccm Gemüsebrühe (Instant)	
1 Becher Crème fraîche (200 g)	
2 Tl Senf (mittelscharf)	
Salz, Pfeffer a. d. Mühle	
1 El Saucenbindemittel (hell)	
1 Bund glatte Petersilie	

1. Die äußeren Blätter der Salatköpfe entfernen. Die Salatherzen waschen und gut abtropfen lassen.

2. Die Zwiebel pellen, fein würfeln und in der Butter oder Margarine glasig werden lassen. Die Salatherzen zugeben, Weißwein und

Gemüsebrühe zugießen. Zugedeckt bei milder Hitze etwa 5–7 Minuten garen.

3. Die Salatherzen aus dem Topf nehmen und warm stellen. Crème fraîche und Senf unterrühren, etwas einkochen lassen und mit Salz und Pfeffer kräftig würzen. Das Saucenbindemittel einstreuen, kurz aufkochen lassen. Petersilie hacken und unterziehen. Sauce über die Kopfsalatherzen gießen.
Dazu passen Pellkartoffeln und Lachsschinken.

Vorbereitungszeit: 10 Minuten
Garzeit: 10 Minuten
Pro Portion ca. 3 g Eiweiß, 26 g Fett, 9 g Kohlenhydrate = 1287 Joule (307 Kalorien)

Leberstreifen mit Kopfsalat

Für 4 Portionen:

- 1–2 Kopfsalate
- 8–9 El Rotweinessig
- Salz, Pfeffer, 9 El Öl
- 2 Scheiben Graubrot
- 60 g Butter oder Margarine
- 500 g Jungrindleber
- 200 g Zwiebeln
- 1 Knoblauchzehe

1. Den Kopfsalat zerpflükken, waschen und sorgfältig abtropfen lassen.

2. Aus 4 El Essig, Salz, Pfeffer und Öl eine Salatsauce rühren.

3. Das Brot entrinden und in Streifen schneiden. 20 g Butter oder Margarine in einer Pfanne zerlassen und die Brotstreifen darin von beiden Seiten knusprig braten. Beiseite stellen.

4. Leber waschen, mit Küchenpapier trockentupfen, in Streifen schneiden. Zwiebeln pellen und in Ringe schneiden. Den Knoblauch pellen.

5. Leberstreifen in der restlichen Butter oder Margarine rundherum 5 Minuten braten. Pfeffern, salzen. Herausnehmen, warm stellen. In dem Bratfett die Zwiebelringe glasig werden lassen, dann den Knoblauch dazupressen. Restlichen Essig dazugießen und alles bei mittlerer Hitze etwa 5–7 Minuten garen.

6. Kopfsalat mit der Marinade mischen. Leber mit den Zwiebeln mischen. Die Brotstreifen dazulegen.

Vorbereitungszeit: 30 Minuten
Garzeit: 10–20 Minuten
Pro Portion ca. 26 g Eiweiß, 39 g Fett, 23 g Kohlenhydrate = 2440 Joule (583 Kalorien)

KOPF-SALAT aktuell

Locker geschlossener Kopf mit festem Herz: Freiland-salat

Kopfsalat putzen

Nach dem Waschen der einzelnen Blätter entfernt man mit dem Messer den groben Stielansatz. Größere Blätter zerzupft man in mundgerechte Stücke.

Salatherzen herausdrehen

Wenn das Rezept Salatherzen vorschreibt, drückt man die äußeren Blätter auseinander (sie werden anderweitig verwendet). Dann dreht man das Herz heraus.

Der Kaiser baute ihn selbst an

Der Stammvater unseres Kopfsalats, der aus dem Kaukasus stammende wilde Lattich, wurde schon überall in der Antike geschätzt. Die Griechen glaubten sogar, er gehöre neben Nektar und Ambrosia zur Speise ihrer Götter. Die Römer waren vor allem von seinen kulinarischen Vorzügen angetan: Nicht von ungefähr baute der Kaiser Diocletian in seinen Palastgärten eigenhändig Salat an. Die Römer waren es auch, die die feinste Art, die grünen Blätter zu essen, erfanden: Sie kreierten die „salsa“, die klassische Salatsauce aus Essig, Öl und Salz. Aus dem Wort „salsa“ hat sich übrigens später dann unser Wort Salat gebildet, das ja gleichermaßen für die grünen Köpfe wie für die Art, sie anzumachen, gebraucht wird.

ZUM ABNEHMEN GERADE RICHTIG

Kopfsalat besteht zu 95 Prozent aus Wasser. Kein Wunder, daß er so kalorienarm ist. In 100 g sind nur 16 Kalorien enthalten. Er ist also gerade die richtige Kost für alle Leute, die abnehmen wollen. Vor allem auch, weil er außerdem noch reichlich Kalium enthält, das Wasser aus den Körperzellen schwemmt. Eisbergsalat enthält übrigens noch weniger Kalorien, nämlich 14 pro 100 g.

Immer noch ein Sommersalat

Inzwischen bekommen wir Kopfsalat das ganze Jahr über: ab Mai vom Freiland und in den Herbst- und Wintermonaten aus Treibhäusern. Trotzdem: Er ist und bleibt ein Sommersalat. Denn im Freiland gewachsene Kopfsalate haben festere Köpfe mit festeren Herzen aus zarten gelblichen Blättern. Er ist zwar nicht ganz so zart wie Treibhaussalat, dafür aber wesentlich aromatischer. Außerdem weisen die Blätter des in den lichtarmen Monaten gewachsenen Treibhaussalats einen um ein Vielfaches erhöhten Nitratgehalt auf. Im Winter sollten Sie darum eher den vielen köstlichen Wintersalaten, vom Feldsalat bis zur Endivie, den Vorzug geben.

In Küchenpapier bleibt er frisch

Kopfsalat ist empfindlich. Kaufen Sie darum nur knakkig grüne Köpfe ohne welke Stellen.
Und verbrauchen Sie den Salat schnell. Wenn Sie ihn nicht am selben Tag verwenden können, dann sollten Sie ihn putzen: Blätter vorsichtig in einer Schüssel mit Wasser waschen, naß in Küchenpapier oder in ein Küchenhandtuch wickeln oder locker in einem luftigen Folienbeutel verschließen und ins Gemüsefach des Kühlschranks legen. Auf diese Art halten sie sich bis zu zwei Tage überraschend frisch und knackig.

Erst zum Schluß an die Sauce

Salatblätter sollten immer trocken sein, wenn man sie in die Salatsauce gibt. Darum Blätter nach dem Waschen gut trocknen. So wird die Sauce nicht verwässert und haftet besser an den Blättern. In Frankreich, wo ein Salat zu jeder Mahlzeit gehört, hat man dazu eine Salatschleuder, die man inzwischen auch bei uns kaufen kann. Man kann die Blätter aber auch mit Kü-

chenpapier trockentupfen oder in ein Küchenhandtuch geben und trockenschleudern.
Salatblätter sollten erst unmittelbar vor dem Servieren an die Sauce gegeben werden. Sonst fallen sie in sich zusammen und werden lasch und unansehnlich.

Eisbergsalat: junger Verwandter aus den USA

Eine der interessantesten Züchtungen aus der Salatfamilie kommt aus den USA. Es ist der Eis- oder Eisbergsalat, von seinen Züchtern der knackigen Frische seiner Blätter wegen so genannt. Eisbergsalat wird inzwischen auch bei uns angebaut. Er hat große, fest geschlossene Köpfe, die durchschnittlich 500 g wiegen und für 4 Portionen ausreichen. Unzerteilt hält Eisbergsalat sich mindestens zwei Wochen, angeschnitten hält er sich mindestens eine Woche im Kühlschrank.
Seine Blätter sind saftiger und knackiger als die des Kopfsalats, schmecken aber eher neutral. Ihr Vorzug: Man braucht sie, da der Kopf fest geschlossen ist, nach dem Entfernen der Außenblätter nicht einzeln zu waschen. Und auch in der Salatsauce fallen sie nicht gleich zusammen. Eisbergsalat kann man problemlos schon einige Zeit vor dem Servieren anmachen.
Grundsätzlich eignet er sich aber für dieselben Gerichte wie Kopfsalat.

BERUHIGT DIE NERVEN

Der römische Historiker Tacitus aß vor dem Schlafengehen immer eine Schüssel mit Salat, denn er glaubte, danach besser schlafen zu können. Er hatte recht. Heute weiß man, daß im Salat ein opiumähnlicher Stoff enthalten ist, der die Nerven beruhigt. Auch die Magennerven.

Vielseitiges Gemüse

Mit ihrem milden, nussigen, ein wenig neutralen Geschmack sind Kopf- und Eisbergsalat Allround-Gemüse. Sie können sie so gut wie mit fast allen anderen Salatzutaten kombinieren: von Tomaten bis Spargel, von Weintrauben bis Orangen oder Preiselbeeren, von Nüssen bis Käse oder Fleisch. Wichtig ist nur, daß Sie jeweils auch die passende Salatsauce verwenden.

Alles über Salatsaucen

Kopf- und Eisbergsalat können Sie ganz unterschiedlich anmachen:

- Mit Saucen auf Öl- und Essig- oder Zitronenbasis, den Vinaigrettes. Die Vinaigrette können Sie auf die vielfältigste Weise variieren, zum Beispiel mit Kräutern, mit Senf, mit Schalotten oder mit einem Blauschimmelkäse. Wichtig: alle Zutaten mit dem Essig mischen, **bevor** man das Öl zugibt. Ist nämlich erst einmal das Öl an der Sauce, geben die restlichen Zutaten kein Aroma mehr ab.
- Mit Saucen auf der Basis von Schlagsahne, von Crème fraîche oder von Joghurt. Auch hier können Sie mit Kräutern, Senf oder Käse mischen. Sie können die Sauce aber auch süß-sauer mit einem Fruchtsaft, mit einem Gelee oder einer Konfitüre abschmecken. Wichtig nur: Sauce und restliche Zutaten müssen aufeinander abgestimmt sein.
- Mit Saucen auf Mayonnaisenbasis.

AUCH GEDÜNSTET EINE DELIKATESSE

Kopf- und Eisbergsalat sind auch gedünstet eine Delikatesse. Dazu Salat-Herzen oder -Viertel tropfnaß in geschmolzene Butter geben und drei bis vier Minuten dünsten, dann mit Zitronensaft, Salz und Pfeffer würzen. Deftiger: Salat mit ausgelassenen Speckwürfeln dünsten.

Ähnlichkeit mit locker gewachsenem Wirsing: Eisbergsalat

Eisbergsalat putzen
Eisbergsalat ist ein pflegeleichtes Gemüse, weil man ihn nicht waschen muß. Man entfernt nur die äußeren Blätter und das Stielende und viertelt den Kopf.

Eisbergsalat zerteilen
Wenn Sie Eisbergsalat dünsten wollen, verwenden Sie die Viertel, wenn Sie ihn als Salat servieren wollen, schneiden Sie die Viertel in nicht zu schmale Streifen.

KRÄUTER

Wie langweilig wäre unsere Küche ohne sie – und wie ungesund! Denn Kräuter, die frischen ebenso wie die getrockneten, haben vielerlei gesundheitsfördernde Wirkung. Ob es die beruhigende Wirkung des Dills ist oder die appetitanregende der Petersilie, der lindernde Einfluß des Salbeis oder der belebende des Rosmarins – unsere Vorfahren bereits wußten die Kräuter gezielt anzuwenden. Wenn wir also herzhaft mit Kräutern würzen, erweisen wir nicht nur unserem Gaumen, sondern auch unserer Gesundheit einen guten Dienst.

Kerbelcremesuppe

Für 4 Portionen:

1 Beutel Kerbel

60 g Butter oder Margarine

30 g Mehl

¼ l Milch

½ l Fleischbrühe (Instant)

2 Scheiben Roggenmischbrot

100 g Crème fraîche

Salz

Pfeffer a. d. Mühle

1 Prise Zucker

1. Kerbel von den Stielen zupfen und grob hacken.

Einige Blätter zum Garnieren zurückbehalten.

2. 40 g Butter oder Margarine in einem Topf zerlassen, Mehl einrühren und darin anschwitzen. Milch und Brühe zugießen, aufkochen lassen und 10 Minuten leise kochen lassen.

3. Brot entrinden, in Würfel schneiden und in der restlichen Butter oder Margarine goldbraun braten.

4. Kerbel mit einem Teil der Crème fraîche pürieren und zur Suppe geben. Mit Salz, Pfeffer und einer Prise Zucker abschmecken.

5. Suppe auf vier Teller verteilen, mit Brotwürfeln, der restlichen Crème fraîche und den restlichen Kerbelblättchen garnieren.

Vorbereitungszeit: 20 Minuten
Garzeit: 15 Minuten
Pro Portion ca. 4 g Eiweiß, 25 g Fett, 22 g Kohlenhydrate = 1418 Joule (339 Kalorien)

Kartoffelpuffer mit Dill-Quark

Für 4 Portionen:

250 g Magerquark

$^1/_8$ l Schlagsahne

2 Eigelb

Salz, Pfeffer a. d. Mühle

2 Bund Dill

2 Pakete Reibekuchen (TK, à 5 Stück)

8–10 El Öl zum Braten

1. Quark, Sahne, Eigelb, Salz und Pfeffer mischen, Dill hacken und unterrüh-

ren. Quark abschmecken und kalt stellen.

2. Die Reibekuchen nach Vorschrift auf der Packung in heißem Öl von jeder Seite 3–4 Minuten goldbraun braten, warm halten.

3. Reibekuchen heiß mit dem Quark servieren.

Vorbereitungszeit: 10 Minuten
Garzeit: 45 Minuten
Pro Portion ca. 15 g Eiweiß, 43 g Fett, 44 g Kohlenhydrate = 2862 Joule (654 Kalorien)

Lauwarme Dillkartoffeln

Für 4 Portionen:
1 kg Kartoffeln
¼ l Gemüsebrühe (Instant)
¼ l Schlagsahne
ca. 1 El Saucenbindemittel (hell)
Salz, Pfeffer a. d. Mühle
1–2 Tl Zitronensaft
2 Bund Dill

1. Kartoffeln schälen, waschen und in Scheiben schneiden.

2. Brühe mit der Sahne zum Kochen bringen, Kartoffel-

scheiben zugeben und zugedeckt 12–15 Minuten ziehenlassen, zwischendurch hin und wieder umrühren.

3. Saucenbindemittel einstreuen und aufkochen lassen. Mit Salz, Pfeffer und Zitronensaft abschmecken.

4. Dill hacken und vor dem Servieren unter die Kartoffeln rühren.
Dazu paßt Räucherfisch.

Vorbereitungszeit: 20 Minuten
Garzeit: 12–15 Minuten
Pro Portion ca. 7 g Eiweiß, 21 g Fett, 45 g Kohlenhydrate = 1936 Joule (462 Kalorien)

Wachsweiche Eier in Petersilien-Kapern-Sauce

Für 4 Portionen:

6 Eier (Gew.-Kl. 2)
1 Becher Crème fraîche (200 g)
1 Becher Schlagsahne (250 g)
30 g Kapern
1 El Zitronensaft
Salz, Pfeffer a. d. Mühle
1 Prise Zucker
Worcestershiresauce
2 Bund glatte Petersilie

1. Die Eier 8 Minuten kochen, in kaltem Wasser abschrecken und pellen.

2. In der Zwischenzeit die Crème fraîche und Sahne

cremig einkochen lassen. Kapern zugeben und die Sauce mit Zitronensaft, Salz, Pfeffer, Zucker und Worcestershiresauce würzen.

3. Die Petersilie hacken und kurz vor dem Servieren in die Sauce geben.

4. Die Eier halbieren und auf der Sauce anrichten. Dazu passen Pellkartoffeln und Weißwein.

Vorbereitungszeit: 20 Minuten
Garzeit: 10 Minuten
Pro Portion ca. 14 g Eiweiß, 49 g Fett, 7 g Kohlenhydrate = 2615 Joule (625 Kalorien)

Pfifferlinge in Schnittlauchsahne

Für 4 Portionen:

- 1 Paket Semmelknödel (6 Stück im Kochbeutel)
- 750 g Pfifferlinge
- 2 Zwiebeln
- 30 g Butter oder Margarine
- 1/8 l Schlagsahne
- 2 Tl Senf
- Salz
- Pfeffer a. d. Mühle
- 1 Bund Schnittlauch

1. Semmelknödel nach Vorschrift auf der Packung in kaltem Wasser quellen lassen. Dann nach Vorschrift garen.

2. Pfifferlinge putzen und, wenn nötig, waschen. Zwiebeln pellen, fein würfeln und in der Butter oder Margarine in einer Pfanne glasig werden lassen.

3. Pilze zugeben und bei mittlerer Hitze 5–8 Minuten

braten. Die Sahne zugießen und aufkochen lassen.

4. Mit Senf, Salz und Pfeffer sehr herzhaft abschmecken. Schnittlauch in feine Röllchen schneiden und darüberstreuen.

5. Semmelknödel aus den Kochbeuteln nehmen, in Scheiben schneiden und dazu servieren.

Vorbereitungszeit: 15 Minuten
Garzeit: 10 Minuten
Pro Portion ca. 9 g Eiweiß, 20 g Fett, 36 g Kohlenhydrate = 1545 Joule (370 Kalorien)

Spaghetti mit Pesto

Für 2 Portionen:
2 Bund Basilikum
25 g Pinienkerne
25 g Parmesan (gerieben)
6 El Olivenöl
250 g Spaghetti
1 El Öl
Salz

1. Basilikumblätter und Pinienkerne in einen Mörser geben und fein zerstoßen. Nach und nach Parmesan und Olivenöl zugeben und

alles zu einer glatten Paste verarbeiten. Wenn Sie keinen Mörser haben, können Sie das Basilikum und die Pinienkerne auch ganz fein hacken und mit Parmesan und Olivenöl glattrühren.

2. Die Spaghetti zusammen mit dem Öl in kochendes Salzwasser geben und darin nach Packungsvorschrift garen.

3. Die gut abgetropften Nudeln mit dem Pesto servieren.

Vorbereitungszeit: 15 Minuten
Garzeit: 8–10 Minuten
Pro Portion ca. 25 g Eiweiß, 49 g Fett, 92 g Kohlenhydrate = 3839 Joule (917 Kalorien)

Hähnchenkeulen mit Rosmarin-Salbei-Sauce

Für 4 Portionen:

1 Tl frische Rosmarinnadeln, ersatzweise 1 Tl getrocknete

3–5 frische Salbeiblätter, ersatzweise 1 Tl getrocknete

4 Hähnchenkeulen (à 350 g)

Salz, Pfeffer a. d. Mühle

3 El Öl

100 ccm Weißwein

$^1/_8$ l Schlagsahne

1–2 Knoblauchzehen

1–2 Tl Zucker

2 El Saucenbindemittel (hell)

1. Rosmarin und Salbei fein hacken. Die Hähnchenkeulen mit Salz, Pfeffer und

den Kräutern rundherum einreiben und in dem Öl von jeder Seite 20 Minuten goldbraun braten.

2. Hähnchenkeulen aus der Pfanne nehmen und im Backofen warm stellen. Den Bratensatz mit Wein und Sahne ablöschen und mit dem gepellten, gepreßten Knoblauch, Salz, Pfeffer und Zucker würzen.

3. Saucenbindemittel einstreuen, aufkochen lassen und die Sauce zu den Hähnchenkeulen servieren.
Dazu passen Baguette und Tomatensalat.

Vorbereitungszeit: 10 Minuten
Garzeit: 20 Minuten
Pro Portion ca. 54 g Eiweiß, 25 g Fett, 10 g Kohlenhydrate = 2358 Joule (563 Kalorien)

Frankfurter Grüne Sauce

Für 8 Portionen:

- je 2 Bund Petersilie
- Sauerampfer
- Borretsch
- Pimpinelle
- 1 Beet Kresse
- 1 Beutel Kerbel
- Schnittlauch
- 3 Becher Crème fraîche (à 200 g)
- 1 Zwiebel
- 1 Becher Magermilch-joghurt (150 g)
- 1 El Senf
- Salz, Pfeffer a. d. Mühle

1. Alle Kräuter kurz waschen, gut abtropfen lassen und von den Stielen zupfen. Den Schnittlauch in Röllchen schneiden, die anderen Kräuter grob hacken.

2. Die Kräuter in der Crème fraîche mit dem Schneidstab des Handrührers pürieren.

3. Die Zwiebel pellen und fein würfeln, zusammen mit

Joghurt und Senf darunterrühren.

4. Sauce mit Salz und Pfeffer abschmecken und bis zum Servieren zugedeckt kühl stellen.
Frankfurter Grüne Sauce paßt zu kaltem Schweinebraten, jedem gekochten Fleisch, Eiern, gekochtem Fisch und Pellkartoffeln.

Vorbereitungszeit: 25 Minuten
Pro Portion ca. 2 g Eiweiß, 29 g Fett, 5 g Kohlenhydrate = 1305 Joule (312 Kalorien)

Forelle mit Basilikumsauce

Für 4 Portionen:
2 Bund Basilikum
1 Becher Crème fraîche (200 g)
100 ccm Milch
Salz, Pfeffer a. d. Mühle
1 Prise Zucker
1–2 Tl Senf
1–2 Tl Zitronensaft
2 geräucherte Forellen (à 300 g)
Zitronenscheiben zum Garnieren

1. Basilikum, wenn nötig, waschen, Blätter von den Stielen zupfen. Ein paar Blättchen für die Dekoration beiseite legen.

2. Crème fraîche mit Milch, Salz, Pfeffer, Zucker, Senf und Zitronensaft verrühren.

3. Basilikumblätter dazugeben, alles mit dem Schneidstab des Handrührers pürieren. Eventuell noch einmal würzen.

4. Die Forellen häuten, die Filets von den Gräten lösen. Filets auf der Basilikumsau-

ce anrichten, mit Zitronenscheiben und Basilikumblättchen dekorieren.
Dazu: Schwarzbrot.

Zubereitungszeit: 15 Minuten
Pro Portion ca. 22 g Eiweiß, 40 g Fett, 3 g Kohlenhydrate = 2006 Joule (476 Kalorien)

1. Schnittlauch
Sein mildes Zwiebelaroma paßt zu Quark, Eiern, Salaten, hellen Saucen und gebundenen Suppen.

2. Thymian
Intensives Mittelmeerkraut, schmeckt am Braten, an Schmorgerichten, kräftigen dunklen Saucen, aber auch zu Tomaten, Pilzen, Auberginen.

3. Dill
Ausgezeichnet an hellen Sahnesaucen und Mayonnaisen, zu Fisch, Meerestieren und Eiern, zu jungen Kartoffeln, Gurken und Tomaten.

4. Majoran
Etwas derb im Aroma. Schmeckt an Leber, an Füllungen für fettes Geflügel, an Schweinebraten, deftigen Eintöpfen, Bohnen- und Erbsensuppe.

5. Zitronenmelisse
Mit ihrem frischen Zitronengeschmack paßt sie an Salate, Quark, Mayonnaisen.

6. Basilikum
Paßt zu grünen Erbsen, vor allem zu Tomaten, zu Auberginen, frischen Salaten, aber auch zu Spaghetti.

KRÄUTER aktuell

In Vergessenheit geraten

Unsere Kräuter haben eine lange Geschichte. Es sind uralte Pflanzen, die nicht nur zum Würzen verwendet wurden, sondern auch für medizinische Zwecke und in religiösen Kulten. Denn die Übergänge zwischen Medizin und Magie waren in der Vergangenheit fließend.

Die meisten Kräuter werden schon seit der Zeit Karls des Großen bei uns angebaut. Rosmarin, Thymian oder Oregano wuchsen schon in den Kräutergärten der Mönche im Mittelalter. Und später gehörten sie zum Standardinventar jedes Bauerngartens. Bis sie – mit Ausnahme von Petersilie, Schnittlauch und Dill – im Laufe des letzten Jahrhunderts fast völlig in Vergessenheit gerieten. Heute müssen wir wieder von unseren südlichen Nachbarn lernen, wie aromatisch frische Kräuter schmecken und wie vielseitig man sie verwenden kann.

> **AM BESTEN FRISCH**
> *Nur einigen Mittelmeerkräutern bekommt das Trocknen. Getrocknete Kräuter schmecken in der Regel wie Heu. Und auch das Einfrieren bringt keine befriedigenden Ergebnisse. Darum die Saison nutzen und auf die Kräuter ausweichen, die jeweils frisch auf dem Markt angeboten werden.*

Die wichtigsten Kräuter-Regeln

- Achten Sie beim Kauf darauf, daß die Kräuter weder schlaff noch welk sind. Geben Sie den im Freiland gewachsenen, im Bund angebotenen Kräutern den Vorzug vor Treibhauskräutern in Töpfchen.
- Viele Feinschmecker verzichten darauf, Kräuter zu waschen, weil mit dem Waschen die empfindlichen Aromastoffe verlorengehen. Können oder wollen Sie aber aufs Waschen nicht verzichten, dann tun Sie es sofort nach dem Einkauf. Dann sind die Blätter wieder trocken, wenn Sie sie hacken. Nasse Blätter würden nämlich beim Hacken unweigerlich Wasser ziehen und ihr Aroma verlieren.
- Hacken Sie die Kräuter möglichst erst unmittelbar, bevor Sie sie verwenden. Gehackte Kräuter immer mit Frischhaltefolie bedecken, wenn sie kurze Zeit aufbewahrt werden sollen.
- Man zupft die Blätter vor dem Hacken von den groben Stielen, die nicht mitgehackt werden. Die Stiele braucht man allerdings nicht wegzuwerfen, man kann sie in Suppe oder Sauce mitkochen lassen.
- Hacken Sie die Kräuter mit dem Messer und zerkleinern Sie sie nicht etwa im Mixer oder der Küchenmaschine. Das schadet dem Aroma.
- Bis auf ein paar kräftige Mittelmeerkräuter, wie Thymian, Rosmarin, Oregano, Majoran oder Salbei, vertragen Kräuter keine Hitze. Während diese robusten Kräuter ihr Aroma so richtig beim Kochen, Braten oder Schmoren entfalten, sollte man die anderen erst möglichst gegen Ende der Garzeit an ein Gericht geben.
- Wer selbst Kräuter erntet, sollte dies erst direkt vor der Verwendung, also nicht schon morgens, tun.

1. Kerbel
Gehört an helle Suppen und Saucen, an Kartoffeln, Möhren, Tomatensuppe, Grillfisch, Salate.

2. Borretsch
Mit seinem milden Gurkenaroma schmeckt er an Gurkensalat, grünem Salat, Kräuterbutter und Mayonnaise, an Schmorgurken und Kartoffelsalat.

3. Estragon
Gehört an die Sauce Béarnaise, an Remoulade, Kräuterbutter, an Kaninchenragout, Essig.

4. Gartenkresse
Schmeckt an Quark, frischen Salaten, zu Eiern und Fisch.

5. Brunnenkresse
Feiner im Geschmack, aber seltener zu haben. Paßt an helle Suppen, an frische Salate, zu Kartoffelsalat, zu Grillfleisch.

6. Rosmarin
Schmeckt zu Lamm und anderem kräftigen Fleisch, zu Tomaten und Auberginen.

7. Salbei
Schmeckt an Aal, Leber, gebratenem Kalbfleisch, Fleischspießchen.

8. und 9. Krause und glatte Petersilie
Gleich im Aroma, nur ist das der glatten wesentlich intensiver. Die krause sollten Sie zum Garnieren verwenden, die glatte zum Würzen.

10. Bohnenkraut
Schmeckt an Bohnen, an Lammgerichten, Käsegebäck, zu Hülsenfrüchten.

Kräuter frisch halten, 1. Methode

Kräuter müssen frisch sein. Deshalb stellt man sie sofort nach dem Einkauf locker in Wasser oder wickelt sie feucht in ein Küchenhandtuch.

Kräuter frisch halten, 2. Methode

Kräuter halten sich ein paar Tage frisch, wenn man sie feucht in eine Frischhaltetüte gibt und diese aufgeblasen und verschlossen in den Kühlschrank legt.

MAIS

Der Mais, den wir so gerne vom Kolben knabbern, nennt sich korrekt „Zuckermais“ und sollte nicht mit dem harten Futtermais verwechselt werden, der auf den meisten Feldern wächst. Daß das unproblematische Gemüse aus Amerika bei uns erst im Kommen ist, zeigt die Statistik. Während sich in der Bundesrepublik pro Jahr 10 Bürger einen Kolben teilen, nagen die Amerikaner pro Jahr immerhin 36 Stück davon!

Mais-Erbsen-Gemüse

Für 4 Portionen:

- 2 Frühlingszwiebeln
- 1 El Butter oder Margarine
- 1 Dose Maiskörner (285 g EW)
- 1 Paket Erbsen (TK, 300 g)
- Salz
- 1 Bund Basilikum
- 1 Bund glatte Petersilie
- 1/8 l Schlagsahne

1. Frühlingszwiebeln put-

zen, in Würfel schneiden und in dem Fett glasig werden lassen.

2. Maiskörner abspülen, abtropfen lassen und zusammen mit den gefrorenen Erbsen zu den Zwiebeln geben. Salzen und im geschlossenen Topf 5 Minuten leise ziehenlassen.

3. Basilikum und Petersilie sehr fein hacken, einige Blätter zur Dekoration aufbewahren. Sahne sehr steif schlagen, Kräuter unterheben. Das Mais-Erbsen-Gemüse mit der Sahne servieren, mit Blättchen garnieren.
Dazu passen Lammkoteletts.

Vorbereitungszeit: 10 Minuten
Garzeit: 5 Minuten
Pro Portion ca. 7 g Eiweiß, 15 g Fett, 18 g Kohlenhydrate = 994 Joule (238 Kalorien)

Maiskolben mit Butter und Käsesauce

Für 4 Portionen:

4 Maiskolben mit Blättern

3 Tl Öl, 200 g Butter

50–100 g frische Kräuter

abgeriebene Zitronenschale

Salz

1 El Paprikapulver, edelsüß

2 Tl Tomatenketchup

100 g Frischkäse

75 g frisch geriebener Parmesan

2 El trockener Sherry

1. Die Maiskolbenblätter vorsichtig nach unten ziehen, aber nicht vom Kolben lösen. Die Fasern entfernen und den Mais mit dem Öl einpinseln. Blätter wieder hochziehen und festbinden. Im Grill des Backofens oder auf dem Holzkohlengrill von jeder Seite etwa 10 Minuten grillen, bis die Blätter fast verkohlt sind. Vor dem Servieren aus den Blättern lösen. (Oder Kolben ohne Blätter in Wasser ohne Salz 5 Minuten kochen.)

2. Für die Kräuterbutter 100 g Butter mit den gehackten Kräutern, Zitronenschale und Salz verkneten.

3. Für die Tomatenbutter 100 g Butter mit Paprikapulver, Tomatenketchup und Salz verkneten.

4. Für die Käsesauce Frischkäse mit Parmesan

und Sherry verrühren. Die drei Saucen mit den heißen Maiskolben servieren.

Vorbereitungszeit: 20 Minuten
Garzeit: ca. 20 Minuten
Pro Portion ca. 18 g Eiweiß, 57 g Fett, 43 g Kohlenhydrate = 3475 Joule (858 Kalorien)

Maissalat

Für 4 Portionen:	
2 Dosen Maiskörner (à 285 g)	
2 rote Zwiebeln	
125 g Senfgurken	
125 g Emmentaler	
250 g Fleischwurst	
3 El Weinessig	
1 El mittelscharfer Senf	
Salz, Pfeffer, 6 El Öl	
1 Bund Schnittlauch	

1. Maiskörner abspülen und abtropfen lassen.

2. Zwiebeln pellen, halbieren und quer in Scheiben

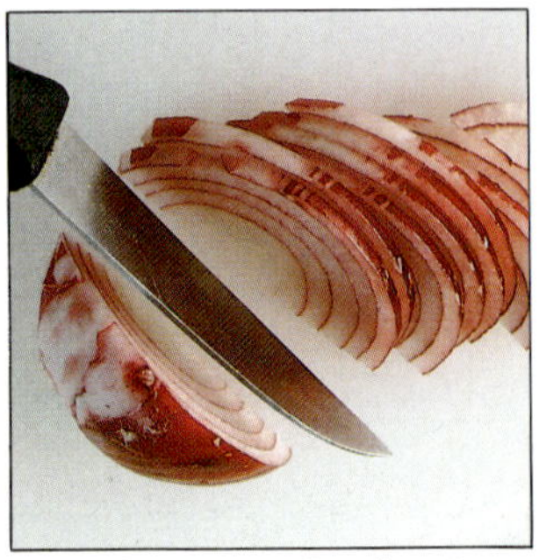

schneiden. Senfgurken, Emmentaler und Wurst würfeln.

3. Essig, Senf, Salz, Pfeffer und Öl verrühren, alles gut mischen und 10 Minuten durchziehen lassen. Mit Schnittlauch bestreuen.

Vorbereitungszeit: 20 Minuten
Pro Portion ca. 19 g Eiweiß, 40 g Fett, 28 g Kohlenhydrate = 2435 Joule (583 Kalorien)

Mais-Gratin

Für 4 Portionen:

- 1 Zwiebel
- 1 Knoblauchzehe
- 2 Tl Öl
- 500 g gemischtes Hack
- Pfeffer, Salz
- gemahlener Zimt
- 1 Dose Maiskörner (285 g EW)
- 150 g Salami in dünnen Scheiben
- 500 g Fleischtomaten
- Oregano
- 200 g mittelalter Gouda
- 2 El Semmelbrösel
- 1 El Butter oder Margarine

1. Zwiebel und Knoblauchzehe fein hacken und in dem Öl glasig werden lassen. Hack zugeben und kräftig

anbraten. Mit Pfeffer, Salz und einer Prise Zimt würzen.

2. Fleisch in eine Auflaufform füllen. Maiskörner abspülen und abtropfen lassen, darübergeben. Salami in Streifen schneiden, über den Mais geben.

3. Den Blütenansatz der Tomaten herausschneiden, Haut kreuzförmig einritzen und die Tomaten mit kochendem Wasser überbrühen, häuten und in Scheiben schneiden. Über den Auflauf verteilen, mit Pfeffer, Salz und Oregano würzen.

4. Käse raffeln, mit den Semmelbröseln mischen, über die Tomaten geben, mit Butter- oder Margarineflöckchen besetzen und im vorgeheizten Backofen bei 200 Grad (Gas 3) 30–35 Minuten überbacken.

Vorbereitungszeit: 35 Minuten
Garzeit: 35 Minuten
Umluft: 35 Minuten bei 175 Grad
Pro Portion ca. 44 g Eiweiß, 72 g Fett, 16 g Kohlenhydrate = 3985 Joule (953 Kalorien)

Risotto mit Mais und Erbsen

Für 4 Portionen:
2 Zwiebeln
50 g Butter oder Margarine
250 g Rundkornreis
½ l Hühnerbrühe (Paste)
1 Dose Mais (285 g)
150 g Perlerbsen (TK)
Salz, Pfeffer a. d. Mühle
1 Bund glatte Petersilie
100 g Käse (gerieben)

1. Zwiebeln pellen, würfeln und in dem Fett glasig werden lassen. Reis zugeben, anrösten und mit der Brühe auffüllen. Zugedeckt 20 Minuten ausquellen lassen.

2. Mais und Erbsen zugeben, mischen, salzen und

pfeffern. Petersilie hacken und untermischen, mit Käse bestreuen.

Vorbereitungszeit: 25 Minuten
Garzeit: 20 Minuten
Pro Portion ca. 16 g Eiweiß, 19 g Fett, 76 g Kohlenhydrate = 2355 Joule (563 Kalorien)

Bunte Maissuppe

Für 4 Portionen:

- 2 Beutel getrocknete Steinpilze
- 1 rote Paprikaschote
- 1 Dose Mais (285 g EW)
- 1 El Butter oder Margarine
- 1 El Mehl
- $\frac{1}{2}$ l Hühnerbrühe (Instant)
- Salz, Pfeffer
- Thymian
- 1 Eigelb
- $\frac{1}{8}$ l Schlagsahne

1. Pilze in $\frac{1}{8}$ l warmem Wasser ausquellen lassen. Paprikaschote vierteln, wa-

schen und in feine Würfel schneiden. Maiskörner in ein Sieb geben und überbrausen, abtropfen lassen.

2. 2 El Maiskörner fein pürieren (mit dem Schneidstab des Handrührers). Butter oder Margarine zerlassen, das Mehl darin anschwitzen, Maispüree zugeben. Hühnerbrühe und Einweichwasser der Pilze zugeben. Aufkochen lassen, dabei mit einem Schneebesen durchschlagen.

3. Paprikawürfel, Maiskörner und Pilze zugeben, Suppe mit Pfeffer, Salz und Thymian würzen und 10 Minuten leise kochen lassen. Abschmecken. Eigelb mit der Sahne verrühren und die Suppe damit binden. Nicht mehr kochen lassen.

Vorbereitungszeit: 20 Minuten
Garzeit: 15 Minuten
Pro Portion ca. 7 g Eiweiß, 17 g Fett, 17 g Kohlenhydrate = 1056 Joule (253 Kalorien)

Jungen Zuckermais können Sie nicht nur gegrillt oder gekocht, sondern auch roh essen.

MAIS aktuell

Getreide aus der Neuen Welt

Mais ist das Getreide der Neuen Welt. Es wurde schon 4000 Jahre vor Christi Geburt in Mexiko angebaut. Als Columbus in der Neuen Welt landete, fand er schon überall ausgedehnte Plantagen mit „einer Art Weizen, Mahiz genannt, der sehr schmackhaft ist", wie sein Sohn in seinem Tagebuch notierte.

Der kleine, aber entscheidende Unterschied

Auch bei uns wird inzwischen vielerorts Mais angebaut. Aber Achtung, es lohnt sich in den wenigsten Fällen, ein paar Kolben heimlich vom Feld zu stibitzen und sie daheim zu kochen. Aus einem einfachen Grund: Sie schmecken

Mais zum Grillen vorbereiten

Wenn Sie Mais auf Holzkohle grillen, nehmen Sie Kolben mit Blättern, entfernen die Narbenfäden und binden die Blätter über dem Kolben gut zusammen.

Mais zum Kochen vorbereiten

Maiskolben zum Kochen vorbereiten ist ganz einfach. Man muß nur mit einem sehr scharfen Messer den harten Stielansatz und die hellgelbe Spitze entfernen.

nicht. Es handelt sich in den meisten Fällen um Körner- oder Feldmais, aus dem man u. a. Maismehl und -stärke gewinnt.
Gemüse- oder Zuckermais, der gekocht so angenehm süß schmeckt, sieht zwar ganz so aus wie Körner- oder Feldmais. Er unterscheidet sich von diesem aber in einem wichtigen Detail: Infolge einer Gen-Veränderung kann sich der im Korn befindliche Zucker nicht mehr so schnell in Stärke verwandeln, wie das beim Körnermais der Fall ist. Dadurch kommt es zu einer Art Zuckerstau, wenn sich das Korn im Stadium der Milchreife befindet (das heißt, er ist zwar schon reif, aber noch nicht hart und trocken, sondern saftig). Folge: Milchreifer Zuckermais ist angenehm süß, während Feldmais in demselben Reifestadium schon herb nach Getreide schmeckt.
In den USA hat man die Vorzüge des Zuckermais' schon seit langem erkannt: Gut 18 % der gesamten Gemüseanbaufläche werden mit Zuckermais bebaut, und jeder Amerikaner ißt pro Jahr 36 Maiskolben. Bei uns ist er dagegen noch immer ein „exotisches" Gemüse. Umgerechnet teilen sich bei uns pro Jahr zehn Bundesbürger einen Kolben (Konserven mitgerechnet).

SO MACHT MAN POPCORN

Aus noch einer anderen Maissorte wird Popcorn gemacht: aus Puffmais. Die Körner bekommen Sie in Lebensmittelgeschäften. Sie erhitzen Öl in einem breiten Topf und geben eine Schicht Maiskörner hinein. Wichtig: Deckel schließen, sonst springen sie hinaus. Hinterher mit Salz oder Puderzucker würzen.

Schnell verbrauchen

Zuckermais muß im Stadium der Milchreife geerntet werden. Dann sind seine Körner ungefähr 3 Zentimeter an der Kolbenspitze noch nicht gelb glänzend wie der restliche Teil, sondern cremefarben blaß.
Wenn die Kolben mit ihren Deckblättern angeboten werden, dann sollten die Blätter noch frisch aussehen. Und die Narbenfäden dürfen noch nicht ganz trocken sein.
Verbrauchen Sie die Maiskolben so bald wie möglich. Die Umwandlung von Zukker in Stärke schreitet unaufhaltsam fort, und der Kolben verliert an Süße.
Kolben, die Sie nicht sofort verwenden können, legen Sie ins Gemüsefach des Kühlschranks. Dort halten sie sich ungefähr zwei bis drei Tage frisch.

Konserven: auch nicht zu verachten

Frischer Mais hat nur eine kurze Saison, vom Frühsommer bis zum September. Und er ist ziemlich teuer. Preiswert und das ganze Jahr über zu haben ist dagegen der Konservenmais. Er steht dem frischen im Geschmack zwar um etliches nach. Aber als Gemüse, für Salate und Suppen läßt er sich ohne weiteres verwenden. Er verliert außerdem auch bei längerer Kochzeit nicht seine Konsistenz.
Die frischen Kolben sollten Sie vor allem dann kaufen, wenn Sie Mais im Stück servieren wollen.
Und zum Grillen eignen sich am besten Kolben, die mitsamt ihrer Deckblätter angeboten werden. Nach dem Entfernen der Narbenfäden kann man die Blätter nämlich fest um den Kolben befestigen (siehe Foto S. 192, unten links), damit die Körner auf der Glut nicht verbrennen.

Wie Spargel kochen

Maiskolben schmecken ausgezeichnet gegrillt, gebacken oder gekocht. Man kocht ihn übrigens genau wie Spargel: in Wasser mit einer Prise Zucker und einem Stich Butter, das intensiviert sein Aroma. Die Kochzeit richtet sich nach der Dicke der Kolben. Ganz junge, kleine brauchen 4–5 Minuten, andere 5 bis 10 Minuten. Am besten, man macht einen Gartest: Die Körner müssen sich mit der Gabel lösen lassen.

Vielseitiges Gemüse

Frischer Kolbenmais ist eine Delikatesse, schon wenn man ihn nur mit Salzbutter bestreicht oder mit frisch geriebenem Käse bestreut. Noch besser: Kolben mit Käse bestreuen und kurz im Ofen überbräunen. Kolbenmais schmeckt aber auch mit einer Kräutersauce oder Kräuterbutter.
Die Maiskörner lassen sich ausgezeichnet mit anderen Gemüsen kombinieren, zum Beispiel mit Tomaten, mit Erbsen, mit Spargel oder auch mit Pilzen.

WIE ERBSEN

Was die Inhaltsstoffe betrifft, läßt sich Zuckermais mit den Erbsen vergleichen: Beide enthalten hochwertiges Eiweiß, viel Zucker, Vitamine der B-Gruppe, Vitamin C, Kalium und Phosphor. Ihr Kaloriengehalt: ca. 96 Kalorien pro 100 g.

Maiskörner vom Kolben trennen

Kolben am Stielansatz anfassen, auf das abgeschnittene Stielende stellen und mit einem Messer von oben nach unten am Stiel entlangschneiden.

Malayische Maispäckchen

Raffinierte Vorspeise: Maiskörner, mit Ei, Salz, Curry und Krabbenfleisch gemischt, in Maisblätter gepackt und 10 Minuten in Salzwasser gegart.

MANGOLD

Noch vor 300 Jahren war er bei uns das beliebteste Gemüse. Dann aber kam der Spinat – und verdrängte ihn mehr und mehr. Bis er bei uns in Vergessenheit geriet. Noch vor ein paar Jahren konnte man hierzulande fast nirgendwo Mangold kaufen. Ein Glück nur, daß die Feinschmecker in Ligurien ihn besser behandelt haben. So können wir von ihnen erneut lernen, was unsere Vorfahren schon vor 300 Jahren wußten: wie gut Mangold schmeckt.

Mangold-Kartoffel-Pfanne

Für 4 Portionen:

- 500 g Kartoffeln
- 100 g durchwachsener Speck
- 1 Mangoldstaude (ca. 500 g)
- 20 g Butter oder Margarine
- $\frac{1}{8}$ l klare Brühe (Instant)
- Salz
- Pfeffer a. d. Mühle
- 4 Eier

1. Kartoffeln schälen, waschen und in Würfel schneiden. Speck würfeln.

2. Mangold putzen, waschen, das Grün von den Stielen streifen und hacken. Stiele in Streifen schneiden.

3. Speckwürfel in der Butter oder Margarine ausbraten. Kartoffelwürfel und Brühe zugeben und zugedeckt etwa 10 Minuten garen.

4. Mangoldstiele zugeben und weitere 10 Minuten

garen. Mangoldgrün untermischen, mit Salz und Pfeffer würzen.

5. Das Gemüse vom Rand etwas in die Mitte schieben und die Eier in die entstehenden Lücken schlagen. Wenn die Eier gestockt sind, salzen und pfeffern. In der Pfanne servieren.

Vorbereitungszeit: 25 Minuten
Garzeit: 20 Minuten
Pro Portion ca. 13 g Eiweiß, 26 g Fett, 22 g Kohlenhydrate = 1613 Joule (386 Kalorien)

Mangold-Rouladen

Für 4 Portionen:

- 8 große Mangoldblätter (ca. 250 g)
- 4 dünne Scheiben Schinken
- 4 dünne Scheiben junger Gouda
- 30 g Butter oder Margarine
- 250 g Tomatenpüree
- $^1/_8$ l Fleischbrühe (Instant)
- 1 Bund Schnittlauch
- Salz, Pfeffer a. d. Mühle
- 1 Prise Zucker

1. Mangoldblätter waschen, den Strunkansatz

herausschneiden und jeweils 2 Blätter übereinanderlegen.

2. Darauf jeweils eine Scheibe Schinken und eine Scheibe Käse legen. Blätter vorsichtig aufrollen und mit Zahnstochern zusammenstecken.

3. Butter oder Margarine in einem Topf zerlassen und die Rouladen bei milder Hitze kurz andünsten.

4. Tomatenpüree mit der Brühe verrühren und zugießen. Zugedeckt 10 Minuten garen. Schnittlauch in feine Röllchen schneiden.

5. Sauce mit Salz und Pfeffer und Zucker würzen. Zu den fertigen Rouladen servieren. Mit Schnittlauchröllchen bestreuen.

Vorbereitungszeit: 15 Minuten
Garzeit: 15 Minuten
Pro Portion ca. 12 g Eiweiß, 21 g Fett, 8 g Kohlenhydrate = 1146 Joule (274 Kalorien)

Mangoldsuppe mit Käseklößchen

Für 4 Portionen:

125 g Emmentaler

60 g Butter oder Margarine

60 g Mehl, 2 Eigelb

Salz, Pfeffer a. d. Mühle

Muskatnuß

1 Mangoldstaude (ca. 500 g)

30 g Butter oder Margarine

½ l Fleischbrühe (Instant)

4–6 El Weißwein

1 Becher Crème fraîche

1. Käse fein reiben und mit der weichen Butter oder Margarine, Mehl und Eigelb verkneten. Mit Salz, Pfeffer und Muskat würzen, zu einer Rolle formen, kühl stellen.

2. Mangold putzen, waschen, das Grün von den Stielen streifen und fein hacken. Stiele würfeln.

3. Stiele in Butter oder Margarine andünsten. Brühe zugeben und 20 Minuten zugedeckt kochen lassen.

4. Die Käserolle in Schei-

ben schneiden und etwa 20 Klößchen daraus formen. Die Klößchen in leicht kochendem Salzwasser 20 Minuten garen.

5. Mangoldstiele in der Brühe mit dem Schneidstab des Handrührers pürieren. Weißwein und Crème fraîche zugeben, mit Salz und Pfeffer abschmecken.

6. Mangoldgrün und Käseklößchen in die Suppe geben, 5 Minuten leise kochen lassen, abschmecken.

Vorbereitungszeit: 30 Minuten
Garzeit: 40 Minuten
Pro Portion ca. 15 g Eiweiß, 46 g Fett, 18 g Kohlenhydrate = 2424 Joule (579 Kalorien)

Mangold-Ei-Auflauf

Für 4 Portionen:

- 1 Mangoldstaude (500 g)
- 1 Zwiebel
- 60 g Butter oder Margarine
- Pfeffer, Salz
- 30 g Mehl
- $\frac{1}{2}$ l Milch
- 8 Eier (hartgekocht)
- 125 g junger Gouda (geraffelt)

1. Mangold waschen, putzen, in sehr feine Streifen schneiden. Zwiebel hacken.

2. 30 g Fett zerlassen, Zwiebel und Mangold-Stiele darin andünsten. 10 Minuten garen, dann das Grün zugeben, 5 Minuten garen. Pfeffern und salzen.

3. Restliches Fett zerlassen, Mehl darin anschwitzen und mit der Milch löschen. Unter Rühren 10 Minuten kochen.

4. Hälfte der Sauce in eine feuerfeste Form geben, darauf den abgetropften Mangold, die gepellten Eier, die restliche Sauce und den

Käse. Im vorgeheizten Backofen bei 250 Grad (Gas 5) 7–10 Minuten überbacken.

Vorbereitungszeit: 20 Minuten
Garzeit: 30 Minuten
Umluftherd: 15–18 Minuten bei 200 Grad
Pro Portion ca. 30 g Eiweiß, 38 g Fett, 20 g Kohlenhydrate = 2491 Joule (595 Kalorien)

Mangold-Käse-Taschen

Für 30 Stück:

- 1 Mangoldstaude (ca. 500 g)
- 2 Zwiebeln
- 30 g Butter oder Margarine
- 2 Pakete Blätterteig
- 250 g Emmentaler
- Pfeffer, Salz
- Muskatnuß
- 1 Eigelb

1. Mangold waschen, putzen und in feine Streifen schneiden. Zwiebeln pellen und fein würfeln. Zwiebeln und Stiele in dem Fett andünsten und 10 Minuten garen, dann die Blätter zugeben und 5 Minuten weitergaren.

2. Blätterteigscheiben nebeneinander auftauen lassen. Käse grob raffeln, mit dem Mangold mischen, mit Pfeffer, Salz und Muskat würzen.

3. Jede Blätterteigplatte

auf 20 x 8 cm ausrollen und dritteln. Je 1 Tl Füllung daraufsetzen, Kante mit Wasser befeuchten, die andere Seite darüberklappen und festdrücken. Mit Eigelb einpinseln.

4. Taschen auf ein mit Wasser abgespültes Backblech legen und im vorgeheizten Backofen bei 225 Grad (Gas 4) 15–20 Minuten backen.

Vorbereitungszeit: 30 Minuten
Garzeit: 15–20 Minuten
Umluftherd: 20 Minuten bei 200 Grad
Pro Stück ca. 3 g Eiweiß, 9 g Fett, 7 g Kohlenhydrate = 534 Joule (127 Kalorien)

Mangold-Gratin

Für 4 Portionen:
500 g Mangold, Salz
2 Tl Essig
500 g Kartoffeln
Kümmel
1 Becher Schmant (24 % saure Sahne, 250 g)
2 Eier
Pfeffer a. d. Mühle
200 g Emmentaler (geraspelt)
4 El Semmelbrösel
30 g Butter oder Margarine

1. Mangold putzen, waschen, Stiele in Streifen schneiden, Blätter ablösen und ebenfalls in Streifen schneiden. Stiele in kochendem Salzwasser mit dem Essig 10 Minuten garen, dann die Blätter zugeben und weitere 3 Minuten kochen.

2. Kartoffeln waschen. In kochendem Salzwasser mit Kümmel 20 Minuten kochen, abgießen und pellen, dann in Scheiben schneiden.

3. In eine flache Gratinform erst die Kartoffelscheiben, dann den abgetropften Mangold geben. Schmant mit Eiern, 1 Prise Salz, Pfeffer und einem Teil des Käses mischen, über den Auflauf gießen. Restlichen Käse mit den Semmelbröseln mischen und darüber verteilen. Mit Butter- oder Margarineflöckchen besetzen und im vorgeheizten Backofen bei 225 Grad (Gas 4) 25 Minuten überbacken.

Vorbereitungszeit: 40 Minuten
Garzeit: 25 Minuten
Umluft: 25 Minuten bei 200 Grad
Pro Portion ca. 35 g Eiweiß, 42 g Fett, 79 g Kohlenhydrate = 3771 Joule (898 Kalorien)

Makkaroniauflauf mit Mangold

Für 4 – 6 Portionen:
500 g Mangold
Salz
500 g Makkaroni
30 g Butter oder Margarine
375 g Katenschinken
Fett für die Form
Pfeffer a. d. Mühle, Muskat
6 Eier
$\frac{3}{8}$ l Milch
30 g Parmesan (gerieben)

1. Mangold in Streifen schneiden, waschen und in kochendem Salzwasser 10 Minuten garen, abgießen.

2. Makkaroni in viel kochendem Salzwasser nach Vorschrift auf der Packung garen. Abschrecken, abtropfen lassen, in Butter oder Margarine schwenken.

3. Fettrand des Schinkens abschneiden und würfeln, Schinken in dünne Streifen schneiden. Die Hälfte der Nudeln in eine gefettete Auflaufform geben, Schinkenstreifen und gut ausge-

drückten Mangold zugeben. Mit Pfeffer, Salz und Muskat würzen.

4. Restliche Nudeln daraufgeben. Fettwürfel in einer Pfanne goldbraun ausbraten. Eier mit Milch, Pfeffer und Salz verquirlen und über den Auflauf gießen. Parmesan darüberstreuen, das Bratfett darübergießen (Fettwürfel wegwerfen). Im Backofen bei 200 Grad (Gas 3) 40 Minuten backen.

Vorbereitungszeit: 45 Minuten
Garzeit: 40 Minuten
Umluft: 40 Minuten bei 175 Grad
Pro Portion (bei 6 Portionen) ca. 35 g Eiweiß, 35 g Fett, 67 g Kohlenhydrate = 3243 Joule (775 Kalorien)

Mangoldgemüse

Für 2 Portionen:

- 1 kleine Mangoldstaude (etwa 400 g)
- 1 Zwiebel (30 g)
- 30 g Butter oder Margarine
- Salz
- Pfeffer a. d. Mühle
- Muskatnuß
- 6 El Weißwein

1. Den Mangold putzen und gründlich waschen. Die Blätter von den Stielen streifen und grob hacken.

2. Die Stiele in Streifen schneiden.

3. Die Zwiebel pellen und würfeln. In Butter oder Margarine in einem Topf glasig dünsten. Die Stiele dazugeben, fünf Minuten dünsten lassen, dann die Blätter dazugeben. Mit Salz, Pfeffer und Muskatnuß würzen.

4. Den Wein dazugießen und das Gemüse zehn Minuten im geschlossenen Topf garen lassen.

Dazu passen Lammkoteletts.

Vorbereitungszeit: 15 Minuten
Garzeit: 10–15 Minuten
Pro Portion ca. 5 g Eiweiß, 13 g Fett, 8 g Kohlenhydrate = 864 Joule (206 Kalorien)

Mangold: Bei uns lange Zeit vergessen, in Norditalien beliebter als Spinat

Mangold contra Spinat

Lange Zeit stand der Mangold im Schatten des Spinats. Eine logische Erklärung gibt es dafür nicht. Denn in den geschmacklichen Qualitäten stehen beide einander an nichts nach. Mangold schmeckt sogar noch etwas würziger als Spinat. Er eignet sich auch für dieselben Gerichte wie Spinat. Er ist darüber hinaus jedoch vielseitiger zu verwenden als die zarten Spinatblättchen, z. B. für Rouladen, die man ähnlich wie Wirsingrouladen zubereitet.

WENIGER INHALTSSTOFFE ALS SPINAT

Mangold ist nicht ganz so reich an Inhaltsstoffen wie Spinat. 100 g enthalten 380 mg Kalium (Spinat 633 mg), 40 mg Phosphor (Spinat 55 mg), 590 µg Vitamin A (Spinat 700 µg) und 160 µg Vitamin B_2 (Spinat 230 µg). Mangold enthält mehr Oxalsäure als Spinat, ist aber dennoch ein sehr gesundes Gemüse.

Kaum Abfall

Das einzige, was Sie beim Mangold-Kauf beachten müssen: Die Stauden sollten immer frisch und knackig aussehen. Blätter und Stiele sollten keine braunen Flekken aufweisen.
Mangold muß besonders gründlich gewaschen werden, da sich in den Rillen der Blattrippen oft Erde festsetzt. Dazu die Blätter vom Wurzelansatz schneiden und einzeln waschen. Beim Mangold gibt es kaum Abfall, da Sie die Stiele mitverwenden können. Sie brauchen zum Garen aber längere Zeit als die Blätter. Darum zuerst die Stiele zerkleinern und vorgaren, bevor Sie die Blätter in den Topf geben.

MANGOLDBLÄTTER – RÜBENBLÄTTER

Botanisch gesehen ist Mangold nichts anderes als die Blattrosette einer Rübenart. Die Pflanze ist also nicht mit dem Spinat, sondern mit der Roten Bete verwandt. Im Geschmack ist von dieser Verwandtschaft aber nichts zu spüren.

Mangold putzen

Beim Mangold gibt es kaum Abfall. Man schneidet nur den Wurzelansatz ab und zieht mit dem Messer bräunlich verfärbte Teile auf der Stielrückseite ab.

Mangoldstiele schneiden

Die Mangoldstiele trennt man von den Blättern und schneidet sie: zuerst längs in zwei bis drei Zentimeter dicke Streifen, die Streifen dann quer in 2 cm große Stücke.

Mangoldblätter hacken

Mangoldblätter sind groß und zäh. Darum werden sie gehackt, aber nicht zu fein. Sie sollen nicht weichkochen, sondern noch Biß haben.

MELONEN

Sie sind schon erstaunliche Früchte, die Verwandten unseres Kürbis. Sie entwickeln sich so schnell, daß man ihnen beim Wachsen buchstäblich zusehen kann: Bei günstigen Bedingungen vergehen zum Beispiel zwischen Aussaat und Ernte einer Ogenmelone nur vier Wochen! Und das, obwohl eine Ogenmelone bis zu 2 Kilogramm schwer werden kann. Leider brauchen sie mehr Wärme und Sonne, als wir zu bieten haben. Deshalb müssen wir sie aus südlichen Ländern importieren.

Marinierte Melonenkugeln mit Mandelstiften

Für 4 – 6 Portionen:

- 250 g Honigmelone
- 250 g Wassermelone
- 250 g Netz- oder Ogenmelone
- abgeriebene Schale 1 unbehandelten Zitrone
- 4 El Zitronensaft
- 2 Pakete Vanillinzucker
- 1 Becher Crème fraîche (200 g)
- 1 Becher Vollmilchjoghurt (150 g)
- 2 El Zucker
- 40 g Mandelstifte

1. Melonen halbieren, entkernen und mit einem Kugelausstecher Kugeln herauslösen oder das Fleisch würfeln.

2. Zitronenschale und Saft mit dem Vanillinzucker verrühren, mit den Melonenkugeln mischen und gut 30 Minuten kühl stellen.

3. Die Crème fraîche mit Joghurt und Zucker verrühren und ebenfalls abgedeckt kalt stellen.

4. Die Mandelstifte in einer trockenen Pfanne goldbraun rösten.

5. Melonenkugeln in den ausgehöhlten Schalen oder in einer Schüssel anrichten, mit Mandelstiften bestreuen. Mit der Sauce servieren.

Vorbereitungszeit: 30 Minuten
Pro Portion (bei 6 Portionen) ca. 4 g Eiweiß, 17 g Fett, 15 g Kohlenhydrate = 914 Joule (217 Kalorien)

Melonensalat in Zitronensauce

Für 4 Portionen:
1 kleiner Eisbergsalat (ca. 500 g)
1 Ogenmelone (ca. 750 g)
1 Salatgurke (ca. 500 g)
250 g grüne Trauben
5–6 El Zitronensaft, Salz, Pfeffer a. d. Mühle
1 Prise Zucker
8 El Öl
1 Bund Schnittlauch

1. Eisbergsalat putzen, wa-

schen, vierteln und in Streifen schneiden.

2. Melone vierteln, entkernen, das Fruchtfleisch aus der Schale lösen und anschließend in mundgerechte Scheiben schneiden.

3. Die Salatgurke waschen, schälen, entkernen und in Scheiben schneiden. Trauben waschen, halbieren und entkernen.

4. Dann Eisbergsalat, Melone, Gurke und Trauben in einer Schüssel mischen.

5. Zitronensaft, Salz, Pfeffer und die Prise Zucker mit dem Öl zu einer Salatsauce verrühren, Schnittlauch in Röllchen schneiden und zugeben. Unter den Salat ziehen und etwa 10 Minuten durchziehen lassen.

Vorbereitungszeit: 30 Minuten
Pro Portion ca. 4 g Eiweiß, 25 g Fett, 22 g Kohlenhydrate = 1388 Joule (331 Kalorien)

Vorspeisenplatte

Für 4 Portionen:

- 1 Ogenmelone (ca. 500 g)
- 1 Honigmelone (ca. 750 g)
- 100 g Parmesankäse im Stück
- 100 g Salami in dünnen Scheiben
- 100 g Schinken in dünnen Scheiben
- Pfeffer a. d. Mühle

1. Die Melonen vierteln, entkernen und das Fleisch mit einem Messer von den Schalen lösen. Dann quer in etwa 1 cm dicke Scheiben schneiden und wieder auf die Schalen legen.

2. Den Käse auf der Haushaltsreibe fein hobeln.

3. Melonen auf einer Platte anrichten, dann Käse, Salami und Schinken zwischen den Melonenschiffchen verteilen. Mit frisch gemahlenem Pfeffer überstreuen.

Vorbereitungszeit: 20 Minuten
Pro Portion ca. 16 g Eiweiß, 25 g Fett, 18 g Kohlenhydrate = 1595 Joule (380 Kalorien)

Melonen-Kaltschale

Für 4 Portionen:

½ l Maracuja-Nektar

½ l Mango-Nektar

2 Tl Speisestärke

1–2 El Zitronensaft

30 g Pinienkerne

1 Ogenmelone (ca. 1 kg)

Zitronenmelisse

1. 4 El des Nektars mit der Speisestärke verrühren. Den restlichen Nektar zum Kochen bringen, die Speisestärke unter Rühren zugeben und einmal aufkochen lassen. Mit Zitronensaft abschmecken und kalt stellen.

2. Die Pinienkerne in einer trockenen Pfanne hellbraun rösten.

3. Melone halbieren, Kerne herauskratzen und das Fruchtfleisch mit einem Kugelausstecher oder ei-

nem Löffel auslösen. Melonenkugeln in die Kaltschale geben. Mit den Pinienkernen bestreuen, mit Melisse garnieren.

Vorbereitungszeit: 20 Minuten
Zeit zum Durchkühlen: 1 Stunde
Pro Portion ca. 7 g Eiweiß, 3 g Fett, 43 g Kohlenhydrate = 1067 Joule (263 Kalorien)

Melonen-Basilikum-Bowle

Für $2\frac{1}{2}$ l Bowle:

4 Bund Basilikum

1 Ogenmelone

2 Flaschen Gewürztraminer (trocken)

1 Flasche Sekt

1. 3 Bund Basilikum in ein Bowlengefäß hängen. Die Melone halbieren und die Kerne herauskratzen. Das Fruchtfleisch mit einem Kugelausstecher oder einem Löffel auslösen und in das Bowlengefäß geben. Mit dem Gewürztraminer übergießen und zugedeckt 1 Stunde kalt stellen.

2. Das Basilikumbündel entfernen. Die Blätter des vierten Bündels abzupfen und in die Bowle geben. Mit dem gut gekühlten Sekt übergießen.

Unser Tip: Besonders ansehnlich wird die Bowle, wenn man Kugeln verschiedenfarbiger Melonen nimmt, also auch Charentais- oder Honigmelonen.

Vorbereitungszeit: 20 Minuten
Zeit zum Durchkühlen: 1 Stunde

MELONEN aktuell

Netzmelone

Ogenmelone

Honigmelone

Wassermelone

Von Jahr zu Jahr mehr Sorten

Wie Gurke, Kürbis und Zucchini gehören auch die Melonen zur großen Familie der Kürbisgewächse. Sie sind einjährige, kriechende Rankgewächse mit erstaunlicher Wachstumskraft. Bei günstigen klimatischen Bedingungen vergehen vom Anpflanzen der jungen Setzlinge bis zur Ernte der ersten reifen Melone kaum mehr als 6 Wochen.

Die grünen dicken Wassermelonen sind allerdings nur entfernt mit den anderen, wesentlich kleineren Melonen verwandt, die man übrigens unter dem Begriff Zuckermelonen zusammenfaßt. Und besonders groß ist die Familienähnlichkeit zwischen Wassermelonen und Zuckermelonen ja auch nicht: Während bei den Zuckermelonen die Kerne in einer Höhlung in der Mitte, also getrennt vom Fruchtfleisch, sitzen, stecken sie bei den Wassermelonen direkt im Fruchtfleisch.

Wassermelonen haben imposante Proportionen. Sie können bis zu 15 kg schwer werden. Die meisten, die bei uns angeboten werden, wiegen allerdings um die 2,5 kg. Wassermelonen haben eine hellgrün und dunkelgrün gemaserte Schale und rotes, sehr wasserhaltiges Fruchtfleisch. In ihrer Urheimat Afrika werden sie darum auch heute noch als Durstlöscher benutzt.

Die Familie der **Zuckermelonen** ist außerordentlich groß und – da ständig wieder Neuzüchtungen auf dem Markt erscheinen und die Erzeugerländer sie auch oft genug unter verschiedenen Namen bei uns einführen – auch ziemlich unübersichtlich. Wohl am bekanntesten bei uns sind die **Honigmelonen**, Früchte mit sonnengelber, manchmal auch weißlicher glatter, gerippter oder narbig gefurchter Schale. Das Fruchtfleisch der Honigmelone ist grünlich und süß-aromatisch.

MELONEN SERVIEREN

Wollen Sie Melonen als Vorspeise servieren, dann teilen Sie die Früchte längs in Segmente. Das Fruchtfleisch können Sie dann von der Schale trennen und in Stücke schneiden. Aber es wird immer auf der Schale serviert, damit möglichst wenig Saft verlorengeht.
Besonders fein: Von kleinen Melonen einen Deckel abschneiden, Kerne entfernen. Mit Portwein füllen, eiskalt servieren.

Zweite wichtige Gruppe unter den Zuckermelonen sind die sogenannten **Netzmelonen**, so benannt nach dem weißen bis hellbraunen korkartigen Netz auf der Schale und dem meist aprikosenfarbenen sehr süßen, bei Reife stark duftenden Fruchtfleisch. Feinste Sorte ist hier die **Kantalup-Melone** mit pfirsichfarbenem intensiv würzigen Fruchtfleisch. Hocharomatische Variante der Netzmelone ist die **Galia-Melone**, eine Neuzüchtung aus Israel mit besonders würzigem, grünlichen bis weißlichen Fruchtfleisch und gelber, grüngerippter Schale mit graugrünem Netz.
Dritte Melonen-Gruppe sind die Früchte mit der glatten, längsgerippten Schale, die wie Miniaturkürbisse aussehen. Feinster Vertreter ist die **Charentais-Melone**, deren aprikosenfarbenes Fleisch einen intensiven Eigengeschmack und Duft hat. Das Feinste vom Feinen sind die Charentais-Melonen, die aus der Provence kommen, die **Cavaillon-Melonen**. Darum immer zugreifen, wenn Sie eine Cavaillon-Melone erwischen. Eine aromatische Variante der Charentais-Melonen sind die **Ogen-Melonen**, ebenfalls eine Neuzüchtung aus Israel. Diese Melone, an ihrer glänzend grüngelb gesprenkelten Schale und ihrem weißlich-grünen Fruchtfleisch zu erkennen, hat ein etwas herberes Aroma als andere Zuckermelonen.

Mit der Nase einkaufen

Die feinste Melone taugt nichts, wenn sie noch nicht voll ausgereift ist. Zwar reift sie nach der Ernte noch nach, wenn man sie ein paar Tage bei Zimmertemperatur liegen läßt. Aber ihr volles Aroma kann sie dann nicht mehr entfalten. Das bekommt sie nur, wenn man sie an der Pflanze reifen läßt. Darum müssen Sie unbedingt beim Einkauf darauf achten, daß Sie eine möglichst reife Frucht erwischen. Am Aussehen der Schale kann man den Reifegrad einer Melone nicht erkennen, wohl aber am Duft: Reife Melonen müssen intensiv nach Ananas und Moschus duften. Außerdem müssen sie am Blütenansatz auf leichten Druck nachgeben. Nehmen Sie also eine Melone in die Hand und machen einen Schnupper- und Drucktest, bevor Sie sie kaufen. Beides wird vom Händler toleriert.
Bei Wassermelonen, die man ja meist nicht ganz, sondern stückweise kauft, gibt die Farbe des Fruchtfleisches Auskunft über die Reife: Je intensiver rot es gefärbt ist, desto reifer und süßer das Fruchtfleisch.

Gut gekühlt am besten

Reife Melonen sollten möglichst rasch gegessen werden. Wenn man sie nicht sofort gebraucht, sollte man sie ins Gemüsefach des Kühlschranks legen. Das empfiehlt sich übrigens noch aus einem anderen Grund: Gut gekühlt schmecken Melonen am besten.

Süß und salzig ein Genuß

Melonen sind Allround-Früchte. Sie schmecken zusammen mit anderen Sommerfrüchten in Fruchtsalaten oder Kaltschalen, sie ergeben außerdem ein erfrischendes Sorbet. Auf der anderen Seite lassen sie sich aber auch ausgezeichnet mit pikanten Zutaten kombinieren, zum Beispiel mit Salami oder luftgetrocknetem Schinken als Vorspeise. (Ein Tip: Sie schmecken am besten mit frisch gemahlenem Pfeffer bestreut.) Sie sind eine hervorragende Zutat zu vielen pikanten Salaten. Nur eins vertragen sie nicht: Hitze. Durchs Kochen verlieren sie ihr ganzes Aroma.

DIE GESÜNDESTEN DURSTLÖSCHER

Melonen bestehen zu 95 Prozent aus Wasser. Darum sind sie ideal gegen den Sommerdurst. Was sonst noch in ihnen steckt: Vitamin A, B_1, B_2, Kalzium und Phosphor und 25 Kalorien pro 100 g Frucht.

Kerne der Zuckermelonen entfernen
Bei den Zuckermelonen sitzen die Kerne nicht im Fruchtfleisch. Man kann sie mit einem Löffel herausschaben, nachdem die Frucht halbiert ist.

Kerne der Wassermelonen entfernen
Es schadet zwar nicht, wenn man die Kerne mitißt. Feiner ist es aber, sie vor dem Servieren mit einem schmalen Löffelstiel aus dem Fruchtfleisch herauszuholen.

MÖHREN

Möhren sind mit das älteste Gemüse, das wir kennen. Wie Funde aus schweizerischen Pfahlbauten beweisen, wurden sie bei uns in Mitteleuropa schon in der Jungsteinzeit angebaut. Bis vor 200 Jahren aber, als die Kartoffel in Mode kam, schätzte man sie nicht wie heute als feines Gemüse: Man zerkochte sie zu Brei und aß sie, wie heute die Kartoffeln, als Beilage.

Petersilienmöhren mit Pinienkernen

Für 4 Portionen:

750 g Möhren
Salz
1 Prise Zucker
50 g Butter oder Margarine
2 Bund glatte Petersilie
50 g Pinienkerne

1. Die Möhren so putzen und schälen, daß 1 cm vom

Grün stehenbleibt. Wasser mit Salz und Zucker zum Kochen bringen, Möhren darin etwa 8–10 Minuten garen.

2. Butter oder Margarine in einer Pfanne aufschäumen lassen. Petersilie waschen, hacken und zusammen mit den Pinienkernen zugeben, kurz anbraten.

3. Die Möhren abtropfen lassen und in der Pfanne schwenken.
Dazu passen Katenschinken und Weißbrot.

Vorbereitungszeit: 15 Minuten
Garzeit: 8–10 Minuten
Pro Portion ca. 5 g Eiweiß, 16 g Fett, 14 g Kohlenhydrate = 794 Joule (189 Kalorien)

Überbackenes Möhren-Zucchini-Gemüse

Für 4 Portionen:
750 g Möhren
250 g Zucchini
Salz
1 Tl Öl
Pfeffer a. d. Mühle
½ Bund frischer Thymian
125 g Emmentaler

1. Die Möhren und Zucchini putzen und waschen. Beides in Scheiben schneiden. Zuerst die Möhren in kochendem Salzwasser 5 Minuten kochen, dann die Zucchinischeiben zugeben und beides zusammen weitere 5 Minuten garen. Die Gemüse mit einer Schaumkelle herausnehmen.

2. Eine Auflaufform mit dem Öl einfetten und die Gemüse einschichten. Mit Salz und Pfeffer kräftig

würzen. Thymian von den Stielen direkt über die beiden Gemüse zupfen.

3. Käse grob raffeln und über das Gemüse streuen. Im vorgeheizten Backofen auf der obersten Einschubleiste bei 225 Grad (Gas 4) in etwa 5–7 Minuten goldbraun überbacken.

Vorbereitungszeit: 40 Minuten
Garzeit: 15–17 Minuten
Umluft: 5–7 Min. bei 200 Grad
Pro Portion ca. 10 g Eiweiß, 9 g Fett, 15 g Kohlenhydrate = 807 Joule (193 Kalorien)

Möhren-Apfel-Rohkost

Für 4 Portionen:

- 500 g Möhren
- 2 Äpfel (ca. 300 g)
- 10 El Zitronensaft
- 4 El Zucker
- 2 El Öl
- 2 Becher Sahnejoghurt (à 150 g)
- abgeriebene Schale 1 unbehandelten Zitrone
- 2 El Schlagsahne
- 50 g kernige Haferflocken
- 20 g Butter oder Margarine

1. Möhren putzen und waschen, Äpfel schälen. Beides auf der Haushaltsreibe oder mit der Küchenmaschine grob raffeln. Aus 6 El Zitronensaft, 2 El Zucker und Öl eine Salatsauce rühren, mit den Möhren- und Apfelraspeln mischen.

2. Joghurt mit dem restlichen Zitronensaft, der Zitronenschale, dem restlichen Zucker und der Sahne verrühren. Die Haferflocken in einer Pfanne in der

Butter oder Margarine goldbraun rösten.

3. Die Joghurtsauce über die Rohkost gießen und mit den gerösteten Haferflocken bestreut servieren.

Vorbereitungszeit: 20 Minuten
Pro Portion ca. 17 g Eiweiß, 17 g Fett, 52 g Kohlenhydrate = 1701 Joule (406 Kalorien)

Möhren-Fischragout

Für 4 Portionen:

- 500 g Kartoffeln
- 750 g Möhren
- 30 g Butter oder Margarine
- Salz, Pfeffer a. d. Mühle
- ³/₈ l Gemüsebrühe (Instant)
- ¼ l Schlagsahne
- 1 Bund Frühlingszwiebeln
- 1–2 El Saucenbindemittel (hell)
- 500 g Kabeljaufilet
- 1–2 Bund Dill

1. Kartoffeln schälen, waschen und vierteln. Möhren

putzen, waschen und schräg in Scheiben schneiden.

2. Butter oder Margarine in einem Topf schmelzen lassen, zuerst die Kartoffeln darin andünsten, dann die Möhrenscheiben zugeben. Mit Salz und Pfeffer würzen.

3. Gemüsebrühe und Sahne zugeben. Bei milder Hitze etwa 12–15 Minuten garen.

4. In der Zwischenzeit die Frühlingszwiebeln putzen, waschen und schräg in Scheiben schneiden. Zu den Möhren geben und etwa 5 Minuten mitgaren.

5. Mit Salz und Pfeffer abschmecken. Saucenbindemittel einstreuen, kurz aufkochen lassen.

6. Fisch waschen, in mundgerechte Stücke schneiden und zugeben. 5 Minuten mit ziehen lassen. Dill hakken und zum Schluß vorsichtig unterziehen.

Vorbereitungszeit: 25 Minuten
Garzeit: 17–20 Minuten
Pro Portion ca. 23 g Eiweiß, 28 g Fett, 44 g Kohlenhydrate = 2496 Joule (596 Kalorien)

Möhren in Schnittlauchsahne

Für 4 Portionen:

- 750 g Möhren
- 20 g Butter oder Margarine
- Salz
- 300 g Crème fraîche
- 3 El Weißwein
- 1 Eigelb
- Pfeffer a. d. Mühle
- 2 Bund Schnittlauch

1. Die Möhren dünn schälen, im ganzen mit der Butter oder Margarine in einen gut schließenden Topf geben.

2. Etwas Salz und 1/8 l Wasser zugeben, Möhren zugedeckt in 20–25 Minuten garen.

3. Inzwischen die Crème fraîche in einer Pfanne cremig einkochen lassen.

4. Weißwein und Eigelb verrühren, in die nicht mehr kochende Crème fraîche einrühren, damit sie leicht gebunden ist. Mit Salz und Pfeffer würzen.

5. Schnittlauch in feine Röllchen schneiden und in die Sauce geben. Möhren gut abtropfen lassen und die Sauce darübergeben.

Vorbereitungszeit: 10 Minuten
Garzeit: 20–25 Minuten
Pro Portion ca. 4 g Eiweiß, 35 g Fett, 14 g Kohlenhydrate = 1704 Joule (408 Kalorien)

Pochiertes Rinderfilet mit Frühlingsgemüse

Für 4 Portionen:

500 g Möhren, 750 g Porree
750 g Kartoffeln
2 l Rinderbrühe (Instant)
6–8 Lorbeerblätter
1 Bund Thymian
1 El schwarze Pfefferkörner
750 g Rinderfilet
Salz, Pfeffer a. d. Mühle
40 g Kräuterbutter
200 g Crème fraîche
2–3 El Helle Sauce (Instant)
1 Bund Basilikum
1 El Zitronensaft
1 Prise Zucker

1. Möhren putzen und waschen. Porree putzen und waschen. Kartoffeln waschen, mit Schale kochen.

2. Brühe mit Lorbeer, Thymian und Pfefferkörnern zum Kochen bringen. Das Fleisch mit Salz und Pfeffer einreiben.

3. Möhren in den Sud legen, darauf das Fleisch und darauf den Porree. Zugedeckt 25 Minuten garen.

4. Kartoffeln pellen. Das Fleisch aus der Brühe nehmen, in Alufolie einwickeln. Das Gemüse ebenfalls herausnehmen und mit den Kartoffeln auf einer Platte anrichten.

5. Kräuterbutter aufschäumen lassen, über Gemüse und Kartoffeln verteilen, warm stellen.

6. $\frac{1}{4}$ l von der Brühe durch ein Sieb gießen, mit Crème fraîche zum Kochen bringen. Helle Sauce einstreuen, 1 Minute kochen lassen. Mit gehacktem Basilikum, Zitronensaft, Salz, Pfeffer und Zucker würzen.

Vorbereitungszeit: 40 Minuten
Garzeit: 25 Minuten
Pro Portion ca. 44 g Eiweiß, 39 g Fett, 55 g Kohlenhydrate = 3324 Joule (794 Kalorien)

Am zartesten und süßesten sind die jungen Möhren, die mitsamt ihres Grüns angeboten werden. Derber und weniger lieblich sind die dickeren Herbstmöhren.

MÖHREN aktuell

Möhren putzen

Ganz junge Möhren werden geschrapt oder mit einer Bürste unter fließendem Wasser gereinigt. Sommer- oder Wintermöhren schält man mit dem Sparschäler.

Besonders praktisch: Der Juliennereißer

Nicht nur für Profis zu empfehlen ist der Juliennereißer (in guten Haushaltsgeschäften zu haben), mit dem das Stifteln der Möhren kaum Arbeit macht.

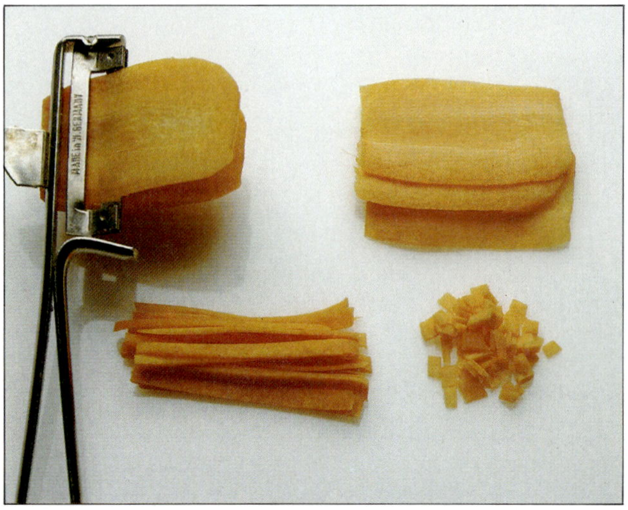

Möhren fein schneiden

Für feine Stifte (Julienne) oder Würfel (Brunoise) schneidet man die Möhren zuerst der Länge nach mit dem Sparschäler in dünne Scheiben.

Möhren grob zerteilen

Braucht man dickere Würfel, schneidet man die Möhren zuerst der Länge nach in vier Teile, die dann quer in Stücke geteilt werden.

Im Mittelalter die beliebteste Beilage

Die Möhren, Mohrrüben, gelbe Rüben oder Wurzeln, wie man sie nennt, gehören zu den ältesten Gemüsesorten überhaupt. Wie Funde aus schweizerischen Pfahlbauten beweisen, wurden sie schon in der Jungsteinzeit in Mitteleuropa angebaut. Jahrhundertelang blieben sie bei unseren Vorfahren die meistgegessene Beilage, bis sie vor ungefähr 200 Jahren von der Kartoffel von Platz eins verdrängt wurden. Trotzdem gehören sie noch immer zu den beliebtesten Gemüsen, und zwar nicht nur bei uns, sondern auch in fast allen Ländern der Erde, in Japan ebenso wie in Indien oder in Afrika.

Wohlschmeckende Medizin

Seit jeher sind Möhren aber nicht nur so beliebt, weil sie so gut schmecken, sondern auch, weil sie so gesund sind. Die Kräuterdoktoren des Mittelalters verschrieben sie sogar direkt als Medizin, zum Beispiel zur Blutbildung, zur Wachstumsförderung und zur besseren Verdauung. Eine Erkenntnis, die unsere moderne Ernährungswissenschaft nur bestätigen konnte. Denn durch ihren überdurchschnittlich hohen Gehalt an Carotin, der Vorstufe von Vitamin A (2000 μg pro 100 g Fruchtfleisch), ist die Möhre unentbehrlich für gesundes Wachstum, für Gesundheit von Augen, Haut und Haar. Außerdem enthält die Möhre B-Vitamine, ist ausgesprochen magenfreundlich und hat trotz ihres mildsüßen Geschmacks erstaunlich wenig Kalorien: Auf 100 g entfallen 35 Kalorien.

Die zartesten werden bundweise angeboten

Unsere hauseigene Ernte setzt Ende Mai ein. Die jungen Möhren, die in der Zeit davor auf dem Markt sind, kommen in der Hauptsache aus Italien, aus Frankreich und den Niederlanden. Die zartesten und feinsten der frühen Ernte werden bundweise mitsamt ihrem Grün als sogenannte Bundmöhren angeboten.
Die zarten Bundmöhren sollte man nur zum So-Essen, für Rohkost und für feines Gemüse verwenden. Alle deftigeren Gerichte schmecken ebensogut mit den nur wenig derberen Sommermöhren, später dann mit den Herbstmöhren, die ebenso wie die dicken, herberen Wintermöhren ohne Grün nach Gewicht verkauft werden. Achten Sie bei den Bundmöhren immer darauf, daß das Grün frisch und nicht welk ist. Und kaufen Sie die anderen Möhren möglichst lose und nicht in Plastiktüten verpackt. Diese Verpackungsart bekommt den Möhren nämlich überhaupt nicht. Sie fangen an zu schwitzen, verlieren Aroma und bekommen Faulstellen. Und falls Sie keine losen Möhren bekommen: Die Möhren sofort aus der Plastiktüte auspacken, damit sie wieder atmen können.
Im Gemüsefach des Kühlschranks halten sich frisch gekaufte Möhren problemlos bis zu einer Woche.

SO KURZ WIE MÖGLICH GAREN

Unsere Großmütter ließen die Möhren kochen, bis sie breiweich waren. Inzwischen wissen wir: Lange Kochzeiten bekommen weder ihrem Aroma noch ihren Inhaltsstoffen. Kochen Sie die Möhren darum so kurz wie möglich. Sie dürfen ruhig noch etwas Biß haben.

Sie schmecken nicht nur mit Petersilie

Die klassische Kochmethode für Möhren ist, sie in wenig Salzwasser zu garen. Noch etwas feiner: Man gibt sie tropfnaß in einen Topf mit etwas zerlassener Butter und läßt sie gar dünsten. Aber wie man es auch macht: Eine gute Prise Zukker gehört immer dazu, um den typischen Möhrengeschmack zu unterstreichen. Klassisches Möhrengewürz ist die Petersilie, dazu eventuell noch frisch gemahlener weißer Pfeffer.
Man kann Möhrengemüse aber auch mit etwas Orangensaft und -schale oder einem Spritzer Zitronensaft abschmecken, und dazu wahlweise mit etwas Ingwer, Zimt oder Muskat würzen. Noch eine andere Möglichkeit, Möhrengemüse zu würzen: Man kann anstatt Petersilie auch Basilikum, Dill, Kerbel, Estragon oder Minze nehmen.

MÖHREN BRAUCHEN FETT

Möhren enthalten viel Carotin, das unser Körper in Vitamin A umwandeln kann. Aber nur, wenn er gleichzeitig Fett bekommt. Machen Sie darum Ihre Möhrenrohkost immer mit etwas Öl an und verfeinern Sie Ihren Möhrensaft immer mit einem kleinen Schuß Sahne und runden Sie Möhrengemüse immer mit etwas Butter, Sahne oder Öl ab. Das schmeckt nicht nur gut, das macht die Möhren erst richtig gesund.

ORANGEN

Für Goethe war es ganz selbstverständlich, daß die Orangen am Mittelmeer zu Hause sind: „Kennst du das Land, wo die Zitronen blühn, im dunklen Laub die Goldorangen glühn ...“ dichtete er (vermutlich an einem kalten Wintertag). In Wahrheit stammen die Orangen aber aus China, ihr deutscher Name Apfelsine (eigentlich Sina-Apfel, und Sina ist der alte Name für China) beweist es.

Hähnchenbrustfilet in Orangen-Senf-Sauce

Für 4 Portionen:

- 2 Orangen
- 500 g Hähnchenbrustfilet
- Salz, Pfeffer a. d. Mühle
- 3 El Öl
- 2 El Senf
- 200 g Crème fraîche
- 1/8 l Orangensaft
- 1–2 El Saucenbindemittel (hell)

1. Die Orangen über einer Schüssel wie einen Apfel schälen, dabei die weiße Innenhaut völlig entfernen. Jetzt die einzelnen Filets zwischen den Trennhäuten herausschneiden. Aufgefangenen Saft und Orangenfilets beiseite stellen.

2. Das Fleisch mit Salz und Pfeffer würzen, im heißen Öl pro Seite 4 Minuten braten, aus der Pfanne nehmen und in Alufolie wickeln.

Das Fleisch gart darin noch etwas nach.

3. Den Bratensatz in der Pfanne mit Senf, Crème fraîche und Orangensaft verrühren, aufkochen lassen. Die Orangen-Senf-Sauce mit etwas Saucenbindemittel binden, mit Salz und Pfeffer würzen.

4. Die Orangenfilets in der Sauce heiß werden lassen. Das Fleisch auswickeln, in Scheiben schneiden, mit der Sauce servieren.
Dazu passen Kartoffeln.

Vorbereitungszeit: 20 Minuten
Garzeit: 10 Minuten
Pro Portion ca. 38 g Eiweiß, 28 g Fett, 19 g Kohlenhydrate = 2014 Joule (481 Kalorien)

Orangencreme

Für 4 Portionen:

- 6 Blatt weiße Gelatine
- $\frac{1}{2}$ l Orangensaft
- 3–4 El Zucker
- abgeriebene Schale 1 unbehandelten Orange
- $\frac{1}{4}$ l Schlagsahne
- 3 Eiweiß

1. Die Gelatine in kaltem Wasser einweichen. Den Orangensaft mit dem Zucker erwärmen. Die Gelatine ausdrücken und im Orangensaft auflösen und kalt stellen.

2. Wenn die Creme anfängt zu gelieren, einmal kräftig mit dem Schneebesen durchrühren und dabei die Orangenschale zugeben.

3. Erst die steif geschlagene

Sahne und dann das steif geschlagene Eiweiß unterrühren. Die Creme in eine Glasschüssel füllen und noch einmal 1–2 Stunden kühl stellen.

Vorbereitungszeit: 20 Minuten
Kühlzeit: 1–2 Stunden
Pro Portion etwa 7 g Eiweiß, 20 g Fett, 35 g Kohlenhydrate = 1709 Joule (408 Kalorien)

Orangensalat mit Schlagsahne und Walnußkrokant

Für 4 Portionen:
- 100 g Walnußkerne
- 75 g Puderzucker
- Öl für das Blech
- 8 Orangen
- ¼ l Schlagsahne
- 1 Päckchen Vanillinzucker

1. Für den Krokant zuerst die Walnußkerne mit einem langen, scharfen Messer grob hacken. Den Puderzucker in einem Topf goldbraun karamelisieren lassen. Die Nüsse unterrühren, bis sie völlig vom Karamel überzogen sind.

2. Den Krokant auf ein geöltes Blech streichen und abkühlen lassen. Den Krokant dann wieder hacken.

3. Die Orangen wie Äpfel schälen, dabei die weiße Innenhaut völlig entfernen. Die geschälten Orangen in Scheiben schneiden.

4. Die Sahne mit dem Vanillinzucker steif schlagen. Die Orangenscheiben fächerförmig auf einen Teller legen, mit Sahne und Krokant bestreut servieren.

Vorbereitungszeit: 35 Minuten
Pro Portion ca. 7 g Eiweiß, 35 g Fett, 59 g Kohlenhydrate = 2739 Joule (654 Kalorien)

Hähncheneintopf

Für 6 – 8 Portionen:

- 1 Poularde (1,2 kg)
- Salz, Pfeffer a. d. Mühle
- 2 l Hühnerbrühe (Instant)
- 650 g Porree
- 3 Orangen
- 125 g Langkornreis
- 2–3 El Curry
- 30 g Butter oder Margarine

1. Poularde waschen, trokkentupfen, innen und außen salzen und pfeffern. Poularde in die kochende Brühe geben und bei milder Hitze offen 45 Minuten garen.

2. Porree putzen, waschen und in Ringe schneiden. Orangen über einer Schüssel wie Äpfel schälen, dabei die weiße Innenhaut völlig entfernen. Mit einem scharfen Messer die einzelnen Orangenfilets zwischen den Trennhäuten herausschneiden.

3. Poularde aus dem Topf nehmen, abkühlen lassen.

4. Inzwischen Reis und Curry in Butter oder Margarine glasig dünsten, mit $1\frac{1}{2}$ l Hühnerbrühe auffüllen und 10–15 Minuten garen.

5. Poularde häuten, das

Fleisch von den Knochen lösen und in mundgerechte Stücke schneiden.

6. Porree in der Brühe zugedeckt 5–10 Minuten garen. Fleisch, Orangenfilets und -saft zugeben und heiß werden lassen. Den Eintopf mit Salz, Pfeffer und eventuell Curry abschmecken.

Vorbereitungszeit: 40 Minuten
Garzeit: 70 Minuten
Pro Portion (bei 8 Portionen) ca. 26 g Eiweiß, 10 g Fett, 23 g Kohlenhydrate = 1304 Joule (312 Kalorien)

Orangen-Soufflé

Für 4 Portionen:
Butter oder Margarine für die Form
3 Orangen
5 Eigelb
5 El Puderzucker
1 El Zitronensaft
2 El Mehl
6 Eiweiß

1. Den Boden einer Souffléform ausfetten. Orangen heiß waschen, abtrocknen, Schalen abreiben. Orangen wie Äpfel schälen, Saft auffangen. Filets aus den Häuten lösen. Filets auf den Boden der Souffléform verteilen.

2. Eigelb und 4 El Zucker mit den Quirlen des Handrührers schlagen, bis die Masse hell wird.

3. Orangenschale, 3 El von dem aufgefangenen Orangensaft und Zitronensaft unterrühren. Mehl darübersieben. Eiweiß zu sehr steifem Schnee schlagen, restlichen Zucker unterheben.

4. Eischnee auf das Mehl geben und mit einem

Schneebesen gleichmäßig unterziehen. Masse sofort in die Form füllen und im vorgeheizten Backofen bei 175 Grad (Gas 2) auf der mittleren Einschubleiste 25–30 Minuten backen. Sofort servieren.

Vorbereitungszeit: 20 Minuten
Garzeit: 25–30 Minuten
Umluft: 45 Minuten bei 150 Grad
Pro Portion ca. 10 g Eiweiß, 8 g Fett, 25 g Kohlenhydrate = 912 Joule (218 Kalorien)

Schweinekoteletts mit Orangen

Für 4 Portionen:
2 El Sojasauce
2 Tl Speisestärke
2 El Sherry
1 El Zitronensaft
4 Schweinekoteletts
3 Orangen mit unbehandelter Schale
Pfeffer a. d. Mühle
2–3 El Öl
1–2 El Weinbrand
Zucker

1. Sojasauce mit Speisestärke, Sherry und Zitronensaft verrühren, die Koteletts damit von beiden Seiten ein-

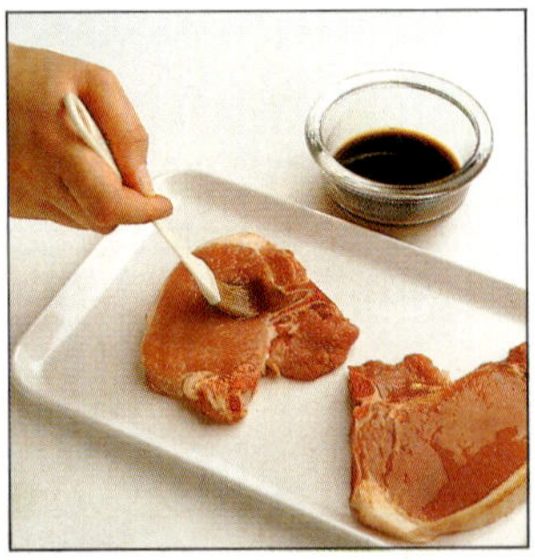

pinseln und etwa 1 Stunde zugedeckt kühl stellen.

2. 2 Orangen so schälen, daß die weiße Haut völlig entfernt wird. Die Filets aus den Trennhäuten herauslösen, dabei den Saft auffangen. Die restliche Orange mit einem Sparschäler dünn abschälen und die Schale in feine Streifen schneiden. Die Orange auspressen.

3. Koteletts pfeffern, salzen und in heißem Öl von jeder Seite kräftig anbraten. Bei mittlerer Hitze etwa 10 Minuten weiterbraten. Warmstellen.

4. Bratsud mit der restlichen Marinade, Orangensaft und Orangenfilets aufkochen, mit Pfeffer, Weinbrand und einer Prise Zucker abschmecken. Koteletts mit der Orangenschale bestreuen und mit der Sauce servieren.

Vorbereitungszeit: 15 Minuten
Garzeit: 15 Minuten
Pro Portion ca. 39 g Eiweiß, 36 g Fett, 16 g Kohlenhydrate = 2495 Joule (594 Kalorien)

Geflügelsalat mit Orangen

Für 8 Portionen:
600 g Hähnchenbrustfilet
3 El Öl
Salz, Pfeffer a. d. Mühle
3 Orangen
3 Chicoreestauden (500 g)
2 Avocados
1 Glas Joghurt-Salatcreme (250 g), 1 Tl Curry
1 El Zitronensaft
1/8 l Schlagsahne

1. Das Fleisch im heißen Öl rundherum braun anbraten, salzen, pfeffern und bei mittlerer Hitze von jeder Seite 4 Minuten weiterbraten.

2. Orangen wie einen Apfel schälen, dabei die weiße Haut entfernen. Die Filets

zwischen den Trennhäuten herausschneiden.

3. Chicoree putzen, waschen, einige Blattspitzen beiseite legen, den Rest in Streifen schneiden. Avocados schälen, halbieren, vom Stein befreien und quer in Scheiben schneiden.

4. Fleisch in Scheiben schneiden, mit Chicoree, Avocados und Orangen vermischen. Mit Chicoreeblättern garnieren.

5. Salatcreme mit Curry, Zitronensaft, Salz, Pfeffer verrühren. Sahne steif schlagen und unterrühren. Kurz vor dem Servieren über den Salat geben.

Vorbereitungszeit: 40 Minuten
Pro Portion ca. 14 g Eiweiß, 28 g Fett, 11 g Kohlenhydrate = 1519 Joule (363 Kalorien)

ORANGEN aktuell

Shamouti

Moro
(sizilianische Blutorange)

Navelina

Erst seit 400 Jahren in Europa

„Kennst du das Land, wo die Zitronen blüh'n, Im dunklen Laub die Goldorangen glüh'n?"
So läßt Goethe seine Mignon singen. Aber so selbstverständlich, wie es dem Dichterfürsten schien, gehören die Orangen gar nicht ans Mittelmeer. Ihre Urheimat ist China. Und der erste Orangenbaum in Europa wurde erst vor wenig mehr als 400 Jahren angepflanzt: genau im Jahre 1553. Damals startete der Herzog Antoine von Bourbon auf seinen südfranzösischen Gütern die ersten Züchtungsversuche.

Zum Auspressen die kleinen kaufen

Heute können Sie Orangen in unterschiedlichen Größen kaufen.
Die dicken haben allerdings meist auch eine dicke Schale. Die Frucht selbst ist dadurch kaum größer als die der kleiner aussehenden Orangen. Aber die dicken haben einen Vorteil: Die Schale sitzt lockerer. Die dicken Orangen sind darum besonders gut zum „So"-Essen geeignet.
Die kleineren, meist preiswerteren dagegen, die eine festsitzende, dünne Schale haben, sollte man zum Kochen und zum Auspressen verwenden.

Winterorangen – Sommerorangen

Orangen gibt es bei uns inzwischen das ganze Jahr über zu kaufen. Die Orangen, die im Sommer bei uns angeboten werden, kommen von der südlichen Hemisphäre, die meisten aus Südafrika. Ab Spätherbst beginnt dann die europäische Ernte, zuerst kommen die säuerlichen Navelinas, dann die süßeren Navels aus Spanien und Nordafrika, dann die milden Shamouti vom östlichen Mittelmeer, danach ab Januar die herben, würzigen Blutorangen aus Sizilien und Marokko, zum Schluß dann die sehr süßen Valencia Lates aus Spanien.

ORANGEN ODER CLEMENTINEN

In letzter Zeit bekommen die Orangen immer stärker Konkurrenz von Clementinen und Satsumas.
Der Grund: Sie lassen sich leichter schälen und haben weniger Säure, sind also zum „So"-Essen nach Meinung vieler Leute besser geeignet.
Zum Kochen allerdings reicht ihr Aroma nicht aus. Da sollten Sie immer Orangen verwenden.

Bei den meisten ist die Schale behandelt

Der besseren Haltbarkeit wegen werden die meisten Orangen nach der Ernte mit einer Lösung behandelt, die alle Fäulnisbakterien auf der Schale abtötet. Diese Lösung gelangt nicht ins Fruchtfleisch, sondern bleibt auf der Schale. Deshalb gilt die Behandlung als gesundheitlich unbedenklich. Allerdings: Die Schale ist nicht zum Verzehr geeignet. Sie sollten sie darum nach Möglichkeit nicht zum Kochen verwenden. Die Sache hat aber einen Haken: Zwar müssen alle Orangen mit behandelter Schale ausdrücklich als „behandelt" gekennzeichnet sein, dies geschieht aber oft nicht. Umgekehrt darf aber eine Orange mit naturbelassener Schale nicht ausdrücklich als „naturrein" oder „unbehandelt" deklariert werden. Mit letzter Sicherheit kann man darum in vielen Fällen gar nicht feststellen, ob eine Orange wirklich eine unbehandelte Schale hat. Da hilft nur eins: Man muß die Orange in jedem Fall mit heißem Wasser säubern, wenn man die Schale verwenden will.

Grüne müssen nicht unreif sein

Viele Leute glauben, Orangen mit grünlich verfärbter Schale seien noch nicht ganz reif. Das stimmt nicht. Die schöne orangegelbe Farbe verdanken die Orangen nämlich nicht in erster Linie der Sonne und Wärme, sondern Nachttemperaturen um null Grad. Eine grünfleckige Orange kann darum ebenso reif und süß sein wie eine einheitlich orangefarbene.

Nicht nur für süße Desserts

Orangen passen nicht nur an süße Gerichte, sie gehören auch an einige pikante Speisen, zum Beispiel:

- an Salate mit Zwiebeln und Oliven, mit Chicoree, Chinakohl oder Blattsalaten;
- an Geflügel. Bestes Beispiel: die Ente à l'Orange;
- an Kalbsleber und an Schweinebraten;
- an feine, helle Saucen zu hellem Fleisch, Fisch oder Spargel.

Orangenschale verwendet man immer da, wo man den Fruchtgeschmack des Safts mit einem pikant-bitteren Aroma abrunden will.
Aber aufgepaßt: Nur in der gelben Schalenschicht steckt das typische Aroma. Darum Orangenschale hauchdünn abreiben oder schälen (nachdem man sie gründlich gewaschen hat).

SO GESUND SIND ORANGEN

Orangen enthalten nicht nur Vitamin C, sondern noch 13 andere Vitamine. Außerdem 13 Mineralstoffe, 5 verschiedene Fruchtsäuren und drei Zuckerarten.
In 100 g stecken 54 Kalorien.

Schale in Streifen schneiden

Es ist nicht schwer, Orangenschalen in feine Streifen zu schneiden, wenn man einen Julienne-Reißer hat, den man in Haushaltsgeschäften bekommt.

Orangen schälen

Zum Kochen schält man Orangen vom Blütenansatz aus rundherum wie einen Apfel. Schale und pelzige Fruchthaut werden entfernt, der Saft wird aufgefangen.

Orangen in Filets schneiden

Um Orangenfilets herauszutrennen, fährt man mit dem Messer zwischen die weißen Trennhäute und löst ein Segment nach dem anderen heraus.

PAPRIKA

Am Anfang sind alle Paprikaschoten grün: Erst wenn sie reifen, werden sie gelb oder rot, manchmal auch erst gelb, dann rot. Die grünen sind also einfach noch nicht ganz reif – deshalb auch weniger süß im Geschmack. Zum Kochen (oder für Salate) eignen sich die unreifen grünen Schoten aber genausogut wie die reifen roten oder gelben. Besonders dekorativ sind sie gemischt.

Paprikasalat

Für 4 Portionen:

- 3 rote Paprikaschoten (ca. 250 g)
- 1 Bund Frühlingszwiebeln
- 75 g schwarze Oliven
- 125 g Schafskäse
- 3 El Rotweinessig
- Salz, Pfeffer a. d. Mühle
- 6 El Olivenöl

1. Paprikaschoten vierteln, entkernen, waschen, flachdrücken und auf einen mit Alufolie belegten Grillrost legen. Dann unter den vorgeheizten Grill schieben und auf der 2. Einschubleiste von oben 5–8 Minuten rösten, bis die Haut schwarz ist und Blasen wirft.

2. Die Schoten aus dem Ofen nehmen und ein sauberes, feuchtes Tuch über die Haut legen. Schoten abkühlen lassen, dann die

Haut mit einem spitzen Messer abziehen.

3. Frühlingszwiebeln putzen, waschen und in Ringe schneiden. Oliven vom Stein schneiden, Schafskäse zerbröckeln.

5. Aus Essig, Salz, Pfeffer und Olivenöl eine Salatsauce rühren. Die Paprikaschoten auf einer Platte anrichten, mit Frühlingszwiebeln, Oliven und Schafskäse belegen und mit der Salatsauce beträufeln.
Dazu passen Baguette und Rotwein.

Vorbereitungszeit: 35 Minuten
Garzeit: 8 Minuten
Pro Portion ca. 13 g Eiweiß, 25 g Fett, 10 g Kohlenhydrate = 1449 Joule (346 Kalorien)

Gefüllte Paprikaschoten

Für 4 Portionen:
125 g Langkornreis, Salz
250 g gekochter Schinken
2 Bund glatte Petersilie
100 g Parmesan, 2 Eier
Pfeffer a. d. Mühle
4 Paprikaschoten (ca. 1 kg)
4 Scheiben durchw. Speck
¾ l Rinderbrühe (Instant)
20 g Butter oder Margarine
20 g Mehl
50 g Paprikamark (Tube)
⅛ l Schlagsahne
1 El Zitronensaft

1. Reis in kochendes Salzwasser streuen und zugedeckt bei milder Hitze 20 Minuten ausquellen lassen.

2. Schinken in Würfel schneiden, Petersilie fein hacken. Parmesan, Eier und Reis mischen. Salzen und pfeffern.

3. Von den Paprikaschoten einen Deckel abschneiden, die Kerne herauskratzen, die Schoten waschen.

4. Füllung mit einem Löffel in die Schoten geben. Die Deckel aufsetzen und die Schoten in einen ofenfesten Topf stellen.

5. Auf jede Schote eine Scheibe Speck legen und die Fleischbrühe vorsichtig rundherum gießen. Im vorgeheizten Backofen bei 200 Grad (Gas 3) 45 Minuten garen.

6. Paprikaschoten aus der Brühe nehmen und warm stellen. Butter oder Margarine in einem Topf schmelzen lassen, Mehl einrühren und anschwitzen, dann die Brühe zugießen. Paprikamark und Sahne unterrühren. Mit Salz, Pfeffer und Zitronensaft abschmecken und noch mal 5 Minuten kochen lassen. Mit den Paprikaschoten servieren.

Vorbereitungszeit: 45 Minuten
Garzeit: insgesamt 70 Minuten
Umluft: nicht geeignet!
Pro Portion ca. 51 g Eiweiß, 51 g Fett, 47 g Kohlenhydrate = 3691 Joule (882 Kalorien)

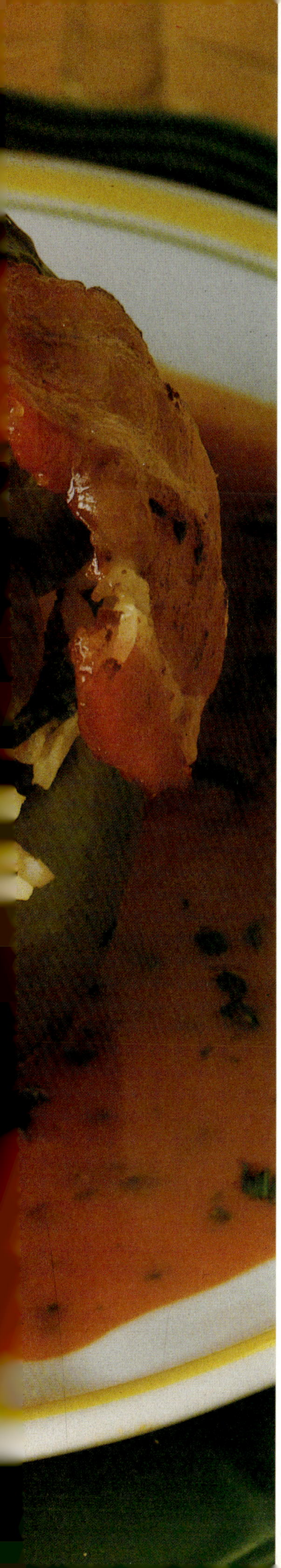

Paprikagemüse

Für 4 Portionen:

- 2 gelbe Paprikaschoten (ca. 250 g)
- 1 grüne Paprikaschote (ca. 250 g)
- 1 Gemüsezwiebel (250 g)
- 4 El Öl
- 1–2 Knoblauchzehen
- 2 Lorbeerblätter
- abgeriebene Schale 1 unbehandelten Zitrone
- 2 El Zitronensaft
- 1 Bund Thymian (ersatzweise ca. 1 Tl getrockneter)
- Salz, Pfeffer a. d. Mühle
- 1 Bund glatte Petersilie

1. Paprikaschoten halbieren, entkernen, waschen und grob zerschneiden. Zwiebel pellen, vierteln und längs in Scheiben schneiden.

2. Öl in einem Topf erhitzen. Zwiebel und Paprikaschoten zugeben und darin glasig dünsten.

3. Knoblauch pellen und mit der Knoblauchpresse dazupressen. Mit Lorbeer,

Zitronenschale und -saft, Thymian, Salz und Pfeffer würzen und das Ganze zugedeckt bei milder Hitze 20 Minuten garen, abschmecken.

4. Das Gemüse auf einer Platte anrichten. Petersilie von den Stielen zupfen und darüberstreuen.
Dazu passen Spiegeleier.

Vorbereitungszeit: 15 Minuten
Garzeit: 20 Minuten
Pro Portion ca. 2 g Eiweiß, 10 g Fett, 13 g Kohlenhydrate = 693 Joule (165 Kalorien)

Ungarisches Fischragout

Für 4 Portionen:

- 1 Gemüsezwiebel (400 g)
- je 1 rote und grüne Paprikaschote
- 20 g Butter oder Margarine
- 1/8 l Brühe (Instant)
- 4 El Weißwein
- 200 g Crème fraîche
- 500 g Kabeljaufilet
- 2–3 El Zitronensaft
- Salz, Pfeffer a. d. Mühle
- 2 Tl Paprikapulver
- 30 g Butterschmalz
- 4 El Paprikamark
- 2 El Saucenbindemittel (hell)

1. Halbierte Zwiebel in Scheiben, geputzte Paprika-

schoten in Stücke schneiden.

2. Butter oder Margarine schmelzen. Zwiebel, Paprika andünsten, Brühe, Weißwein und Crème fraîche angießen, zugedeckt 5 Minuten garen lassen.

3. Fisch mit Zitronensaft, Salz, Pfeffer, Paprikapulver würzen, würfeln, in Butterschmalz 5 Minuten braten.

4. Paprikamark zum Gemüse geben. Saucenbindemittel einstreuen, noch mal aufkochen, salzen und pfeffern.

5. Fischfilet unters Gemüse heben, mit Reis servieren.

Vorbereitungszeit: 30 Minuten
Garzeit: 15–20 Minuten
Pro Portion ca. 25 g Eiweiß, 32 g Fett, 22 g Kohlenhydrate = 2118 Joule (506 Kalorien)

Italienisches Paprikagemüse

Für 4 Portionen:

- 500 g Fleischtomaten
- 500 g Gemüsezwiebeln
- 500 g Kartoffeln
- 500 g Paprikaschoten (gelb, rot und grün)
- Salz, Pfeffer a. d. Mühle
- $\frac{1}{8}$ l Olivenöl (kalt gepreßt)

1. Die Stielansätze kegelförmig aus den Tomaten herausschneiden. Die Tomaten mit kochendem Wasser überbrühen, mit kaltem Wasser abschrecken, dann häuten.

2. Die Zwiebeln pellen, die Kartoffeln schälen und waschen.

3. Die Paprikaschoten in

vier Teile schneiden, putzen und waschen.

4. Alle Gemüse in nicht zu kleine Stücke schneiden und in einen Topf geben. Mit Salz und Pfeffer würzen, das Öl darübergießen. Das Gemüse bei milder Hitze ungefähr 45 Minuten garen lassen. Zwischendurch vorsichtig umrühren. Gemüse lauwarm servieren. Dazu paßt gebratenes Rindfleisch in dünnen Scheiben.

Vorbereitungszeit: ca. 50 Min.
Garzeit: 45 Minuten
Pro Portion ca. 5 g Eiweiß, 31 g Fett, 37 g Kohlenhydrate = 2001 Joule (478 Kalorien)

PAPRIKA aktuell

1. Roter Paprika: *Süß und fruchtig, saftiges Fruchtfleisch.*

2. Grüner Paprika: *Der herbeste von allen, mit festem Fleisch und harter Haut.*

3. Gelber Paprika: *Lieblich süß, saftiges Fruchtfleisch.*

4. Schwarzer Paprika: *Dekorative neue Sorte. Allerdings: Die Farbe verliert sich durch Erhitzen.*

5. Weißer Paprika: *Besonders angenehm zum Roh-Essen, weil seine Haut relativ dünn ist.*

6. Tomatenpaprika: *Leider viel zu selten bei uns angeboten. Die fruchtigste und saftigste von allen Sorten.*

Ursprünglich ein Tropengemüse

Wie Tomaten und Kartoffeln, stammt auch der Paprika aus der Neuen Welt. Die spanischen Eroberer brachten auch dieses Nachtschattengewächs, übrigens eine der ältesten Kulturpflanzen der Indianer, mit nach Europa.
Inzwischen wächst er überall in den wärmeren Gegenden Europas und Asiens. Der nahe Verwandte der Chilies und des Gewürzpaprikas braucht Wärme, um richtig reif zu werden. Der Paprika, der bei uns angeboten wird, ist darum immer Importware.
Jeder Paprika ist grün, solange er noch nicht voll reif ist. Erst mit zunehmender Reife werden die Früchte weißlich, gelb oder rot. Reif werden aber können sie nur, solange sie am Strauch hängen. Ein roter oder gelber Paprika hat also wesentlich länger am Strauch gehangen und mehr Pflege beansprucht als eine grüne Schote.
Außerdem haben reife Paprikaschoten ein wesentlich empfindlicheres Fruchtfleisch als die grünen. Sie sind aufwendiger im Transport und verderben schneller. Und natürlich läßt sich der Händler dieses Risiko und diesen Mehraufwand vom Käufer entsprechend bezahlen.

Keine Schote mit Faulstellen nehmen!

Paprikaschoten sind ein denkbar unkompliziertes Gemüse. Beim Kauf müssen Sie nur darauf achten, daß Sie glatte, feste Schoten bekommen, die nicht welk sind und keine Faulstellen haben. Denn schon die kleinste Faulstelle kann den Geschmack einer ganzen Frucht verderben.

So lagern Sie Paprikaschoten

Paprikaschoten können Sie im Gemüsefach des Kühlschranks unbeschadet ein paar Tage lagern. Aber denken Sie immer daran: Die roten, gelben und weißen Schoten sind leichter verderblich, sie sollten möglichst schnell verbraucht werden.

Paprika häuten – kein Problem

Manchen Leuten liegt Paprika schwer im Magen. Schuld daran ist meist die durchsichtige, zähe Haut, die das Fruchtfleisch umgibt. Mit einem einfachen Trick schafft man es aber,

PAPRIKASCHOTEN: GESUNDES GEMÜSE

Paprikaschoten sind ein besonders gesundes Gemüse. Sie enthalten nur 28 Kalorien pro 100 g Fruchtfleisch, haben aber mehr Vitamin C als jedes andere Gemüse (in den grünen Schoten stecken pro 100 g ca. 140 mg). Daneben enthalten Paprikaschoten reichlich Vitamin A und B und Vitamine der B-Gruppe. Übrigens: Es ist nicht gleich, welche Paprika Sie nehmen: In den reifen Schoten ist der Vitamingehalt (vor allem was Vitamin C angeht) doppelt so hoch wie in den grünen.

diese Haut zu entfernen. Man legt die geputzten, halbierten Schoten auf ein Backblech und läßt sie so lange unter dem Grill rösten, bis die Haut schwarz ist. Dann nimmt man sie auf dem Blech heraus und bedeckt sie kurze Zeit mit einem feuchten Handtuch. Danach läßt sich die Haut bequem abziehen. Solche gehäuteten Schoten schmecken an feinen Salaten, vor allem aber auf italienische Art mit Knoblauch, Mittelmeerkräutern und etwas Essig in Olivenöl eingelegt.

Das paßt zu Paprika

Paprika läßt sich gut mit vielen anderen Gemüsen kombinieren. Geschmort schmeckt er besonders gut mit Tomaten und Zwiebeln. Daneben paßt er gut zu Auberginen und Zucchini. Und in Ungarn kombiniert man ihn mit Kohl und Sauerkraut, was ihm großartig bekommt. Roher Paprika paßt zu fast allen Salatzutaten, vom Staudensellerie bis hin zu Gurken und Tomaten.

Besonders gut mit Mittelmeerkräutern

Rohe Schoten schmecken mit allen frischen Salatkräutern.
Den geschmorten Schoten aber merkt man doch an, daß sie ein Gemüse der südlichen Regionen sind. Ihnen bekommen Mittelmeergewürze wie Rosmarin, Thymian und Knoblauch.

ERST PUTZEN, DANN WASCHEN

Diese Regel sollten Sie besonders bei Paprika beachten. Nur so spülen Sie alle in der Frucht steckenden Kerne heraus. Die haben es nämlich mitunter in sich: Sie können so scharf sein wie Chilischoten.

Eingelegte Paprikaschoten

1 kg Paprikaschoten
80 g Meerrettich
3 Zwiebeln
$^3/_4$ l Weinessig
250 g Zucker
2 Lorbeerblätter
1 Tl Salz
10 Pfefferkörner

Paprikaschoten vierteln, Kerne, Stiele und Scheidewände entfernen und waschen. Eventuell unter dem Grill bräunen, dann häuten oder rohe Schoten verwenden. Die Viertel in gut gesäuberte Gläser füllen.
Meerrettich schälen und grob hacken. Die Zwiebeln abziehen und in Viertel schneiden. Mit dem Weinessig, dem Zucker, den beiden Lorbeerblättern, dem Salz und den Pfefferkörnern einmal aufkochen lassen. Dann heiß über die Paprikaviertel schütten. Die Gläser gut verschließen. Dunkel aufbewahren. Eingelegter Paprika schmeckt als Vorspeise oder zu kurzgebratenem Fleisch oder zum Fondue.

Paprika zum Füllen vorbereiten

Wenn Sie Paprika füllen wollen, schneiden Sie am Stielansatz einen Deckel ab und drehen ihn dann mitsamt dem Kernbestand heraus.

Paprika für Gemüse und Salat putzen

Wenn Sie die Schoten für Gemüse oder Salat verwenden wollen, halbieren Sie sie längs und schneiden mit einem Messer Kerne und Trennhäute heraus.

PFIRSICHE

Seinen Namen verdankt der Pfirsich, der ursprünglich aus China stammt, Alexander dem Großen. Der entdeckte die saftigen Früchte nämlich auf einem seiner Eroberungszüge in Persien und nannte sie persische Pflaumen (lat. Prunus persicum), woraus dann später unser Wort Pfirsich wurde. Aber Alexander tat noch mehr: Er nahm die Früchte auch mit nach Hause und gab somit den Anstoß dazu, daß heute Pfirsiche rund um das ganze Mittelmeer wachsen.

Karamelisierte Pfirsiche

Für 4 Portionen:

- 4 Pfirsiche (insgesamt ca. 800 g)
- 1 Paket Vanillepudding (zum Kochen)
- Milch (nach Vorschrift auf der Packung)
- 3 El Orangenlikör
- 1 Eigelb
- 50 g Haselnüsse
- 50 g Zucker

1. Pfirsiche mit kochendem Wasser überbrühen, kalt abschrecken, pellen, halbieren und entsteinen.

2. Vanillepudding mit Milch nach Vorschrift auf der Packung zubereiten, aber keinen Zucker zugeben. Orangenlikör und Eigelb unter den fertigen Pudding rühren.

3. Haselnüsse hacken und ebenfalls in den Pudding geben. Den Pudding dann in eine flache, ofenfeste Form streichen, die Pfirsichhälften darauf verteilen.

Mit dem Zucker bestreuen.

4. Im vorgeheizten Backofen auf der zweiten Einschubleiste von oben bei 250 Grad (Gas 5) oder unter dem Grill 5–10 Minuten karamelisieren. Heiß servieren.

Vorbereitungszeit: 20 Minuten
Garzeit: 10 Minuten
Umluft: 5–10 Min. bei 225 Grad
Pro Portion ca. 3 g Eiweiß, 9 g Fett, 46 g Kohlenhydrate = 1341 Joule (320 Kalorien)

Gedünstete Pfirsichspalten mit Rum-Makronen

Für 4 Portionen:

4 reife Pfirsiche (ca. 800 g)

1/8 l Weißwein

150 g Makronen

4 El Rum

1 Becher Schlagsahne (200 g)

1 Paket Vanillinzucker

1 Paket Walnußeis (500 ml)

1. Pfirsiche mit kochendem Wasser überbrühen, kalt abschrecken, häuten, halbieren und in Spalten vom Stein schneiden.

2. Die Pfirsichspalten in dem Weißwein bei milder Hitze 5 Minuten dünsten, zum Abkühlen beiseite stellen. Die Makronen mit dem

Rum beträufeln.

3. Sahne halbsteif schlagen, Vanillinzucker zugeben.

4. Die Pfirsichspalten, das Eis, die Sahne und die Makronen in Gläser schichten und sofort servieren.

Vorbereitungszeit: 20 Minuten
Garzeit: 5 Minuten
Pro Portion ca. 10 g Eiweiß, 40 g Fett, 67 g Kohlenhydrate = 3307 Joule (791 Kalorien)

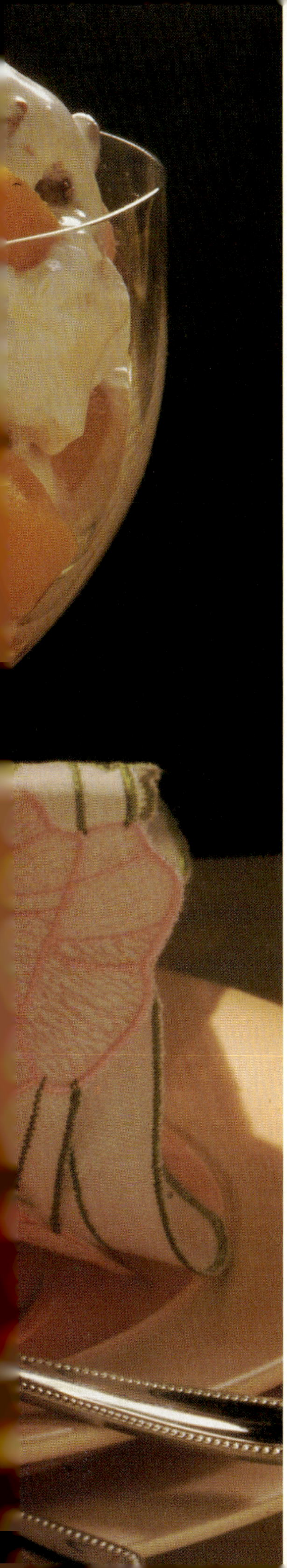

Hähnchenbrustfilet mit Pfirsichsauce

Für 4 Portionen:
2 Pfirsiche (ca. 400 g)
1 Zwiebel
30 g Butter oder Margarine
100 ccm Weißwein
100 ccm Schlagsahne
1 El Zitronensaft, Salz
Pfeffer, 1 Prise Zucker
1 Tl Currypulver
2 Hähnchenbrustfilets (ca. 600 g), 1 El Öl

1. Pfirsiche mit kochendem Wasser überbrühen, abschrecken, pellen und das Fleisch in Spalten vom Stein schneiden.

2. Zwiebel pellen, fein würfeln und in der Butter oder Margarine glasig werden lassen. Pfirsichspalten zugeben, mit Weißwein und Sahne auffüllen und 10 Minuten leise kochen lassen.

3. Mit Zitronensaft, Salz, Pfeffer, Zucker und Curry würzen. Einige Spalten beiseite stellen, den Rest in der Sauce mit dem Schneidstab des Handrührers pürieren. Restliche Pfirsichspalten wieder in die Sauce geben.

4. Hähnchenbrustfilets in heißem Öl von beiden Seiten anbraten, dann 8 Minuten weiterbraten, mit Salz und Pfeffer würzen.

5. Den Bratfond mit in die Sauce geben, abschmecken. Fleisch in Scheiben schneiden und mit der heißen Sauce servieren.
Dazu paßt Reis.

Vorbereitungszeit: 30 Minuten
Garzeit: 20 Minuten
Pro Portion ca. 29 g Eiweiß, 15 g Fett, 14 g Kohlenhydrate = 1534 Joule (366 Kalorien)

Pfirsiche und Nektarinen sind enge Verwandte. Der wichtigste Unterschied: Pfirsiche haben eine samtige, Nektarinen eine glatte Haut.

PFIRSICHE aktuell

Von Mohammeds Ärzten verflucht

Er heißt zwar mit botanischem Namen „Prunus persica", persische Pflaume. Und auch sein deutscher Name „Pfirsich" läßt sich auf diese Bezeichnung zurückführen. In Wirklichkeit stammt die saftige Steinfrucht mit der Samthaut aber nicht aus Persien, ihre Urheimat ist China, wo man sie nachweislich schon 2000 Jahre vor Christi Geburt schätzte, übrigens nicht nur ihres guten Geschmacks wegen. Man machte aus dem Fruchtfleisch einen begehrten Hautbalsam, den die Damen der Han-Dynastie für leichte Massagen verwendeten.

In Persien allerdings lernten die Griechen unter Alexander dem Großen die Pfirsiche dann kennen. Sie nahmen sie natürlich mit nach Griechenland, und bald wurden Pfirsichbäume im ganzen Mittelmeerraum angebaut. Ihre Ausbreitung geriet allerdings einmal ernsthaft in Gefahr: durch die Ärzte Mohammeds, die glaubten nämlich, Pfirsiche verursachen Magenfäule, und belegten sie mit einem Bannfluch. Da die arabischen Ärzte auch im christlichen Abendland einen unbestrittenen Ruf genossen, wurden Pfirsiche im Mittelalter kaum mehr angebaut. Bis – zum Glück – die Ärzte der Medizinschule von Salerno sie im 13. Jahrhundert wieder rehabilitierten.

Pfirsiche für die Sommerkur

Heute glaubt keiner mehr, daß Pfirsiche der Gesundheit schaden. Ganz im Gegenteil! Pfirsiche sind reich an Vitaminen und Mineralstoffen. In 100 g Fruchtfleisch stecken zum Beispiel 75 μg Vitamin A, 27 μg Vitamin B_1 und 50 μg Vitamin B_2, daneben 205 mg Kalium und 23 mg Phosphor.

Dank ihrer Fruchtsäuren wirken sie harntreibend und eignen sich hervorragend für eine sommerliche Entschlackungskur. Ihr Kaloriengehalt: In 100 g Fruchtfleisch stecken 46 Kalorien.

Allerdings: Die meisten Vitamine (wie übrigens auch Aromastoffe) sitzen direkt unter der Schale. Darum sollte man die Pfirsiche heiß waschen und mitsamt der Schale essen.

Nur in einem hatten die arabischen Ärzte sicherlich

Pfirsiche häuten: erster Schritt

Manchen stört Pfirsichhaut. Darum sollte man sie für feine Desserts entfernen. Man gibt die Früchte kurz in kochendes Wasser und schreckt sie dann ab.

Pfirsiche häuten: zweiter Schritt

Wenn die Pfirsiche abgeschreckt sind, kann man problemlos die Haut abziehen. Sie löst sich, wie bei blanchierten Tomaten, fast von allein.

recht: Der im Stein enthaltene Kern ist gesundheitsschädlich, wenn man ihn roh ißt. Er enthält nämlich wie Bittermandeln Blausäure, die allerdings durch Hitze abgebaut wird.

Pfirsich oder Nektarine

Es gibt viele unterschiedliche Pfirsichsorten. Die meisten, die heute bei uns angeboten werden, sind groß und gelbfleischig. Weil diese Sorten nämlich appetitlicher aussehen, werden sie bevorzugt. Vor allem aber, weil sie robuster sind als die weißfleischigen Sorten und darum den Transport aus den Erzeugerländern Italien, Griechenland und Frankreich besser überstehen. (Pfirsiche bei uns in Deutschland anzubauen ist nämlich ein Risiko, weil sie, ähnlich wie Aprikosen, viel Sonne brauchen.)
Allerdings: Die weißfleischigen Sorten schmecken in der Regel aromatischer als die gelbfleischigen. Darum zugreifen, wenn sie angeboten werden.
Neben den samthäutigen Pfirsichen wird die glatthäutige Nektarine immer populärer. Sie ist eine Kreuzung aus Pfirsich und Pflaume und hat alle Vorzüge von beiden Eltern: intensives Pfirsicharoma, dabei eine glatte Schale und festes Fruchtfleisch wie Pflaumen.

BESONDERS APART MIT CURRY

Pfirsiche schmecken nicht nur zu süßen, sondern auch zu salzigen Gerichten, zum Beispiel mit Huhn, Ente oder Lammfleisch. Besonders apart ist die Kombination von Pfirsich, Fleisch und Curry. In der Hauptsache verwendet man sie aber zu süßen Gerichten, zu Obstsalaten, Kompotts, als Kuchenbelag und im Rumtopf. Und das sind die Gewürze, die besonders gut zu süßen Pfirsichgerichten passen: Vanillezucker, gehackte Nüsse, Obstgeist, Rum und Obstliköre.

Erfrischend: Kullerpfirsich

Zu diesem aparten Sommerdrink brauchen Sie kleine, möglichst reife Pfirsiche, große Gläser oder Schalen, in denen die Pfirsiche bequem Platz haben, und trockenen Sekt. Und so wird es gemacht: Pfirsiche mit einer Gabel von allen Seiten einstechen, in die Gläser einlegen und mit gut gekühltem Sekt auffüllen. Dann beginnen die Pfirsiche zu „kullern".

Reife Früchte erkennt man am Duft

Einem Pfirsich kann man seine Reife nicht von außen ansehen. Es gibt nämlich Sorten mit hellem Fruchtfleisch, die auch bei Vollreife blaß sind, und daneben Sorten mit intensiv gelbem Fleisch, die schon in unreifem Zustand appetitlich rote Backen haben. Den Reifezustand eines Pfirsichs erkennt man aber am Duft und durch einen Drucktest. Das Fruchtfleisch muß auf leichten Druck nachgeben. Harte Früchte reifen zwar unter Umständen nach, wenn man sie ein bis zwei Tage bei Zimmertemperatur liegen läßt; aber nur dann, wenn sie **hartreif** und nicht **unreif** geerntet wurden. Wenn sie zu früh vom Baum geholt wurden, werden sie durch längeres Lagern nur welk und schrumpelig, ohne Aroma zu gewinnen.

UMGANG MIT PFIRSICHEN

Reife Pfirsiche sollte man so schnell wie möglich verbrauchen. Allerhöchstens 48 Stunden im Gemüsefach des Kühlschranks können sie unbeschadet überstehen. Eine halbe Stunde vor Verzehr sollte man sie aus dem Kühlschrank nehmen, damit sie ihr Aroma voll entfalten. Läßt man Pfirsiche längere Zeit aufgeschnitten stehen, sollte man sie mit etwas Zitronensaft beträufeln, damit sie nicht anlaufen.

Pfirsiche in Spalten schneiden

Wenn man die Pfirsiche in Spalten schneiden will, löst man mit einem scharfen Messer Segment um Segment des Fruchtfleisches vom Stein.

Pfirsiche einfrieren

Pfirsiche friert man in Spalten ein. Sie werden mit Zitronenwasser beträufelt und dann mit einer Lösung aus 1 l Wasser und 450 g Zucker eingefroren.

PFLAUMEN

Die Pflaumen sind eine große Familie. Es gibt mehr als 2000 Sorten: die Eierpflaumen und die Sommerpflaumen, die Mirabellen und die Renekloden, vor allem aber die blauen aromatischen Zwetschgen. Sie sind die Stars der bunten Pflaumenfamilie, denn sie lassen sich am vielseitigsten verwenden – für Kuchen oder Kompott, zum Einlegen oder für Pflaumenmus. Die anderen Familienmitglieder ißt man am besten aus der Hand.

Eierpfannkuchen mit Zwetschgenfüllung

Für 4 Portionen:

- 500 g Zwetschgen
- 2–3 El Zucker
- abgeriebene Schale 1 unbehandelten Zitrone
- 1 El Zitronensaft, Zimt
- 1 Tl Speisestärke
- 2 El Rotwein, 75 g Mehl
- 2 Eier (getrennt), 1/8 l Milch
- Salz, 1 Prise Zucker
- 40 g Butter oder Margarine
- 1/8 l Schlagsahne
- 1 El Zucker

1. Die Zwetschgen waschen und entsteinen.

2. Zucker in einen Topf geben und unter gelegentlichem Rühren hellbraun werden lassen. Die Zwetschgen zugeben und unterrühren. Mit Zitronenschale und -saft und Zimt würzen. Speisestärke in dem Rotwein auflösen, zum Kompott gießen und einmal aufkochen.

3. Für die Eierkuchen Mehl, Eigelb, Milch, Salz und Zucker in einer Schüssel verrühren. Eiweiß sehr steif schlagen und vorsichtig unterziehen.

4. 10 g Butter oder Margarine in einer Pfanne schmelzen lassen. 1/4 der Teigmenge hineingeben und goldbraun braten, wenden. Dann von der anderen Seite braten. Mit dem restlichen Teig ebenso verfahren.

5. In jeden Pfannkuchen 1/4 des Zwetschgenkompotts füllen. Pfannkuchen überklappen.

6. Sahne mit Zucker und Zimt steif schlagen. Zu dem Pfannkuchen geben.

Vorbereitungszeit: 45 Minuten
Garzeit: 3–4 Minuten pro Pfannkuchen-Seite
Pro Portion ca. 8 g Eiweiß, 23 g Fett, 55 g Kohlenhydrate = 2139 Joule (511 Kalorien)

Zwetschgen-Roulade

Für 4 Portionen:

- 250 g Zwetschgen
- 100 g Mehl
- ¼ l Milch
- Salz
- 2 El Zucker
- 3 Eier (getrennt)
- Butter oder Margarine fürs Blech
- 3 El Zimtzucker
- 1 Paket Vanille-Eis

1. Zwetschgen waschen, entsteinen und vierteln.

2. Backofen und Backblech auf 225 Grad (Gas 4) vorheizen. Mehl mit der Milch glattrühren, 1 Prise Salz, 1 El Zucker und 3 Eigelb unterrühren.

3. Eiweiß mit einer Prise Salz und 1 El Zucker steif schlagen. Das heiße Blech aus dem Ofen nehmen, fetten, den Teig daraufgießen und glattstreichen. Zwetschgen darauf verteilen. Den Eischnee mit einem Löffel in Schollen auf den Teig setzen und den Zimtzucker darüberstreuen. Blech auf die 2. Einschubleiste von unten des Backofens schieben und 12 Minuten backen.

4. Den heißen Eierkuchen sofort aufrollen und in

Scheiben schneiden. Mit Vanille-Eis servieren.

Vorbereitungszeit: 10 Minuten
Garzeit: 12 Minuten
Umluft: 14 Minuten bei 200 Grad (Backofen vorheizen!)
Pro Portion ca. 12 g Eiweiß, 15 g Fett, 62 g Kohlenhydrate = 1861 Joule (444 Kalorien)

Zwetschgenklöße mit Mohnbutter

Für 4 Portionen:

8 Zwetschgen

8 Stücke Würfelzucker

1 Paket gekochte Klöße

Salz, 80 g Butter

3 El gemahlener Mohn

1. Zwetschgen waschen, entsteinen und mit Würfelzucker füllen.

2. Inhalt der Packung mit einem Schneebesen in ½ l Wasser rühren, 5 Minuten quellen lassen.

3. 8 Knödel formen, in jeden eine Zwetschge drücken

und mit dem Teig umschließen. Klöße in kochendes Salzwasser geben und 20 Minuten ziehen lassen, nicht kochen!

4. Butter aufschäumen lassen, Mohn hineingeben, über die Klöße gießen.

Vorbereitungszeit: 20 Minuten
Garzeit: 20 Minuten
Pro Portion ca. 6 g Eiweiß, 20 g Fett, 64 g Kohlenhydrate = 2003 Joule (480 Kalorien)

Schupfnudeln mit Pflaumenkompott

Für 4 Portionen:
500 g Kartoffeln
1 kg Pflaumen
½ l Weißwein
10 El Zucker
5 Nelken, 1 Zimtstange
3 Tl Speisestärke
1 Ei, 70 g Grieß
3 El Mehl, Salz
Muskat, 50 g Butter
1 Tl Zimtpulver

1. Kartoffeln am Vortag in der Schale garen.

2. Pflaumen waschen, halbieren, entsteinen. ½ l Wasser, Wein, 8 El Zucker, Nelken, Zimtstange aufkochen, Pflaumen 5 Minuten kochen.

3. Speisestärke mit 2 El Wasser anrühren, unter das Kompott rühren, aufkochen.

4. Gepellte Kartoffeln durch die Presse drücken, mit Ei, Grieß, Mehl, Salz und Muskat zu einem Teig kneten.

5. Auf bemehlter Fläche kleine Stücke vom Teig abstechen, mit bemehlten Händen Nudeln daraus rollen.

6. Reichlich Salzwasser in einem breiten Topf aufkochen. Nudeln portionsweise darin gar ziehen lassen. Wenn sie an die Oberfläche schwimmen, mit der Schaumkelle rausnehmen, auf einem Tuch abtropfen lassen.

7. Nudeln in Butter goldbraun braten. 2 El Zucker mit Zimt mischen, auf die Nudeln streuen. Mit Pflaumenkompott servieren.

Vorbereitungszeit: 1¼ Stunden
Garzeit: insgesamt 20 Minuten
Pro Portion ca. 9 g Eiweiß, 13 g Fett, 115 g Kohlenhydrate = 3069 Joule (733 Kalorien)

Zwetschgenknödel mit Pflaumensauce

Für 4 Portionen:

2 Pakete Quark-Knödel mit Zwetschgen (à 4 Stück)

600 g Pflaumen

5 El Zucker

2 Tl Speisestärke

$\frac{1}{8}$ l Schlagsahne

2 Tl Mohn (gemahlen)

60 g Butter oder Margarine

1. Die Zwetschgenknödel nach Vorschrift auf der Packung zubereiten und abkühlen lassen.

2. Die Pflaumen entsteinen und vierteln, zusammen mit 2 El Wasser und dem Zukker zugedeckt 10 Minuten garen. 8 Pflaumenstücke zur Seite legen.

3. Speisestärke in 2 El Wasser glattrühren, zu den Pflaumen geben und nochmals 2 Minuten kochen. Danach das Kompott mit dem Schneidstab des Handrührers pürieren und mit der Sahne verrühren.

4. Die Knödel mit nasser Messerklinge in Scheiben schneiden. Den Mohn in der Butter oder Margarine in der Pfanne kurz aufschäumen lassen, Knödelschei-

ben darin von beiden Seiten goldbraun braten. Mit der Pflaumensauce und den Pflaumenstücken anrichten.

Vorbereitungszeit: 20 Minuten
Garzeit: 20 Minuten
Pro Portion ca. 8 g Eiweiß, 25 g Fett, 61 g Kohlenhydrate = 2151 Joule (512 Kalorien)

PFLAUMEN aktuell

1

2

*Sie alle gehören zur Familie der Pflaumen: die rundlich-ovale, im September reifende Hauspflaume mit violetter Haut und gelbem Fruchtfleisch (oben), die länglich-ovale **Zwetschge** mit eher spitz zulaufenden Enden und kaum ausgeprägter Fruchtnaht **(1)** und die kugelrunden, außen grünen, sehr aromatischen **Renekloden (2)**.*

Mehr als 2000 Sorten

Wie kaum eine andere Frucht hat die Pflaume Gärtner und Botaniker dazu inspiriert, immer neue Sorten heranzuziehen. So berichtet zum Beispiel der römische Gelehrte Plinius von höchst sonderbaren Experimenten. In einigen Provinzen, so schreibt er, züchte man Pflaumen mit Nußaroma, Pflaumen mit Apfelaroma und Mandelpflaumen. Auch wenn diese Züchtungsversuche letzten Endes ein Mißerfolg wurden – die Bilanz der Pflaumenzüchter seit Plinius' Tagen ist recht beachtlich: Es gibt heute mehr als 2000 Pflaumensorten.

Von der Mirabelle zur Zwetschge

Von den 2000 Sorten, die zur Pflaumenfamilie gehören, braucht man als Verbraucher nur einen winzigen Teil zu kennen. Als erstes natürlich die Gruppe, die der gesamten Familie den Namen gegeben hat: die Pflaumen selbst.

Zu den **Pflaumen** im engeren Sinne zählen längliche, runde und ovale Sorten, die vor allem an drei Merkmalen zu erkennen sind: Sie alle sind an den Enden nicht spitz, sondern abgerundet, haben eine Fruchtnaht, und ihr Kern sitzt fest am Fruchtfleisch.

Zu dieser Gruppe zählen zum Beispiel die frühen Sommerpflaumen und die dicken, saftigen Eierpflaumen. Vor allem diese frühen Pflaumen eignen sich nur

Pflaumen entsteinen

Besonders zu empfehlen für Pflaumenkuchen ist der Pflaumenentsteiner. Er schneidet das Fruchtfleisch fächerförmig auf. Es läßt sich so besser auf den Teig legen.

Pflaumen blanchieren

Manche Leute vertragen die bei einigen Sorten recht zähe Pflaumenhaut nicht. Dann sollte man die ganzen Früchte kurz blanchieren, abschrecken und häuten.

zum Rohessen. Denn sie haben sehr weiches, stark wasserhaltiges Fruchtfleisch. (Besser zum Kochen geeignet sind die im September reifenden violetten Hauspflaumen.)

Mirabellen. Die kaum mehr als kirschgroßen, goldgelben Früchte, die ab August reif werden, sind leider kaum mehr zu haben. Sie sind gekocht wie roh sehr süß und aromatisch.

Renekloden. Sie haben eine grüngelbe Haut und helles Fruchtfleisch. Sie schmekken ebenso aus der Hand wie als Kompott. Auch sie werden leider immer seltener angebaut.

Zwetschgen. Unsere normalen Haus-Zwetschgen sind die spätesten von allen Pflaumen.

Zwetschgen haben spitze Enden, keine Fruchtnaht und ihr Fleisch haftet nicht am Stein. Sie sind also leicht zu entsteinen. Sie weisen außerdem von allen Pflaumensorten den niedrigsten Wasser- und den höchsten Fruchtzuckergehalt auf. Sie sind darum auch am vielseitigsten in der Küche zu verwenden.

PFLAUMENMUS IM BACKOFEN

1 kg vorbereitete Pflaumen auf die Saftpfanne des auf 150 Grad vorgeheizten Backofens geben. Zimtstange und 50 g Zucker unterrühren. Ofentür mit Hilfe eines Kochlöffels einen Spalt offen lassen. 30 Minuten ohne zu Rühren garen lassen. Dann wieder 50 g Zucker unterrühren und so weiter, bis insgesamt 200 g Zucker verbraucht sind. Das heiße Mus in gut gesäuberte Gläser füllen. Mit Rum beträufeln und gut verschließen.

Bühler Frühzwetschgen. Da aber die Pflaumenzüchter das Züchten nicht lassen können, gibt es inzwischen natürlich auch Kreuzungen zwischen Pflaumen und Zwetschgen. Die wichtigste ist die Bühler Frühzwetschge, die eher wie eine Pflaume aussieht, die aber die „inneren Werte“ der Zwetschge behalten hat.

Die runzligen fürs Pflaumenmus

Daß Pflaumen immer frisch und prall aussehen müssen, wenn Sie sie kaufen, versteht sich von selbst. Solche frischen Pflaumen halten sich übrigens ein paar Tage im Gemüsefach des Kühlschranks. Voraussetzung ist allerdings, daß Sie sie nicht waschen. Die Pflaumenhaut ist nämlich von einer wachsartigen Schicht umgeben. Dieser „Reif“ verhindert, daß die Frucht zu schnell welk wird.

Wenn Sie aber Pflaumenmus einkochen wollen, dann sollten Sie Früchte bevorzugen, die am Stielansatz schon leicht runzlig sind.

Diese Früchte haben das meiste Aroma, und auf Vitamine kommt es bei Pflaumenmus ja nicht an.

So vielseitig sind Pflaumen

Die späten Pflaumensorten, die Bühler Frühzwetschgen und vor allem die Hauszwetschgen, schmecken nicht nur als Kompott, als Kuchenbelag, zu Marmelade und Mus verarbeitet. Süß-sauer in Essig oder in Rotwein eingelegt sind sie auch eine pikante Beilage zu Wild und kräftigem Braten. Sie harmonieren mit Zimt, Zitronenschale, Vanille, Nelken und Sternanis.

Vielseitig: getrocknete Pflaumen

Die Pflaumensaison ist zwar nur kurz, aber Pflaumen lassen sich ganz ausgezeichnet konservieren. Sie schmecken eingemacht, man kann vor allem Zwetschgen einfrieren (am besten, nachdem man sie halbiert und entsteint hat. Für Kuchenbelag ungezuckert, für Kompott mit Zuckerlösung übergossen). Außerdem gibt es das ganze Jahr über getrocknete Pflaumen zu kaufen, kulinarisch fast noch vielseitiger als die frischen Pflaumen, vor allem, weil sie zu vielen pikanten Gerichten passen, vom deftigen Schweinebraten bis zur berühmten norddeutschen Sauren Suppe.

NATÜRLICHE MEDIZIN

Pflaumen enthalten reichlich Vitamine (A, B und C) und viele Mineralstoffe (vor allem Kalzium, Kalium, Eisen und Magnesium). Und sie sind reich an Fruchtsäuren. Sie wirken sich positiv bei Stoffwechselkrankheiten, Gallen- und Leberleiden aus. Ihr Kaloriengehalt: Auf 100 g Pflaumen entfallen 58 Kalorien.

Pflaumen fürs Mus vorbereiten

Wenn Sie Pflaumen im Backofen zu Mus einkochen wollen, müssen Sie die Früchte zuerst entsteinen und kurz im Topf zusammenfallen lassen.

Pflaumen einfrieren

Besonders Spätpflaumen und Zwetschgen lassen sich ausgezeichnet einfrieren. Dazu werden die Früchte zuvor entsteint und halbiert.

PORREE

Noch im vorigen Jahrhundert fand Alexandre Dumas, Autor der „Drei Musketiere“ und ausgemachter Feinschmecker, der Porree sei eigentlich doch ein sehr derbes und deftiges Gemüse. Inzwischen ist es aber gelungen, Sorten zu züchten, die wesentlich milder schmecken und zarter sind als der Porree des Herrn Dumas. Darum hat heute Porree auf den Speisekarten aller feinen Restaurants einen Ehrenplatz.

Porree-Auflauf

Für 4 Portionen:
- 750 g Kartoffeln
- 750 g Porree, Salz
- 250 g gekochter Schinken
- 40 g Butter oder Margarine
- 30 g Mehl, ¼ l Milch
- ¼ l Rinderbrühe (Instant)
- 125 g Emmentaler (grob geraspelt)
- Pfeffer, 1 Tl Kümmel

1. Kartoffeln schälen und waschen, in Scheiben schneiden. Porree putzen, waschen und in Ringe schneiden.

2. Die Kartoffeln 5–7 Minuten in kochendem Salzwasser blanchieren, dann herausnehmen und abtropfen lassen. Danach den Porree 3 Minuten in dem Wasser blanchieren. Den Schinken in Würfel schneiden.

3. 30 g Butter oder Margarine in einem Topf schmelzen lassen. Mehl einrühren und mit Milch und Brühe auffüllen. Käse zugeben und alles bei milder Hitze unter Rühren leise kochen lassen, bis der Käse geschmolzen ist. Mit Salz, Pfeffer und Kümmel würzen.

4. Eine flache Auflaufform mit dem restlichen Fett ausstreichen, die Kartoffeln

darauf verteilen. Darauf den Schinken und die Hälfte der Sauce geben. Porree darüber verteilen, restliche Sauce darüberstreichen.

5. Im vorgeheizten Backofen bei 200 Grad (Gas 3) 30 Minuten backen.

Vorbereitungszeit: 40 Minuten
Garzeit: 30 Minuten
Umluft: 35–40 Min. bei 175°
Pro Portion ca. 30 g Eiweiß, 28 g Fett, 45 g Kohlenhydrate = 2477 Joule (592 Kalorien)

Porreestangen mit Parmesan

Für 4 Portionen:

1 kg Porree

30 g Butter oder Margarine

Salz, Pfeffer a. d. Mühle

Muskatnuß
(frisch gerieben)

50 g Parmesan
(frisch gerieben)

1. Porree putzen, gründlich waschen und in ca. 8 cm lange Stücke schneiden.

2. Butter oder Margarine in einem Topf schmelzen lassen, den Porree tropfnaß

hineingeben, andünsten und zugedeckt bei milder Hitze etwa 15 Minuten garen.

3. Mit Salz, Pfeffer und Muskat herzhaft würzen und mit geriebenem Parmesan bestreut servieren.
Dazu passen Kalbsschnitzel, Baguette und Weißwein.

Vorbereitungszeit: 15 Minuten
Garzeit: 15 Minuten
Pro Portion ca. 7 g Eiweiß, 9 g Fett, 9 g Kohlenhydrate = 677 Joule (161 Kalorien)

Porreesuppe mit Lachsschinken

Für 4 Portionen:

- 500 g Porree
- 30 g Butter oder Margarine
- ½ l Rindfleischbrühe (Instant)
- 100 g Kräuterschmelzkäse
- ⅛ l Schlagsahne
- Salz, Pfeffer a. d. Mühle
- Muskatnuß (frisch gerieben)
- 100 g Lachsschinken
- 1 Bund glatte Petersilie

1. Porree putzen, gründlich waschen und in Ringe schneiden. In Butter oder Margarine andünsten. Mit der Brühe auffüllen und ungefähr 15 Minuten leise kochen lassen.

2. Etwa ¼ des Porrees herausnehmen und zur Seite stellen. Den restlichen Porree in der Suppe mit dem Schneidstab des Handrüh-

rers pürieren. Käse und Sahne zugeben und alles einmal aufkochen lassen. Mit Salz, Pfeffer und Muskat herzhaft abschmecken.

3. Lachsschinken in feine Streifen schneiden, Petersilie hacken. Zusammen mit den restlichen Porreeringen in die Suppe geben und servieren.

Vorbereitungszeit: 25 Minuten
Garzeit: 20 Minuten
Pro Portion ca. 13 g Eiweiß, 34 g Fett, 11 g Kohlenhydrate = 1891 Joule (451 Kalorien)

Porree in Käsesauce

Für 4 Portionen:
1 kg Porree
½ l Brühe (Instant)
¼ l Milch
2 El helle Mehlschwitze (aus der Packung)
100 g Parmesan (gerieben)
Salz, Pfeffer a. d. Mühle
Muskatnuß (frisch gerieben)
2–3 El Weißwein
½ Bund glatte Petersilie

1. Porree putzen, gründlich waschen, in Stücke schneiden und in der Brühe 8–10 Minuten garen. Die Porreestücke herausnehmen und abtropfen lassen.

2. ¼ l von der Brühe mit der Milch zum Kochen bringen. Die Mehlschwitze einstreuen und noch mal aufkochen. Geriebenen Parmesankäse zugeben und unter Rühren

schmelzen lassen.

3. Die Sauce mit Salz, Pfeffer, Muskat und Weißwein würzen. Petersilie, wenn nötig, waschen und die Blättchen fein hacken.

4. Den Porree in der Sauce erhitzen und mit Petersilie bestreuen.
Zu Porree in Käsesauce paßt gekochter Schinken.

Vorbereitungszeit: 15 Minuten
Garzeit: 15 Minuten
Pro Portion ca. 15 g Eiweiß, 12 g Fett, 16 g Kohlenhydrate = 1018 Joule (243 Kalorien)

Geflügelcremesuppe mit Porree

Für 4 Portionen:
2 Zwiebeln
30 g Butter oder Margarine
1 El Mehl
½ l Hühnerbrühe (Instant)
250 g Porree
⅛ l Schlagsahne
Salz, Pfeffer a. d. Mühle
1 El Zitronensaft
wenig Worcestershiresauce
1 Prise Koriander (gemahlen)
3 El Weißwein, 2 Eigelb
100 g Crème fraîche

1. Zwiebeln pellen, würfeln, im Fett glasig dünsten. Mehl darüberstreuen, anschwitzen, mit Brühe auffüllen.

2. Zugedeckt 10 Minuten kochen lassen. Porree putzen, waschen, in Ringe schneiden.

3. Porree und Sahne zur Suppe geben. 10 Minuten kochen.

4. Mit Salz, Pfeffer, Zitronensaft, Worcestershiresauce und Koriander würzen.

5. Wein und Eigelb verquirlen, mit der Suppe ver-

rühren, nicht mehr kochen lassen.

6. Suppe mit Crème fraîche und Pfeffer garnieren.

Vorbereitungszeit: 10 Minuten
Garzeit: 25 Minuten
Pro Portion ca. 5 g Eiweiß, 29 g Fett, 11 g Kohlenhydrate = 1405 Joule (336 Kalorien)

Gemüsesalat mit Kasseler und Curry-Mayonnaise

Für 4 Portionen:

2 Möhren

200 g Sellerie

2 Porreestangen

Salz

250 g Kasseler-Aufschnitt

1 Glas Mayonnaise (125 g, 50 %)

75 g saure Sahne ($\frac{1}{2}$ Becher)

abgeriebene Schale von 1 unbehandelten Zitrone

1 El Zitronensaft

Pfeffer a. d. Mühle

1 Tl Curry

$\frac{1}{2}$ Bund glatte Petersilie

1. Möhren und Sellerie waschen, putzen. Möhren in Scheiben, Sellerie in kleine Würfel schneiden. Den Porree putzen, längs halbieren, waschen und auch in Scheiben schneiden.

2. Möhren und Sellerie in kochendem Salzwasser 6 Minuten garen, mit der Schaumkelle herausheben, kalt abschrecken.

3. Den Porree im kochenden Wasser 4 Minuten garen, auch abschrecken und abtropfen lassen.

4. Kasseler in Streifen schneiden, mit dem Gemüse in einer Schüssel mischen.

5. Für die Sauce Mayonnaise und saure Sahne verrühren, mit Zitronenschale, Zitronensaft, Salz, Pfeffer und Curry würzen. Sauce zum Salat servieren und mit gehackter Petersilie bestreuen.

Vorbereitungszeit: 30 Minuten
Garzeit: 10 Minuten
Pro Portion ca. 15 g Eiweiß, 36 g Fett, 17 g Kohlenhydrate = 1952 Joule (467 Kalorien)

Kartoffeleintopf mit Porree

Für 4 – 6 Portionen:

- 1 kg Kartoffeln
- 750 g Kasseler mit Knochen
- 30 g Butterschmalz
- 1 l Brühe (Instant)
- 500 g Porree
- Pfeffer a. d. Mühle
- 1 Bund Majoran (ersatzweise 2–3 Tl Majoran, getrocknet)
- Muskatnuß (frisch gerieben)

1. Kartoffeln schälen, waschen, in Würfel schneiden.

2. Kasseler im heißen Butterschmalz rundherum braun anbraten.

3. Kartoffeln zugeben, kurz

andünsten und mit der Brühe auffüllen. Alles zugedeckt 35–40 Minuten garen.

4. Porree putzen, waschen, in Ringe schneiden. Kasseler aus dem Topf nehmen, vom Knochen lösen, in Würfel schneiden. Die Kartoffeln in der Brühe mit dem Schneidstab des Handrührers etwas pürieren.

5. Kasseler und Porree in die Suppe geben und 10 Minuten garen. Den Eintopf kräftig mit Pfeffer, Majoran und Muskat würzen.

Vorbereitungszeit: 20 Minuten
Garzeit: 50 Minuten
Pro Portion (bei 6 Portionen) ca. 24 g Eiweiß, 33 g Fett, 28 g Kohlenhydrate = 2211 Joule (527 Kalorien)

PORREE aktuell

Winterporree hat kürzere, gedrungenere, Sommerporree hat feinere, schlankere Stangen.

Nero war der erste Porree-Fan

Der Porree ist ein Beispiel für die erstaunlichen Fähigkeiten des Altertums auf dem Gebiet der Pflanzenzucht. Die langen aromatischen Stangen kommen nämlich keineswegs wildwachsend in der Natur vor. Sie sind eine Züchtung, wahrscheinlich aus der Perlzwiebel, und zwar eine sehr alte. Schon im assyrischen Reich baute man Porree an, und im alten Ägypten schätzte man ihn als Kraftnahrung für die Sklaven, die beim Pyramidenbau schufteten. Der erste prominente Porree-Fan in der Geschichte war der römische Kaiser Nero. Wie der Historiker Plinius berichtet, machte Nero regelmäßig einmal im Monat einen Porree-Tag. Er hatte nämlich den Ehrgeiz, nicht nur der größte Kaiser, sondern auch der größte Sänger aller Zeiten zu sein, und glaubte, Porree habe die Fähigkeit, eine Stimme noch wohltönender zu machen.

Je länger, desto besser

Porree gehört wie die Zwiebel zu den Liliengewächsen. Bei ihm ist aber die eigentliche Zwiebel kaum ausgebildet. Dafür haben sich seine „Häute" in die Länge gezogen und bilden einen langen weißen Scheinstengel mit schmalen grünen Laubblättern, die bis zu 60 cm lang werden können. Sie werden allerdings gekappt, bevor der Porree in den Handel kommt. Nur den weißen Stengel und die zarten hellgrünen Teile der Blätter braucht man nämlich in der Küche. Die groben, dunkelgrünen Blatteile nimmt man allenfalls für Fonds und Saucen.

Winterporree – Sommerporree

Porree hat zweimal im Jahr Hauptsaison: in den Frühlings- und Sommermonaten und im Winter. Sommerporree ist schlanker, zarter und milder im Geschmack. Winterporree hat einen festeren, gedrungeneren Schaft und einen derberen, intensiveren Geschmack. Während Sommerporree ein zartes Gemüse ist, das auch die feine Küche für sich entdeckt hat, gehört Winterporree eher an deftige Eintöpfe und Suppen.

40 Prozent Abfall

Achten Sie beim Einkauf darauf, daß der Porree keine braunen Stellen hat und die Stangen unbeschädigt sind. Sonst fängt er innerhalb kurzer Zeit an zu faulen.
Denken Sie außerdem daran, daß Sie bei kaum einem Gemüse so viel Abfall haben wie bei Porree. Nur ungefähr 60 Prozent der eingekauften Ware findet sich hinterher als Gemüse oder Suppenwürze im Kochtopf wieder. Kaufen Sie darum immer knapp doppelt soviel Rohware ein, wie Sie hinterher auf den Tisch bringen wollen. Für vier Portionen rechnet man ungefähr 600 g Gemüse als Beilage. Um das zu erhalten, müssen Sie also ein Kilogramm Porree einkaufen. Das sind entweder drei dicke oder ungefähr fünf mitteldicke Stangen.

Überflüssiges Grün abschneiden

Wenn Sie die Porreestangen nicht sofort verwenden, schneiden Sie alles

überflüssige Grün ab und lagern die Stangen trocken und kühl, und zwar möglichst nicht in der Nähe von anderen geruchsempfindlichen Lebensmitteln. Diese würden sonst den intensiven Porreegeruch annehmen.
Lassen Sie einmal geschnittenen Porree nicht lange vor dem Kochen stehen, sonst oxydiert er, riecht penetrant und schmeckt bitter.

Porree: ebensogut fein wie deftig

Porree kann man auf verschiedene Art garen. Man kann ihn tropfnaß in einen Topf mit Fett geben und dünsten. Dadurch bekommt er einen besonders milden, leicht süßlichen Geschmack. Man kann ihn aber auch in wenig Salzwasser garen und hinterher in etwas Butter schwenken. Porree schmeckt als Beilage zu feinen, aber auch zu deftigen Gerichten, zur Bratwurst ebenso wie zu Steaks und zu Geflügel. Es kommt hier nur darauf an, wie zart die Stangen sind und wie man sie zubereitet: ob mit Sahne oder Wein oder mit Schinken oder Käse. Er verträgt sich gut mit Lorbeer, Thymian, Kerbel und erstaunlicherweise auch mit Curry. Porree schmeckt gut solo. Er harmoniert aber auch gut mit anderen Gemüsen. Nicht umsonst ist er mit Möhren und Sellerie Teil unseres traditionellen Suppengemüses. Außerdem schmeckt er zusammen mit Champignons, mit Tomaten und besonders gut mit Kartoffeln.

BLANCHIEREN MACHT IHN MILDER

Jungen Porree können Sie selbstverständlich auch roh als Salatzutat verwenden. Aber er wird für empfindliche Mägen bekömmlicher und im Geschmack lieblicher, wenn Sie ihn in kochendes Salzwasser geben und drei Minuten blanchieren. Oder wenn Sie ihn ganz kurz in etwas Butter andünsten.

GESUND WIE DIE ZWIEBEL

Genau wie seine Verwandte, die Zwiebel, ist Porree ein gesundes Gemüse. In ihm stecken reichlich Vitamin C (20 mg pro 100 g Porree) und Vitamine der B-Gruppe. Vor allem aber ist er reich an Kalium (225 mg pro 100 g) und an Eisen (2 mg pro 100 g). Er enthält 38 Kalorien pro 100 g.

Porree putzen
Wenn Sie Porree als Gemüse kochen, verwenden Sie nur die Stangen und die hellgrünen Blatteile. Die grünen Blätter und die Wurzelverdickung werden entfernt.

Porree säubern: 1. Schritt
Porree vom Freiland ist oft stark verschmutzt. Um ihn zu reinigen, schneidet man die Stange nicht nur einmal, sondern zweimal vom grünen Ende her ein.

Porree säubern: 2. Schritt
Danach wäscht man die Stangen gründlich unter fließendem Wasser. Damit aller Sand weggespült wird, biegt man die Stangenteile weit auseinander.

Porree in Ringe schneiden
Je grüner der Porree, desto derber ist der Geschmack und desto feiner muß er geschnitten werden. Die grünen Teile sollte man immer in Ringe schneiden.

RHABARBER

In China kennt man ihn schon seit mehr als 4000 Jahren. Bei uns baut man ihn erst seit knapp 150 Jahren an. Der Fama nach war es ein Händler aus Kirchwerder in den norddeutschen Vierlanden, der den Rhabarber bei einem englischen Geschäftsmann kennenlernte, auf den Geschmack kam und ein paar Stauden mit nach Hause nahm. Die sauren Stangen wurden ein so großer Erfolg, daß sie schon bald in fast jedem Gemüsegarten wuchsen.

Rhabarberdessert mit Krokant

Für 4 Portionen:

- 750 g Rhabarber
- 125 g Zucker
- 1 Packung Vanillinzucker
- 100 g gehackte Mandeln
- 4 Blatt rote Gelatine
- 4 Baisers (à 25 g)
- $^3/_8$ l Schlagsahne

1. Den Rhabarber putzen, waschen, falls nötig, abziehen und mit 1 El Wasser, 75 g Zucker und dem Vanillinzucker zum Kochen bringen. Den Rhabarber zum Abtropfen in ein Sieb geben, dabei den Saft auffangen.

2. Die Mandeln in einer Pfanne rösten, mit dem restlichen Zucker bestreuen. Sobald der Zucker karamelisiert ist, den Krokant aus der Pfanne nehmen. Die Gelatineblätter in kaltem Wasser einweichen.

3. Die Baisers in einer Plastiktüte mit einer Kuchen-

rolle zerkrümeln. Die Gelatine in dem noch heißen Saft auflösen, kalt stellen. Sahne steif schlagen, sobald der Saft geliert, unterheben.

4. Rhabarber mit Krokant, Baiser und Sahne schichtweise in Portionsschälchen füllen (etwas Baiser, Krokant und Rhabarber zurücklassen). Das Ganze kalt stellen.

5. Dann mit den restlichen Zutaten garnieren.

Vorbereitungszeit: 25 Minuten
Pro Portion ca. 10 g Eiweiß, 43 g Fett, 60 g Kohlenhydrate = 2874 Joule (687 Kalorien)

Müsli mit Rhabarber

Für 4 Portionen:
- 500 g Rhabarber
- 3–4 El Zucker
- 50 g Walnüsse
- 50 g Rice Crispies
- 70 g kernige Haferflocken
- 1 Becher Dickmilch (500 g)

1. Den Rhabarber putzen, waschen, eventuell die Haut abziehen, Rhabarber in gleich große Stücke schneiden. Die Rhabarberstücke mit dem Zucker und 1 El Wasser zum Kochen bringen und 2–3 Minuten kochen lassen. Das Ganze in ein Sieb geben, dabei den Saft auffangen. Beides kalt stellen (1 Stunde).

2. Inzwischen die Walnüsse hacken und mit Rice Crispies und kernigen Haferflocken mischen.

3. Die Dickmilch mit dem

Rhabarbersaft verrühren, eventuell nachwürzen. Die Rhabarberstücke auf dem Haferflockengemisch anrichten und mit der Dickmilch servieren.

Vorbereitungszeit: 15 Minuten
Garzeit: 2–3 Minuten
Pro Portion ca. 9 g Eiweiß, 14 g Fett, 50 g Kohlenhydrate = 1556 Joule (372 Kalorien)

Rhabarbergrütze

Für 4 Portionen:

1 kg Rhabarber

500 g Erdbeeren

4 El schwarzes Johannisbeergelee

2 El Speisestärke

2 El Zucker

1. Rhabarber und Erdbeeren waschen und putzen. Rhabarber eventuell abziehen und in Stücke schneiden. Die großen Erdbeeren halbieren.

2. Johannisbeergelee in einem Topf schmelzen las-

sen. Rhabarber und die Hälfte der Erdbeeren dazugeben. Zugedeckt aufkochen lassen.

3. Stärke mit drei Eßlöffeln kaltem Wasser glattrühren, zu den Früchten geben und nochmals aufkochen lassen. Mit Zucker würzen.

4. Die restlichen Erdbeeren zugeben und die Grütze kalt stellen.
Mit Vanillesauce servieren.

Vorbereitungszeit: 25 Minuten
Garzeit: 7 Minuten
Pro Portion ca. 2 g Eiweiß, 1 g Fett, 43 g Kohlenhydrate = 812 Joule (194 Kalorien)

Rhabarber-Crumble

Für 4 Portionen:

- Fett für die Form
- 1 kg Rhabarber
- 250 g Zucker
- 250 g Mehl
- 1 Päckchen Vanillinzucker
- Salz
- Zimt
- 150 g Butter oder Margarine

1. Eine Auflaufform von ca. 30 cm Durchmesser einfetten. Rhabarber putzen, waschen, wenn nötig, abziehen und in gleich große Stücke schneiden. Rhabarber und 120 g Zucker unter Rühren zum Kochen bringen, 5–6 Minuten garen, dann in die Form füllen.

2. Mehl mit dem restlichen Zucker, Vanillinzucker, einer Prise Salz und einer Prise Zimt in einer Schüssel mischen. Die Butter oder Margarine in Flöckchen darauf verteilen, mit den Knethaken des Handrührers verrühren und mit den Händen zu Streuseln verreiben.

3. Die Streusel über den Rhabarber verteilen und die Form im vorgeheizten Backofen bei 200 Grad (Gas 3) auf der 2. Einschubleiste von unten etwa 20 Minuten backen. Lauwarm servieren.

Vorbereitungszeit: 20 Minuten
Garzeit: 20 Minuten
Umluft: 30–35 Min. bei 200 Grad
Pro Portion ca. 9 g Eiweiß, 31 g Fett, 120 g Kohlenhydrate = 3434 Joule (821 Kalorien)

RHABARBER *aktuell*

Frühjahrskur mit Rhabarber

Der Vorfahr unseres Rhabarbers, der medizinische Rhabarber, ist ein uraltes Heilmittel. Seine Wurzeln werden noch heute für die Herstellung von Medizin zur Blutreinigung und Entschlackung verwendet. Unser Rhabarber besitzt diese gesundheitsfördernde Wirkung ebenfalls, wenn auch nicht in einem so großen Maße. Denn er enthält neben einer Menge von Vitamin C und Mineralstoffen reichlich Zitronen- und Apfelsäure. Sein Kalorienanteil: In 100 g stecken 18 Kalorien.

MIT DEM ZUCKER AUFPASSEN

Rhabarber hat selbst zwar nur minimal Kalorien. Da er aber so sauer ist, braucht er viel Zucker.
Ein Ausweg: Man ersetzt einen Teil des Zuckers durch Süßstoff.

Rhabarbersorten

Es werden unterschiedliche Rhabarber-Sorten angeboten. Am herbesten schmeckt die Sorte mit den grünen, nur am unteren Ende rötlich gefärbten Stangen. Etwas milder im Geschmack ist der Blut-Rhabarber, bei dem die Stangen durch und durch rot gefärbt sind. Am mildesten und zugleich aromatischsten ist der Himbeer-Rhabarber. Er hat eine rote Schale, dabei aber grünes Fruchtfleisch.

Fein mit Erdbeeren

Rhabarber läßt sich gut mit anderen Früchten kombinieren. Zum Beispiel mit:
- getrockneten Aprikosen;
- Backpflaumen;
- Erdbeeren und Himbeeren.

Und diese Gewürze harmonieren mit Rhabarber: Vanille, Zimt, Ingwer, Zitronenschale und geröstete Mandeln.

So mildern Sie Rhabarbersäure

Wenn Ihnen die Rhabarbersäure zu herb ist, sollten Sie Ihr Kompott mit etwas Speisestärke binden. So wirkt seine Säure weniger aggressiv. Außerdem sind Cremes oder Sahne eine Ergänzung zur Rhabarbersäure.

NUR KURZ KOCHEN LASSEN

Rhabarber zerfällt schnell. Darum sollten Sie ihn nicht länger als zwei bis drei Minuten kochen.

Blätter nicht mitessen

Rhabarberblätter enthalten Stoffe, die gewebereizend und nierenschädigend wirken. Man sollte sie ebensowenig wie den Wurzelansatz mitessen.

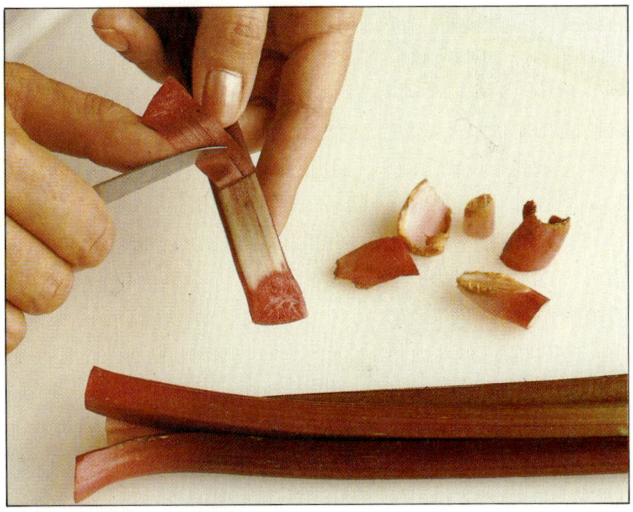

Rhabarber schälen

Bei den Sorten, die heute auf dem Markt sind, ist das Schälen kaum mehr nötig. Man muß nur (vom Stielende her) die gröbsten Fasern abziehen.

Rhabarber blanchieren

Rhabarber als Tortenbelag muß zuvor kurz in Zuckerwasser blanchiert werden. Das Wasser verwendet man hinterher für den Tortenguß.

ROSENKOHL

Rosenkohl ist der jüngste in der großen Kohl-Familie. Er wurde erst vor ungefähr 150 Jahren gezüchtet. Und zwar zuallererst von den Belgiern. Deshalb heißt er zum Beispiel auch in England „Brussel Sprouts“ und in Italien „cavolo di Bruxelles“. Heute ist Belgien allerdings nicht mehr das Rosenkohl-Land Nummer eins in Europa. Fast der ganze Rosenkohl, den wir essen, kommt inzwischen nämlich aus den Niederlanden.

Rosenkohl mit Käsesauce

Für 4 Portionen:

- 750 g Rosenkohl
- Salz
- 30 g Butter oder Margarine
- 20 g Mehl
- 1/8 l Kochwasser vom Kohl
- 1/4 l Milch
- 200 g Kräuterschmelzkäse
- 1/8 l Weißwein
- Pfeffer, Muskatnuß
- 1 Bund glatte Petersilie
- 8 Scheiben Katenschinken (300 g)

1. Rosenkohl putzen, waschen und in kochendem Salzwasser etwa 15 Minuten garen. Mit der Schaumkelle herausnehmen, 1/8 l Kochwasser aufbewahren.

2. Für die Sauce Butter oder Margarine schmelzen lassen, das Mehl einrühren und anschwitzen. Das Rosenkohlwasser und Milch zugeben und unter Rühren zum Kochen bringen. 10 Minuten leise kochen lassen.

3. Dann den Käse einrüh-

ren und schmelzen lassen. Mit Wein, Salz, Pfeffer und Muskat herzhaft würzen.

4. Petersilie grob hacken, in die Sauce geben, über den Rosenkohl gießen.
Den Katenschinken dazu servieren.
Dazu passen Pellkartoffeln und Weißwein.

Vorbereitungszeit: 25 Minuten
Garzeit: 15 Minuten
Pro Portion ca. 28 g Eiweiß, 42 g Fett, 17 g Kohlenhydrate = 2566 Joule (613 Kalorien)

Rosenkohl-Kartoffel-Salat

Für 4 Portionen:

- 375 g Kartoffeln
- 500 g Rosenkohl
- Salz
- 4 Eier (Gew.-Kl. 2)
- 200 g Mayonnaise (80 %)
- 1 Becher saure Sahne (150 g)
- 1 El grüner Pfeffer
- 1 El Sherry
- 50 g Haselnüsse

1. Kartoffeln in der Schale 15 Minuten kochen, abkühlen lassen, pellen und in Scheiben schneiden. Rosenkohl putzen, waschen, halbieren und in wenig Salzwasser 15 Minuten garen, abkühlen lassen.

2. Eier 8 Minuten kochen, abschrecken und vierteln.

3. Für die Sauce die Mayon-

naise mit der sauren Sahne verrühren. Pfeffer grob hacken und mit Salz und Sherry zur Marinade geben.

4. Kartoffeln und Rosenkohl vorsichtig mischen, die Mayonnaisenmischung darübergeben, mit den Eivierteln und den gehackten Nüssen garnieren.

Vorbereitungszeit: 15 Minuten
Garzeit: 15 Minuten
Pro Portion ca. 16 g Eiweiß, 55 g Fett, 24 g Kohlenhydrate = 3039 Joule (726 Kalorien)

Rosenkohlsuppe mit Thymiansahne

Für 4 Portionen:
2 Zwiebeln
750 g Rosenkohl
30 g Butter oder Margarine
1 l Rindfleischbrühe (Paste)
Salz, Pfeffer a. d. Mühle
Muskatnuß
200 g Crème fraîche
$\frac{1}{2}$ Bund frischer Thymian oder 1 Tl Thymian (getrocknet)

1. Zwiebeln pellen und fein würfeln. Rosenkohl putzen, waschen und vierteln.

2. Zwiebeln in Butter oder Margarine andünsten, den Rosenkohl zugeben und ebenfalls kurz andünsten. Mit der Brühe auffüllen und bei milder Hitze 20 Minuten leise kochen lassen.

3. Mit der Schaumkelle $\frac{1}{3}$

des Rosenkohls herausnehmen. Den restlichen Rosenkohl in der Brühe mit dem Schneidstab des Handrührers pürieren, mit Salz, Pfeffer und Muskat würzen. Die Hälfte der Crème fraîche unterrühren, Rosenkohlviertel wieder in die Suppe geben.

4. Restliche Crème fraîche mit dem Thymian verrühren und extra zur Suppe reichen. Dazu passen Baguette und Roséwein.

Vorbereitungszeit: 25 Minuten
Garzeit: 20 Minuten
Pro Portion ca. 13 g Eiweiß, 37 g Fett, 20 g Kohlenhydrate = 2048 Joule (489 Kalorien)

Rinderfilet mit Rosenkohl

Für 4 Portionen:

750 g Rinderfilet (Mittelstück)

Salz, Pfeffer a. d. Mühle

1 Tl Senf, 2 Bund Thymian

30 g Butterschmalz

$^1/_8$ l Rindfleischbrühe

500 g Rosenkohl

2 Zwiebeln

150 g durchw. Speck

200 g Sahne, $^1/_8$ l Weißwein

1. Rinderfilet längs einschneiden, salzen, pfeffern, mit Senf bestreichen, mit

dem Thymian füllen und verschnüren. In Butterschmalz kräftig anbraten, Brühe zugießen und alles 15–20 Minuten garen.

2. Rosenkohl putzen. Zwiebeln pellen, würfeln, Speck in feine Streifen schneiden. 100 g davon ausbraten, die Zwiebeln darin glasig werden lassen. Rosenkohl zugeben, mit Wasser auffüllen, leicht salzen und 15 Minuten kochen lassen.

3. Bratenfond mit Brühe, Sahne und Wein aufkochen. Restlichen Speck knusprig ausbraten. Fleisch aufschneiden und mit der Sauce servieren, Speck über den abgegossenen Rosenkohl streuen.

Vorbereitungszeit: 50 Minuten
Garzeit: 25 Minuten
Pro Portion ca. 48 g Eiweiß, 56 g Fett, 17 g Kohlenhydrate = 3408 Joule (814 Kalorien)

loubinox

ROSENKOHL *aktuell*

An dem 60 bis 80 cm hohen Rosenkohlstrunk wachsen im Herbst in den Blattachsen kleine Knospen, die Rosenköhlchen.

Rosenkohl und der Frost

Rosenkohl ist ein typisches Wintergemüse. Er muß Frost abbekommen haben, sagt eine Bauernregel. Der Handel allerdings schätzt mehr die Köhlchen, die vor dem Frost geerntet wurden. Weil seine Blätter dann das leuchtendste Grün haben. Außerdem, weil dann sein Gehalt an Vitamin C am höchsten ist. Sobald die Köhlchen Frost bekommen, nimmt ihr Gehalt an Vitamin C ab, und die äußeren Blätter bekommen einen kleinen Stich ins Gelbliche. Aber: Durch Frost wird Rosenkohl bekömmlicher und feiner im Geschmack. Er macht die in den Blättern steckende Zellulose leichter verdaulich, außerdem verwandelt sich seine Stärke durch den Frost in Zucker.

Keinen Kohl mit welken Blättern kaufen!

Manchmal wird Rosenkohl mit gelb verfärbten Blättern angeboten. Das kann zwei Gründe haben: Entweder hat der Kohl zuviel Frost abbekommen, oder er liegt schon zu lange beim Gemüsehändler und ist schlicht verwelkt. Beides bekommt seinem Aroma und seinen Inhaltsstoffen nicht. Sie sollten deshalb keinen Rosenkohl mit gelben Außenblättern kaufen. Aber auch frischer Kohl sollte nicht länger als maximal zwei Tage aufbewahrt werden (und dann immer im Gemüsefach des Kühlschranks). Rosenkohl ist nämlich empfindlich und büßt schnell Aroma und Vitamine ein.

Eine Prise Zucker für das Aroma

Rosenkohl kocht man entweder in Salzwasser oder man dünstet die tropfnassen Röschen in Butter. In jedem Fall aber sollte man immer eine Prise Zucker dazugeben. Das macht das Rosenkohlaroma lieblicher.

Außerdem kann man ihn hinterher mit frisch geriebenem Muskat, mit frisch gemahlenem Pfeffer, mit etwas Zitronensaft oder einem kleinen Schuß Madeira würzen. In Italien bestreut man ihn manchmal auch mit frischem Thymian oder Parmesan.

> **15 MINUTEN SIND GENUG**
>
> *Unsere Großmütter kochten ihn 20 bis 30 Minuten. Dann war er weich und pappig und hatte nur noch ein Minimum an Vitaminen. Darum: 15 Minuten Kochzeit sind genug. So schmeckt er am besten, hat noch Biß, sieht am appetitlichsten aus und ist außerdem noch am gesündesten.*

Er schmeckt ausgezeichnet nur in Butter geschwenkt, man kann ihn aber auch in einer Käsesauce oder mit ausgelassenem Speck servieren.

Normalerweise ißt man ihn solo. Er schmeckt aber auch zusammen mit Maronen und mit Schalotten.

Keine Angst, wenn ein Rest übrigbleibt

Es macht überhaupt nichts, wenn Sie einmal zuviel Rosenkohl gekocht haben. Ganz im Gegenteil. Denn er läßt sich gekocht gut einfrieren. Man kann aber auch die Röschen pürieren und mit einer guten Brühe und etwas Sahne zu einer Suppe verarbeiten. Außerdem kann man die Röschen an Gemüsesalate oder an Kartoffelsalat geben. Wenn Sie ausreichend gekochten Kohl haben, können Sie mit den Röschen einen Auflauf herstellen, oder sie mit anderen Gemüsen mischen.

> **SO GESUND IST ROSENKOHL**
>
> *Außer Vitamin C enthält Rosenkohl Carotin, Vitamin B_1 (110 μg pro 100 g) und B_2 (160 μg pro 100 g) und viele Mineralstoffe (pro 100 g 460 mg Kalium, 30 mg Kalzium, 86 mg Phosphor und 1,1 mg Eisen).*

Rosenkohl putzen: erster Schritt

Rosenkohl zu putzen ist relativ zeitaufwendig. Als erstes müssen Sie bei jedem einzelnen Röschen mit einem Messer das angewelkte Strunkende entfernen.

Rosenkohl putzen: zweiter Schritt

Wenn das Strunkende abgeschnitten ist, lassen sich leicht die äußeren Blätter abtrennen. Dazu fährt man mit dem Messer von oben unter jedes Blatt.

So wird Rosenkohl gleichmäßig gar

Ein Trick aus der feinen Küche, damit die oft unterschiedlich dicken Köhlchen gleichmäßig gar werden: man schneidet sie am Strunk kreuzförmig ein.

So schmeckt Rosenkohl besonders gut

In Butter gedünstet wird Rosenkohl eine Delikatesse. Dazu gibt man ihn tropfnaß in einen Topf mit heißer Butter und läßt ihn bei milder Hitze garen.

ROTE BETE

Jeder Deutsche verzehrt im Durchschnitt pro Jahr 300 g Rote Bete. Den allergrößten Teil davon, nämlich 250 g, kauft er aber nicht frisch, sondern süß-sauer eingelegt oder im Heringssalat. Nur ein Bruchteil kommt frisch auf den Markt: ganze 3000 Tonnen im Jahr. Der Grund: Die wenigsten Leute wissen, wie gut die roten Rüben ohne die Verbindung mit Essig schmecken.

Gebackene Rote Bete

Für 4 Portionen:

- 4 Rote-Bete-Knollen (ca. 750 g)
- 1 Bund Schnittlauch
- 1 Becher Crème fraîche (200 g)
- Salz, Pfeffer a. d. Mühle

1. Die Rote Bete gründlich waschen und jede Knolle fest in ein Stück Alufolie wickeln.

2. Die Rote Bete auf einem Rost in den Backofen schieben (mittlere Einschubleiste) und bei 200 Grad (Gas 3) 70 Minuten backen.

3. Schnittlauch in Röllchen schneiden und unter die Crème fraîche mischen, pfeffern und salzen.

4. Rote Bete auseinander-

brechen und mit der Crème fraîche-Mischung servieren. Dazu passen Vollkornbrot und ein kräftiger Rotwein.

Vorbereitungszeit: 10 Minuten
Garzeit: 70 Minuten
Umluft: 50–60 Minuten bei 200 Grad
Pro Portion ca. 3 g Eiweiß, 19 g Fett, 13 g Kohlenhydrate = 1046 Joule (250 Kalorien)

Rote-Bete-Topf

Für 4 Portionen:

750 g Rote Bete

Salz, 2 Zwiebeln

60 g Butter oder Margarine

2 Pk. Fleischklößchen (TK, je 300 g)

1 Bund Schnittlauch

50 g Kapern, 30 g Mehl

½ l Rindfleischbrühe

20–30 g Meerrettich (aus dem Glas), Pfeffer

1 El Zitronensaft

2–3 El Crème fraîche

1. Rote Bete waschen und in der Schale in kochendem Salzwasser etwa 30–40 Minuten kochen. In kaltem Wasser etwas abkühlen las-

sen. Schale im Wasser abziehen, Rote Bete würfeln.

2. Zwiebeln pellen und in Spalten schneiden. In 30 g Butter oder Margarine glasig werden lassen, dann die Fleischklößchen zugeben und bei milder Hitze in der Pfanne braten, bis sie aufgetaut sind (etwa 10 Minuten). Dann Rote Bete, Schnittlauch und Kapern untermischen.

3. Für die Sauce die restliche Butter oder Margarine schmelzen lassen, Mehl darin anschwitzen und mit der Brühe auffüllen. 10 Minuten unter Rühren leise kochen lassen. Mit Meerrettich, Salz, Pfeffer, Zitronensaft und Crème fraîche abschmecken.

Dazu passen Pellkartoffeln und ein herbes Pils.

Vorbereitungszeit: 15 Minuten
Garzeit: ca. 60 Minuten
Pro Portion ca. 23 g Eiweiß, 40 g Fett, 16 g Kohlenhydrate = 2328 Joule (556 Kalorien)

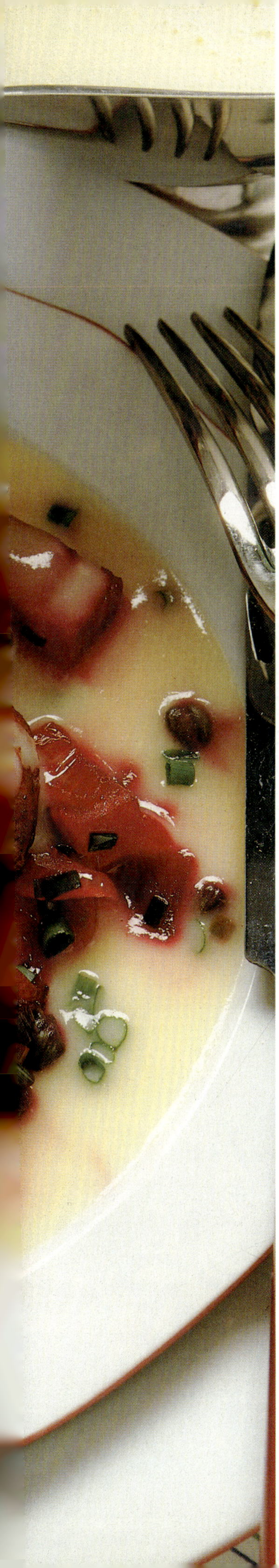

Rote-Bete-Suppe

Für 4 Portionen:

500 g Rote Bete

Salz, 2 Zwiebeln

30 g Butter oder Margarine

$^3/_4$ l Rindfleischbrühe (Paste)

Pfeffer a. d. Mühle

1–2 El Zitronensaft

1 Bund Schnittlauch

1 Becher saure Sahne

1. Die Rote Bete waschen und in Salzwasser 30–40 Minuten garen. In kaltem Wasser abkühlen lassen.

2. Zwiebeln pellen und fein würfeln. Rote Bete im Wasser pellen, herausnehmen und fein würfeln. 4 El Rote Bete beiseite stellen.

3. Butter oder Margarine in einem Topf zerlassen, Zwiebeln und Rote Bete darin andünsten, mit der Brühe auffüllen und zugedeckt etwa 10 Minuten leise kochen lassen.

4. Den Inhalt des Topfes

mit dem Schneidstab des Handrührers pürieren, mit Salz, Pfeffer und Zitronensaft abschmecken. Restliche Rote-Bete-Würfel wieder in die Suppe geben.

5. Schnittlauch in Röllchen schneiden, mit der Sahne verrühren und über die Suppe geben.

Vorbereitungszeit: 15 Minuten
Garzeit: 50 Minuten
Pro Portion ca. 7 g Eiweiß, 18 g Fett, 16 g Kohlenhydrate = 1124 Joule (268 Kalorien)

Schneller roter Heringssalat

Für 6 Portionen:

4 Matjesfilets (à 80 g)

1 Glas Rote Bete (250 g EW)

1 Glas Senfgurken (330 g EW)

250 g Fleischwurst

1 kleines Glas Perlzwiebeln (170 g EW)

6 El Weißweinessig

8 El Gurkenessig (von den Senfgurken)

Salz, Pfeffer a. d. Mühle

1–2 Tl Zucker

4–6 El Öl

1 Bund Schnittlauch

1. Matjesfilets eventuell wässern, abgetropft in 1 cm breite Streifen schneiden.

2. Rote Bete und Senfgurken abgetropft in Streifen schneiden.

3. Wurst pellen und würfeln. Perlzwiebeln abtropfen lassen.

4. Alle vorbereiteten Zutaten in einer Schüssel mischen.

5. Aus Essig, Gurkenessig, Salz, Pfeffer, Zucker und Öl eine Salatsauce rühren, unter den Salat mischen.

6. Salat mindestens 1 Stunde durchziehen lassen, eventuell nachwürzen.

7. Vorm Servieren Schnittlauch in Röllchen schneiden, über den Salat streuen.

Vorbereitungszeit: 30 Minuten
Pro Portion ca. 14 g Eiweiß, 37 g Fett, 8 g Kohlenhydrate = 1888 Joule (451 Kalorien)

ROTE BETE

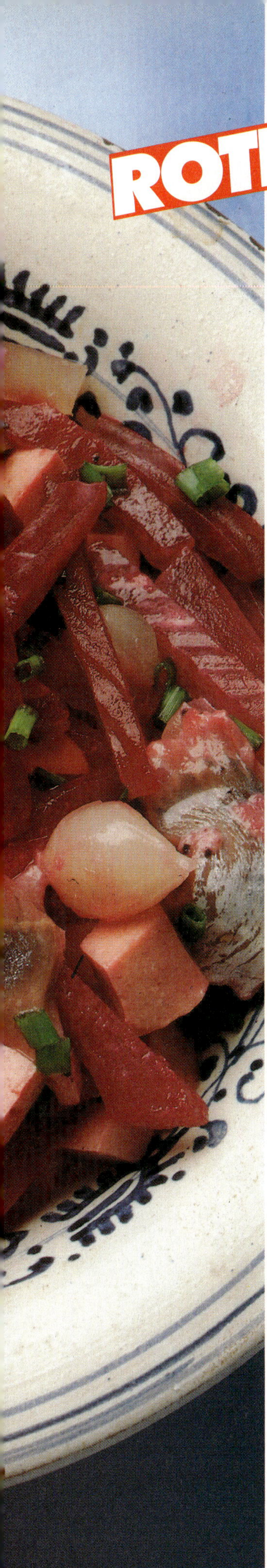

Klassischer roter Heringssalat

Für 10 – 12 Portionen:
500 g Rote Bete
500 g Matjesfilet
250 g Fleischwurst
250 g Zwiebeln
250 g Äpfel
250 g Gewürzgurken (aus dem Glas)
3 El Senf
4 El Zitronensaft
Salz, Pfeffer a. d. Mühle
3 El Öl
2 Eier

1. Rote Bete waschen, in Wasser etwa 40 Minuten weichkochen. Matjes fein würfeln.

2. Fleischwurst und Zwiebeln pellen und fein würfeln. Äpfel schälen, vierteln, das Kernhaus herausschneiden und mit den Gurken ebenfalls würfeln.

3. Rote Bete abgießen, die Schale unter fließendem Wasser ablösen und die Rote Bete würfeln. Alle Zutaten in einer Schüssel sorgfältig vermengen.

4. Aus 10 El Gurkenessig (Sud von den Gewürzgurken), Senf, Zitronensaft, Salz, Pfeffer und Öl eine Salatsauce rühren, den Salat damit anmachen und gut durchziehen lassen.

5. Die Eier in 10 Minuten hartkochen, abschrecken, pellen, sechsteln und auf dem Salat anrichten.
Dazu passen am besten Baguette und Bier.

Vorbereitungszeit: 45 Minuten
Garzeit: Rote Bete 40 Minuten
Pro Portion (bei 12 Portionen) ca. 11 g Eiweiß, 18 g Fett, 8 g Kohlenhydrate = 1064 Joule (264 Kalorien)

Wie die Mohrrübe und die Steckrübe gehört die Rote Bete zur Familie der Zuckerrüben.

ROTE BETE aktuell

Die meisten mögen sie süß-sauer

Die rote Rübe, auch Salatrübe oder Rote Bete genannt, gehört zur Familie der Zuckerrüben. Ihre botanische Bezeichnung ist „Beta vulgaris", und von diesem „Beta" leitet sich auch der Name Rote Bete ab, der vor allem in Norddeutschland benutzt wird.

Die Rote Bete, die von Oktober bis März frisch auf den Märkten zu haben ist, hat vor allem eine gute Eigenschaft: Sie läßt sich ebensogut wie die Gurken sauer einlegen, wenn nicht sogar besser. Und besonders bei uns in Deutschland weiß man diesen Vorzug zu schätzen. Pro Jahr ißt jeder bei uns rund ein halbes Pfund eingelegte Rote Bete, ob im Heringsalat, im Hamburger Labskaus oder etwa als Beilage zu Bratkartoffeln. Wie gut die roten Rüben aber ohne Essig, Zwiebeln und Senfkörner schmecken, etwa roh geraffelt in einem Salat oder gekocht und als Gemüse serviert, das haben wir darüber ganz vergessen. Das traurige Ergebnis: Jährlich werden nicht mehr als 3000 Tonnen frische Rote Bete verkauft, das ist etwa ein Viertel von dem, was wir pro Jahr an Staudensellerie oder Zucchini, beides weiß Gott keine Renner in unserer Küche, verzehren.

Noch immer ein Allround-Heilmittel

Die Rote Bete gilt seit jeher als Wunderheilmittel in der Naturmedizin. Wegen ihres roten Farbstoffes empfahlen die Ärzte ihren Saft zur Blutbildung und Blutverbesserung, sie verschrieben ihn als Nervennahrung und zur besseren Verdauung.
Heute wissen wir allerdings, daß es nicht in erster Linie der rote Farbstoff, das Anthozyan, selbst ist, der die Rote Bete so gesund macht. Anders, als es zum Beispiel beim Carotin der Fall ist, das ihre nahe Verwandte, die Mohrrübe,

Im Schnellkochtopf kochen

Rote Bete hat eine lange Kochzeit, je nach Größe bis zu 60 Minuten. Man kann sie aber auf ein Drittel verkürzen, wenn man einen Schnellkochtopf verwendet.

So pellt man Rote Bete

Rote-Bete-Saft läßt sich schwer von den Händen entfernen. Darum pellt man sie nach dem Kochen am besten in einer Schüssel mit kaltem Wasser.

gelborange färbt. Dafür hat die Rote Bete aber eine Menge anderer Stoffe, von denen die Ärzte und Kräuterdoktoren nichts wußten, die aber eine ähnliche Wirkung haben, die sie dem roten Farbstoff zuschrieben. So besitzt die Rote Bete einen beträchtlichen Anteil an Vitaminen der B-Gruppe (pro 100 g 22 μg B_1 und 40 μg B_2), die ja als blutbildend und nervenstärkend gelten. Vor allem aber enthält sie reichlich Mineralstoffe (pro 100 g 340 mg Kalium, 30 mg Kalzium und 45 mg Phosphor) und für ein Gemüse einen ungewöhnlich hohen Anteil an pflanzlichem Eiweiß, nämlich 2 mg pro 100 g Frucht.
Rote Bete hat eine ganze Reihe gesundheitsfördernder Eigenschaften, wirkt harntreibend und harnlösend, regt Leber und Galle an und fördert die Verdauung. Nach neuesten Forschungen soll sie sogar die Abwehrkräfte gegen Grippeviren stärken. Sie ist also das beste, was Sie sich im Winter antun können.

Pflegeleichtes Gemüse

Rote Bete wird in ganz unterschiedlichen Größen angeboten. Wenn Sie wählen können, dann sollten Sie:

- möglichst kleine Exemplare nehmen, wenn Sie Rote Bete im ganzen servieren wollen;
- mittelgroße Rüben kaufen, wenn Sie sie geschnitten in einen Salat geben wollen;
- und möglichst große bevorzugen, wenn Sie sie raffeln oder in Stifte schneiden wollen.

BESONDERS GUT MIT MEERRETTICH

Zu Roter Bete passen nur wenige Gewürze, zum Beispiel Pfeffer, Zwiebeln, Lorbeerblätter, Kümmel und Koriander. Bei den frischen Kräutern harmoniert sie vor allem mit Dill und Schnittlauch. Ihr besonderer Favorit ist frisch geriebener Meerrettich.

Rote Bete sollten Sie erst kochen und dann kleinschneiden. Es gibt von dieser Regel natürlich ein paar Ausnahmen: zum Beispiel, wenn Sie die roten Rüben in eine Suppe geben oder ein Gemüse aus geraffelten roten Rüben zubereiten wollen. (In diesem Fall werden die Rüben roh wie ein Apfel geschält und dann zerschnitten und gegart.) Wenn Sie die Rote Bete in der Schale kochen, dann waschen Sie sie gründlich, schneiden aber weder Wurzel- noch Blattansätze ab (nur ganze Blätter werden abgedreht, nicht abgeschnitten). Der Grund: Wenn die Schale verletzt wird, blutet die Rote Bete aus und verliert viel von ihrem Aroma.
Klassisch ist die Methode, sie in Salzwasser mit Kümmel zu kochen. Die Kochzeit richtet sich dabei nach der Dicke der Rüben, sie kann bis zu einer Stunde dauern. Noch aparter ist es, die ganzen Knollen im Backofen zu garen. Dann bekommen sie ein besonders erdiges Aroma.

Als Gemüse überraschend gut

Frisch gekochte Rote Bete ist ein ausgesprochen aromatisches Gemüse. Sie schmeckt ausgezeichnet als Abendimbiß oder einfache Vorspeise, wenn man sie noch ganz heiß mit eiskalter Butter und frisch gemahlenem Pfeffer ißt.
Noch raffinierter: Die heißen Rüben mit einer Sauce auf Quark- oder Crème fraîche-Basis zu servieren.
Rote Bete ist aber auch eine hervorragende Beilage zu kräftigen Braten. In diesem Fall schneidet man die knapp gar gekochten Rüben je nach Größe in Achtel oder Viertel und dünstet sie in einer Pfanne kurz in Butter und etwas Zucker. Außerdem schmeckt Rote Bete in Suppen und Eintöpfen, entweder als Hauptzutat oder zusammen mit anderen Wintergemüsen. Und nicht zu vergessen: sie ist eine ausgezeichnete Zutat zu Fleisch- oder Fischsalaten. Aber dazu möglichst keine aus dem Glas nehmen! Frisch gekocht schmecken die gesunden Rüben unvergleichlich viel besser.

Gesunde Rohkost im Winter

Rote Bete schmeckt aber nicht nur gekocht, aus ihr läßt sich auch eine ausgezeichnete, etwas erdig schmeckende Rohkost zubereiten. Dazu schält man sie wie einen Apfel und raffelt sie auf der groben Seite der Haushaltsreibe.
So schmeckt sie besonders gut zusammen mit rohem Sellerie, Äpfeln und Feldsalat. Man macht sie mit einer Vinaigrette an, die mit Zucker und frischem Meerrettich abgeschmeckt ist.

SENKT DEN ALKOHOLSPIEGEL

Tests, die an der Universität Tübingen durchgeführt wurden, haben ergeben, daß Rote Bete hilft, den Alkoholspiegel im Blut zu senken. Er war nämlich bei Testpersonen, die vor dem Trinken Rote Bete gegessen hatten, lange nicht so hoch, wie bei anderen, die genau dieselbe Alkoholmenge getrunken, aber keine roten Rüben gegessen hatten.

Rote Bete in Stifte schneiden

Um gleichmäßig dicke Stifte zu bekommen, schneidet man die roten Rüben zuerst in gleich dicke Scheiben, diese lassen sich gut in Stifte schneiden.

Rote Bete raffeln

Rote Bete ergibt eine ausgezeichnete Rohkost. Da ihr Fruchtfleisch hart ist, muß man sie auf der groben Seite der Haushaltsreibe raffeln.

ROTKOHL

„Leb wohl, iß Kohl" war früher einmal ein ganz ernstgemeinter Rat – zu der Zeit nämlich, als noch viele Menschen aus Vitamin- und Mineralstoffmangel an Skorbut erkrankten. Daß der Genuß von Kohl Glück bedeutet, mag zu bestreiten sein, daß er Gesundheit verheißt, liegt nicht am Aberglauben, sondern an seinem Gehalt an Mineralstoffen und Vitaminen.

Zitronenrotkohl

Für 4 – 6 Portionen:

- 1 Kopf Rotkohl (1,2 kg)
- 50 g Gänse- oder Schweineschmalz
- 100 g Kandiszucker
- ½ Zitrone in Scheiben
- 2 Lorbeerblätter
- Salz, Pfeffer a. d. Mühle
- ⅛ l Zitronensaft

1. Den Rotkohl putzen, halbieren, den Strunk herausschneiden. Den Rotkohl in Streifen schneiden.

2. Das Schmalz in einem

Topf schmelzen lassen. Den Rotkohl darin andünsten. Kandiszucker und Zitronenscheiben, Lorbeer, etwas Salz und Pfeffer zugeben. Den Zitronensaft zugießen.

3. Den Rotkohl zugedeckt 45 Minuten garen. Noch einmal mit Salz und Pfeffer abschmecken.
Dazu passen Enten- oder Gänsekeulen.

Vorbereitungszeit: 15 Minuten
Garzeit: 45 Minuten
Pro Portion (bei 6 Portionen) etwa 2 g Eiweiß, 8 g Fett, 25 g Kohlenhydrate = 801 Joule (191 Kalorien)

Rotkohlsalat mit Mandeln

Für 4 Portionen:

- 125 g durchwachsener Speck
- 2 Zwiebeln (gewürfelt)
- $^1/_8$ l Rindfleischbrühe (Paste)
- 5–6 El Rotweinessig
- Salz, Pfeffer a. d. Mühle
- 1–2 El Zucker
- 500 g Rotkohl
- 1 Paket Mandelstifte (30 g)

1. Speck in feinen Streifen

in der Pfanne kroß ausbraten. Zwiebelwürfel im Speckfett glasig braten. Mit Brühe und Essig ablöschen, mit Salz, Pfeffer, Zucker würzen.

2. Rotkohl putzen, halbieren, in Streifen schneiden.

3. Die Salatsauce noch heiß über den Kohl gießen, gut durchmischen und 20 Minuten ziehen lassen. Eventuell mit Salz und Pfeffer nachwürzen. Vor dem Servieren die Mandelstifte untermischen.
Dazu paßt Bratwurst.

Vorbereitungszeit: 30 Minuten
Pro Portion etwa 29 g Eiweiß, 24 g Fett, 15 g Kohlenhydrate = 1366 Joule (326 Kalorien)

Rotkohleintopf mit Kasseler

Für 4 – 6 Portionen:

- 1 Kopf Rotkohl (1,2 kg)
- 1 Bund Suppengrün
- 500 g Kasseler
- 30 Butterschmalz
- 4 El Rotweinessig
- ⅛ l Rotwein
- ¾ l Hühnerbrühe (Paste)
- Salz, Pfeffer a. d. Mühle
- 1 Lorbeerblatt
- 1 Bund glatte Petersilie

1. Den Rotkohl putzen, halbieren, den Strunk herausschneiden. Den Rotkohl in Streifen schneiden. Das Suppengrün putzen, waschen und kleinschneiden.

2. Das Kasseler im heißen Butterschmalz anbraten. Das Suppengemüse zugeben und andünsten. Dann die Rotkohlstreifen zugeben.

3. Rotweinessig, Rotwein und Brühe zugießen. Mit Salz, Pfeffer und dem Lorbeerblatt würzen.

4. Den Rotkohl zugedeckt bei milder Hitze 45 Minuten garen.

5. Das Fleisch herausnehmen, vom Knochen lösen, in Scheiben schneiden, mit der gezupften Petersilie wieder in den Kohl geben und gleich servieren.

Vorbereitungszeit: 20 Minuten
Garzeit: 45 Minuten
Pro Portion (bei 6 Portionen) ca. 21 g Eiweiß, 29 g Fett, 17 g Kohlenhydrate = 1904 Joule (455 Kalorien)

Rotkohl mit Rippchen

Für 4 Portionen:
1 Rotkohl (ca. 1,2 kg)
100 g durchwachsener Speck
4 El Essig, 1/8 l Rotwein
1 Tl gemahlene Nelken
Pfeffer a. d. Mühle, Salz
2 El brauner Zucker
4 El gemahlener Koriander
4 El Senf
1 kg flache Rippchen
3 El Öl

1. Rotkohl achteln, den Strunk abschneiden, die Achtel quer in Streifen schneiden. Speck in Streifen schneiden und ausbraten.

2. Speckstreifen herausnehmen, Kohl zugeben, andünsten, mit Essig, Rotwein, etwas Nelkenpulver, Pfeffer, Salz und Zucker würzen. Im geschlossenen Topf 45 Minuten garen.

3. Koriander mit Nelkenpulver, Pfeffer, Salz, Senf und 1 El Wasser verrühren. Die Rippchen damit bestreichen, kühl stellen.

4. Wenn der Rotkohl fertig ist, die Rippchen in heißem Öl 20–30 Minuten braten. Mit dem Rotkohl servieren. Dazu passen Kartoffelpuffer.

Vorbereitungszeit: 45 Minuten
Garzeit: 45 Minuten
Pro Portion ca. 47 g Eiweiß, 79 g Fett, 26 g Kohlenhydrate = 4432 Joule (1060 Kalorien)

Rotkohl-Eintopf

Für 4 – 6 Portionen:

- 1 Rotkohl (1,2 kg)
- 1 Bund Suppengrün
- 2 Zwiebeln
- 20 g Butter oder Margarine
- ½ l Brühe (Instant)
- 500 g Kartoffeln
- 2 Cabanossi (à 250 g)
- Salz, Pfeffer a. d. Mühle
- Kümmel, gem. Nelken
- Rotweinessig

1. Rotkohl putzen, achteln und die Strünke abschneiden. Quer in Streifen schneiden. Suppengrün putzen, waschen und in kleine Stücke schneiden. Zwiebeln pellen, halbieren und quer in Scheiben schneiden. Alles in dem Fett andünsten, Brühe zugießen und 45 Minuten leise kochen lassen.

2. In der Zwischenzeit die Kartoffeln waschen, schälen und würfeln, die Cabanossi schräg in Scheiben

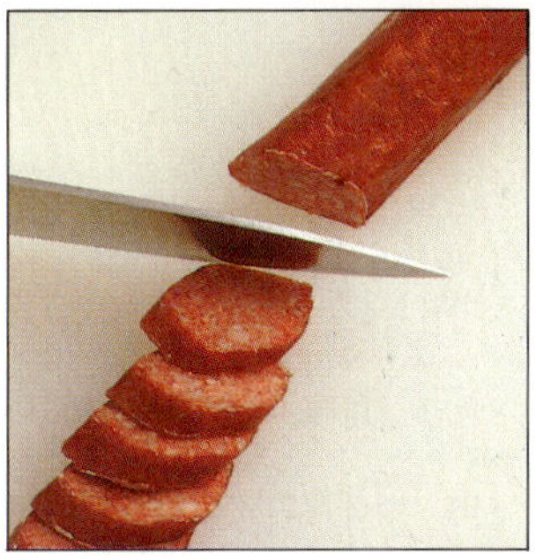

schneiden. Beides zum Kohl geben, herzhaft würzen und den Essig zugeben. Weitere 15 Minuten kochen. Abschmecken und servieren.

Vorbereitungszeit: 45 Minuten
Garzeit: 1 Stunde
Pro Portion (bei 6 Portionen) ca. 14 g Eiweiß, 32 g Fett, 21 g Kohlenhydrate = 1877 Joule (446 Kalorien)

Putenkeule mit Rotkohl

Für 4 Portionen:

- 2 Putenoberkeulen (à 800 g)
- Salz, Pfeffer a. d. Mühle
- Fett für die Saftpfanne
- 2 Orangen, $\frac{1}{8}$ l Orangensaft
- $\frac{1}{8}$ l Portwein
- 200 g Crème fraîche
- 2 El dunkles Saucenbindemittel
- 1 Rotkohl (ca. 1 kg)
- 4 Zwiebeln
- 40 g Butterschmalz
- 2 El Rotweinessig
- $\frac{1}{8}$ l Rotwein
- 4–5 El Johannisbeergelee

1. Die Hautseite der Keulen schräg einschneiden. Keulen salzen, pfeffern und in die gefettete Saftpfanne legen. Orangenschale abreiben und auf die Keulen streuen, Saft auspressen und zu dem $\frac{1}{8}$ l Saft geben. Keulen bei 200 Grad (Gas 3) etwa 1 Stunde braten. Orangensaft mit Portwein und $\frac{1}{4}$ l Wasser mischen, nach und nach über das Fleisch gießen.

2. Die fertigen Keulen warm stellen, die Röststoffe mit wenig Wasser vom Blech loslösen, mit Crème fraîche und Saucenbindemittel aufkochen, abschmecken.

3. Für den Rotkohl den Kohlkopf achteln, den Strunk abschneiden und die Achtel in Streifen schneiden. Zwiebeln hacken. Beides in dem Butterschmalz andünsten, mit Rotweinessig und Rotwein löschen, pfeffern und salzen. 45 Minuten im geschlossenen Topf schmoren, dann mit Johannisbeergelee abschmecken. Mit dem Fleisch und der Sauce servieren.

Vorbereitungszeit: 45 Minuten
Garzeit: 1 Stunde
Umluft: 1 Stunde bei 180 Grad
Pro Portion ca. 73 g Eiweiß, 44 g Fett, 47 g Kohlenhydrate = 3944 Joule (943 Kalorien)

Hasenragout mit Apfelrotkohl

Für 4 Portionen:

- 2 Hasenrücken (ungespickt)
- 1 El Wacholderbeeren (gehackt)
- 1 Bund Suppengrün (gehackt)
- 50 g Butterschmalz
- $\frac{1}{4}$ l Rotwein
- 2 Lorbeerblätter
- 1 El Tomatenmark
- Nelken, Salz, Pfeffer
- 1 Becher Schlagsahne (250 g)
- 1–2 El Saucenbindemittel (dunkel)
- 2 El Rosinen, 1 El Rum
- 2 Pakete Apfelrotkohl (tiefgekühlt, à 450 g)
- 2 El Zitronensaft
- Pfeffer a. d. Mühle

1. Fleisch von den Kno-

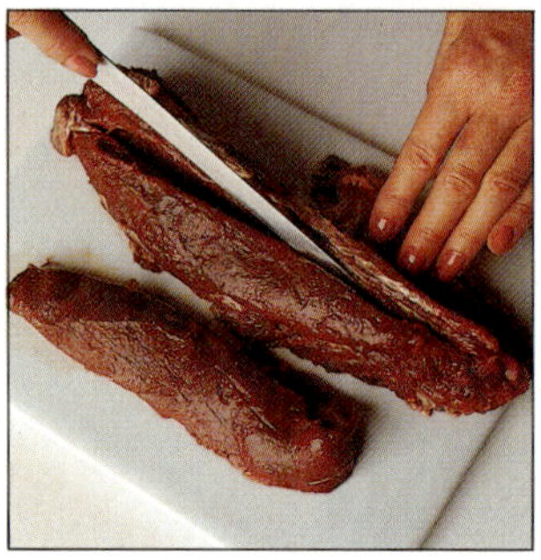

chen lösen und in Scheiben schneiden. Mit Wacholder einreiben, kühl stellen. Knochen hacken und mit dem Suppengrün in 30 g Butterschmalz anbraten. Wein, $\frac{1}{4}$ l Wasser, Lorbeer, Tomatenmark und Nelken zugeben, 30 Minuten kochen. Durch ein Sieb gießen.

2. Fleisch in 20 g Butterschmalz kräftig anbraten, salzen, pfeffern, Fond und Sahne zugießen, aufkochen lassen, abschmecken. Saucenbindemittel zugeben, nochmals aufkochen lassen.

3. Für den Rotkohl die Rosinen in dem Rum quellen lassen. Rotkohl mit den Rosinen, Zitronensaft und Pfeffer in einen Topf geben. Bei milder Hitze im geschlossenen Topf 15 Minuten auftauen und heiß werden lassen. Abschmecken.

Vorbereitungszeit: 40 Minuten
Garzeit: 30 Minuten
Pro Portion ca. 31 g Eiweiß, 39 g Fett, 37 g Kohlenhydrate = 3237 Joule (774 Kalorien)

So sollte ein Rotkohl aussehen, wenn Sie ihn kaufen: ein unbeschädigter, festgeschlossener Kopf mit feinen Rippen.

ROTKOHL aktuell

Noch gesünder als Weißkohl

Kohl ist gesund, besonders der Rotkohl. Er ist hierin auch seinem weißen Verwandten, dem Weißkohl, überlegen. Und das, obwohl auch der schon als sehr gesundes Gemüse gilt. Denn Rotkohl enthält mehr Eiweiß (1,5 mg), mehr Vitamine der B-Gruppe und mehr Vitamin C als der Weißkohl (50 mg, alle Werte übrigens auf 100 g Rohware berechnet). Das Vitamin C enthält er – wie alle anderen Kohlarten übrigens auch – teilweise in Form von Ascorbigen, einer Vorstufe des eigentlichen Vitamin C. Dieses entsteht erst, wenn Ascorbigen erhitzt wird, während normales Vitamin C durch Kochen ja bekanntlich zerstört wird.

Auch in punkto Mineralstoffe ist Rotkohl dem Weißkohl überlegen. Er ist besonders reich an Kalium (266 mg) und an Phosphor (30 mg, auf 100 g Kohl gerechnet). Dafür ist sein Kaloriengehalt etwas höher. In 100 g stecken 27 Kalorien.

ROTKOHL ALS ROHKOST

Rotkohl schmeckt auch roh als Salat. Dazu schneidet und hobelt man (auf dem Gurkenhobel) den Rotkohl in feine Streifen, bestreut ihn mit Salz und Zucker, stampft ihn leicht, damit er Wasser ziehen kann. Anschließend würzt man ihn mit Pfeffer, Zwiebel, Öl und eventuell Schnittlauch oder ausgelassenem Speck.

Wasser schützt vor Rotkohlhänden

Der im Rotkohl enthaltene Farbstoff, das Anthozyan, das auch in blauen Weintrauben, Heidelbeeren und in der Roten Bete steckt, ist sehr intensiv und läßt sich schlecht von Schneidebrett und Händen wieder entfernen. Hier hilft ein einfacher Trick, damit hinterher Hände und Brett leichter sauber werden: Beides vorher gut anfeuchten, dann kann der Rotkohlsaft nicht einziehen. Außerdem sollten Sie die Hände hinterher mit Zitronensaft abreiben.

So würzt man Rotkohl

Rotkohl schmeckt besonders gut, wenn man ihn in Schmalz (besonders fein: Gänseschmalz) oder Butterschmalz andünstet. Man schmeckt ihn mit Zitrone, Essig und dazu Zucker oder Kandis ab. Dazu gibt man wahlweise Kümmel, Nelken, Lorbeer oder Koriander. Außerdem gehören an ein Rotkohlgemüse natürlich noch Zwiebeln und Äpfel und eventuell auch Preiselbeer- oder Johannisbeergelee oder auch Backpflaumen.

DOPPELTE MENGE KOCHEN

Rotkohlgemüse läßt sich gut einfrieren. Es lohnt sich darum immer, mehr zu kochen, als man für eine Mahlzeit benötigt. Das Gemüse wird dann in Beuteln eingefroren (Lagerzeit 3–4 Monate) und bei Bedarf in wenig Wasser bei milder Hitze wieder aufgetaut. Wichtig: Den Kohl vor dem Servieren noch einmal probieren und eventuell nachwürzen.

Rotkohl schneiden

Als erstes teilt man den Kopf in Viertel und schneidet dann jedes Viertel von der Spitze her in feine Streifen. Der harte Strunk wird ausgespart.

Rotkohl im Schnellkochtopf

Rotkohlgerichte gelingen besonders gut im Schnellkochtopf. Sie sind in einem Drittel der normalen Zeit fertig und behalten besser Aroma und Vitamine.

SCHWARZ-WURZELN

Als Gemüse verwendet man Schwarzwurzeln erst seit dem 17. Jahrhundert. Als Medizin aber schätzt man sie schon seit dem Altertum. Sie helfen zwar nicht bei Schlangenbissen, Knochenbrüchen und gegen das Wundfieber, wie man im Mittelalter glaubte, aber Schwarzwurzeln enthalten immerhin so viele Mineralstoffe wie kaum ein anderes Gemüse.

Schwarzwurzeln in Kräuterbutter

Für 4 Portionen:

- 3 El Weißweinessig
- Salz
- 1 kg Schwarzwurzeln
- 1 Bund Schnittlauch
- 70 g Kräuterbutter (aus der Packung)
- Pfeffer a. d. Mühle

1. 1 l Wasser mit Essig und Salz verrühren. Die Schwarzwurzeln waschen, schälen, wieder waschen und in das Essigwasser legen. Nacheinander herausholen und in Stücke schneiden. In dem Essigwasser zum Kochen bringen und 15–20 Minuten garen.

2. In der Zwischenzeit den Schnittlauch in feine Röllchen schneiden.

3. Butter in der Pfanne zerlassen, die Schwarzwur-

zeln darin kräftig anbraten. Mit Schnittlauch und Pfeffer würzen.

Dazu passen Salzkartoffeln und Katenschinken.

Vorbereitungszeit: 20 Minuten
Garzeit: 20 Minuten
Pro Portion ca. 2 g Eiweiß, 15 g Fett, 24 g Kohlenhydrate = 1025 Joule (245 Kalorien)

Schwarzwurzel-Ragout

Für 4 Portionen:

- 3 El Weißweinessig, Salz
- 750 g Schwarzwurzeln
- 30 g Butter oder Margarine
- 20 g Mehl
- $\frac{3}{8}$ l Fleischbrühe (Instant)
- $\frac{1}{8}$ l Weißwein
- 2 Kalbsbratwürste (ungebrüht, ca. 300 g)
- 1 Paket Erbsen und Wurzeln (TK, 300 g)
- Pfeffer a. d. Mühle, Zucker
- 1 Bund glatte Petersilie
- 1 Eigelb, $\frac{1}{8}$ l Schlagsahne

1. 1 l Wasser mit dem Essig verrühren und salzen. Schwarzwurzeln waschen, schälen und wieder waschen. Sofort in das Essigwasser geben, damit sie nicht braun werden. Nacheinander in Stücke schneiden. Dann in dem Wasser zum Kochen bringen und 15–20 Minuten garen.

2. Butter oder Margarine in einem Topf zerlassen. Mehl zugeben, kurz anschwitzen und Brühe und Wein zugießen. Aufkochen und 10 Minuten leise ziehen lassen.

3. Kleine Klößchen direkt aus dem Bratwurstdarm drücken und in die Sauce geben. 5 Minuten ziehen lassen.

4. Abgetropfte Schwarzwurzeln, Erbsen und Wurzeln in die Sauce geben und erhitzen. Ragout mit Salz, Pfeffer und einer Prise Zucker abschmecken.

5. Petersilie hacken. Eigelb und Sahne verrühren und mit der Petersilie in die Sauce geben. Nicht mehr kochen lassen.

Vorbereitungszeit: 35 Minuten
Garzeit: 35 Minuten
Pro Portion ca. 12 g Eiweiß, 25 g Fett, 34 g Kohlenhydrate = 1861 Joule (445 Kalorien)

Schwarzwurzeln in Senfsahne

Für 4 Portionen:

- 3 El Weißweinessig
- 1 kg Schwarzwurzeln
- Salz, 1 Zwiebel
- 30 g Butter oder Margarine
- 2 El Senfkörner
- 3 El Senf
- $^1/_8$ l Fleischbrühe (Instant)
- 1 Becher Schlagsahne (250 g)
- Pfeffer a. d. Mühle
- Muskat
- 1–2 El helles Saucenbindemittel

1. 1 l Wasser mit dem Essig verrühren. Schwarzwurzeln waschen, schälen, wieder waschen und sofort in Essigwasser legen. Dann einzeln herausnehmen und in Stükke schneiden. Essigwasser salzen, mit den Schwarzwurzeln zum Kochen bringen und 15–20 Minuten garen.

2. Die Zwiebel pellen, fein würfeln und in der Butter oder Margarine glasig werden lassen. Senfkörner, Senf und Fleischbrühe zugeben, 5 Minuten ziehen lassen. Dann die Sahne zugießen, mit Salz, Pfeffer und Muskat würzen, mit Saucenbindemittel andicken.

3. Die Schwarzwurzeln abtropfen lassen und in die Sauce geben.
Dazu passen Salzkartoffeln und Rostbratwürstchen.

Vorbereitungszeit: 30 Minuten
Garzeit: 20 Minuten
Pro Portion ca. 4 g Eiweiß, 27 g Fett, 27 g Kohlenhydrate = 1578 Joule (377 Kalorien)

Schwarzwurzelsuppe

Für 4 Portionen:
1 Bund Suppengrün
2 Lorbeerblätter
1 Tl Pfefferkörner
350 g schieres Kalbfleisch
3 El Weißweinessig, Salz
750 g Schwarzwurzeln
1 Bund glatte Petersilie
2 Eigelb, $\frac{1}{8}$ l Schlagsahne
2–3 El Weißwein
Pfeffer, Muskatnuß

1. Suppengrün putzen, waschen, grob zerteilen und zusammen mit Lorbeer, Pfefferkörnern und Kalbfleisch in $\frac{3}{4}$ l Wasser zum Kochen bringen. Bei mittlerer Hitze 30 Min. kochen.

2. Essig und Salz in 1 l Wasser verrühren. Schwarzwurzeln waschen, schälen, wieder waschen und sofort in Essigwasser legen, in Stücke schneiden.

3. Fleisch aus der Brühe nehmen. Brühe durch ein Sieb in einen anderen Topf gießen, die Schwarzwurzeln darin 20–30 Minuten garen.

4. Das Fleisch gleichmäßig

würfeln, Petersilie hacken.

5. Schwarzwurzeln in der Brühe pürieren.

6. Eigelb mit Sahne und Weißwein verrühren und zur Suppe geben. Mit Salz, Pfeffer und Muskat abschmecken. Fleischwürfel und Petersilie in die Suppe geben und servieren.

Vorbereitungszeit: 35 Minuten
Garzeit: 1 Stunde
Pro Portion ca. 23 g Eiweiß, 14 g Fett, 19 g Kohlenhydrate = 1284 Joule (307 Kalorien)

Schwarzwurzel-Eintopf

Für 4 – 6 Portionen:

- 1 Scheibe Ochsenbein (ca. 500 g)
- 1 Zwiebel
- 2 Lorbeerblätter
- $1\frac{1}{2}$ l Fleischbrühe (Instant)
- 3 El Weißweinessig
- 750 g Schwarzwurzeln
- 250 g Möhren
- 250 g Kartoffeln
- 2 Bund glatte Petersilie
- Salz
- Pfeffer a. d. Mühle

1. Ochsenbein mit der gepellten und geviertelten Zwiebel und Lorbeerblättern in der Fleischbrühe zum Kochen bringen, $1\frac{1}{2}$ Stunden garen.

2. 1 l Wasser mit dem Essig verrühren. Schwarzwurzeln waschen, schälen, wieder waschen und sofort in das Essigwasser geben. Einzeln herausnehmen und in Stükke schneiden.

3. Möhren und Kartoffeln schälen, waschen. Kartoffeln in Würfel, Möhren in Scheiben schneiden.

4. Fleisch aus der Brühe nehmen, von Knochen und Sehnen befreien und würfeln. Brühe durch ein Sieb in einen anderen Topf geben. Schwarzwurzeln, Kartoffeln und Möhren darin 15–20 Minuten garen. Fleischwürfel zugeben.

5. Petersilie hacken und über den Eintopf streuen. Mit Salz und Pfeffer herzhaft abschmecken.

Vorbereitungszeit: 30 Minuten
Garzeit: 2 Stunden
Pro Portion (bei 6 Portionen) ca. 21 g Eiweiß, 7 g Fett, 21 g Kohlenhydrate = 1004 Joule (240 Kalorien)

Mächtige Wurzeln einer unscheinbaren Löwenzahnverwandten.

SCHWARZWURZELN aktuell

Nur im Aussehen dem Spargel ähnlich

Man nennt sie auch Winterspargel, weil sie unter ihrer borkigen, schwarzen Schale weißes Fleisch haben und geschält wie Spargel aussehen. Damit hört aber die Ähnlichkeit schon auf. Die Schwarzwurzeln sind die Wurzeln einer zweijährigen Pflanze, die mit Löwenzahn und Huflattich verwandt ist. Ihr Fleisch ist nicht langfaserig wie das des Spargels, sondern markig und weich. Es schmeckt nicht lieblich wie Spargel, sondern herb-würzig.

Auf die Handelsklasse achten!

Der klebrige milchige Saft, der beim Schwarzwurzelschälen an den Händen haftet, ist der eigentliche Geschmacksträger der Wurzel. Ohne ihn würde sie nur fade schmecken. Dieser Saft läuft heraus, wenn die Wurzel beschädigt ist. Kaufen Sie darum nur Schwarzwurzeln der Handelsklasse I. Wurzeln, die in dieser Handelsklasse verkauft werden, müssen nämlich unbeschädigt sein, in Handelsklasse II dürfen auch abgebrochene Stücke verkauft werden.

Schwarzwurzeln schälen

Da Sie mit 40 Prozent Abfall rechnen müssen, brauchen Sie für 4 Portionen à 150 g ungefähr 1 kg.
Damit der milchige Saft beim Schälen nicht an den Händen kleben bleibt, können Sie entweder die rohen Wurzeln unter fließendem Wasser schälen oder vor dem Schälen 15 Minuten in Salzwasser kochen, dann läßt sich die Haut leicht mit dem Messer abziehen.

GEHIRNNAHRUNG:
Schwarzwurzeln enthalten viele Mineralstoffe, die für den Stoffwechsel des Gehirns wichtig sind: Vor allem Kalium (320 mg pro 100 g), Magnesium, Kalzium (53 mg), Phosphor und Eisen (1,5 mg). Ihr Kaloriengehalt: 74 Kalorien pro 100 g Fruchtfleisch.

Unter Wasser schälen
Wenn Sie die Schwarzwurzeln roh schälen wollen, halten Sie sie unter fließendes Wasser. Man schält sie am besten mit einem Sparschäler.

In Essigwasser legen
Wenn Schwarzwurzeln der Luft ausgesetzt sind, verfärben sie sich. Darum sollten Sie sie in Essigwasser legen und eventuell mit Mehl bestäuben.

SELLERIE

Wie seine Verwandte, die Sellerieknolle, wurde der Staudensellerie vor ungefähr 400 Jahren aus dem Wildsellerie gezüchtet. Während die derbe Sellerieknolle jedoch sofort bei uns Karriere machte, wurde der zartere Staudensellerie zunächst nur im Mittelmeerraum heimisch. Erst vor ungefähr 20 Jahren begann auch sein langsamer, aber unaufhaltsamer Aufstieg in deutschen Küchen.

Panierte Selleriescheiben

Für 4 Portionen:

- 1 kg Knollensellerie
- Salz
- Pfeffer a. d. Mühle
- 50 g Mehl
- 1 Ei
- 50 g Semmelbrösel
- 50 g Butterschmalz

1. Sellerie schälen, große Knollen quer halbieren. Knolle in Scheiben schneiden und mit Salz und Pfeffer würzen.

2. Scheiben erst in Mehl, dann in verquirltem Ei, dann in Semmelbröseln wenden.

3. Butterschmalz in einer Pfanne heiß werden lassen. Die Scheiben darin bei mittlerer Hitze goldbraun braten (ca. 3–4 Minuten pro Seite).

Unser Tip: Entweder mit einem Zitronenschnitz oder mit einer selbstgemachten Remouladensauce servieren.

Vorbereitungszeit: 10 Minuten
Garzeit: 10 Minuten
Pro Portion ca. 7 g Eiweiß, 4 g Fett, 27 g Kohlenhydrate = 708 Joule (169 Kalorien)

Goldbarschfilet auf Gemüsestreifen

Für 4 Portionen:
2 Bund Suppengrün (500 g)
60 g Butter oder Margarine
$\frac{1}{8}$ l Weißwein, $\frac{1}{4}$ l Brühe
1 Beutel helle Sauce (für $\frac{1}{4}$ l Flüssigkeit)
4 Scheiben Goldbarschfilet (500 g)
4 El Zitronensaft
Salz, Pfeffer a. d. Mühle
3 El Mehl, 1 Bund Dill
1 Eigelb
abgeriebene Schale von 1 unbehandelten Zitrone

1. Suppengrün putzen, waschen, in Streifen schneiden und in 20 g Butter oder Margarine andünsten. Mit Wein und Brühe auffüllen, 10–15 Minuten garen.

2. Gemüse aus dem Sud nehmen und warm stellen. Sud mit Wasser auf $\frac{1}{2}$ l auffüllen. Saucenpulver in 6 El Wasser glattrühren, in den

Sud geben und 3–5 Minuten köcheln lassen.

3. Fischfilets mit 2 El Zitronensaft beträufeln, salzen, pfeffern, in Mehl wenden und in dem restlichen Fett pro Seite 5 Minuten braten.

4. Dill hacken. Den Dill mit Eigelb unter die heiße Sauce rühren (nicht mehr kochen!), mit Zitronensaft und -schale würzen.

5. Fischfilet auf dem Gemüse anrichten, Zitronensauce dazu servieren.

Vorbereitungszeit: 40 Minuten
Garzeit: 20–25 Minuten
Pro Portion ca. 28 g Eiweiß, 20 g Fett, 22 g Kohlenhydrate = 1759 Joule (420 Kalorien)

Sellerie-Kartoffel-Püree

Für 4 Portionen:

500 g Kartoffeln
500 g Knollensellerie
½ l Brühe
⅛ l Schlagsahne
30 g Butter oder Margarine
1 Bund Dill
1 Bund glatte Petersilie
Salz, Pfeffer a. d. Mühle
Muskatnuß

1. Kartoffeln und Sellerie schälen, waschen, würfeln und in der Brühe etwa 20 Minuten kochen.

2. Kartoffeln und Sellerie in einem Sieb abtropfen lassen. Dann durch die Kartof-

felpresse direkt in einen Topf pressen.

3. Sahne aufkochen und mit der Butter oder Margarine zum Püree geben. Mit einem Schneebesen kräftig durchrühren.

4. Kräuter hacken und untermischen. Mit Salz, Pfeffer und frisch geriebener Muskatnuß abschmecken. Dazu paßt kurzgebratenes Fleisch.

Vorbereitungszeit: 20 Minuten
Garzeit: 20 Minuten
Pro Portion ca. 14 g Eiweiß, 17 g Fett, 109 g Kohlenhydrate = 2810 Joule (695 Kalorien)

Staudensellerie mit zwei Dips

Für 4 – 6 Portionen:

2 Selleriestauden (ca. 750 g)

Für den Käsedip:

50 g Gouda (mittelalt)

100 g Doppelrahmfrischkäse

1/8 l Schlagsahne

3 El Mineralwasser

1 El mittelscharfer Senf

Salz, Pfeffer a. d. Mühle

1 Bund Schnittlauch

Für den Quark-Kerbel-Dip:

250 g Magerquark

1/8 l Schlagsahne

Salz, Pfeffer a. d. Mühle

1 Handvoll Kerbel

Staudenselleriebblätter

1. Die Selleriestauden zerteilen, waschen, die Fäden abziehen und die Stangen in ein Glas stellen.

2. Für den Käsedip den Käse reiben, mit Doppel-

rahmfrischkäse, Sahne, Wasser und Senf verrühren und mit Salz und Pfeffer abschmecken. Schnittlauch in Röllchen schneiden und untermischen. Mit Schnittlauch garnieren.

3. Für den Quark-Kerbel-Dip den Quark mit Sahne, Salz und Pfeffer verrühren. Kerbel von den Stielen zupfen und mit den Sellerieblättern fein hacken, unter den Quark rühren. Mit Kerbel garnieren.

Vorbereitungszeit: 25 Minuten
Pro Portion (bei 6 Portionen) ca. 12 g Eiweiß, 18 g Fett, 8 g Kohlenhydrate = 1252 Joule (299 Kalorien)

Staudensellerie-Salat mit Früchten

Für 4 Portionen:

1 Staudensellerie (ca. 400 g)

2 Orangen

1 Apfel

2 Becher Sahnejoghurt (à 150 g)

6 El Zitronensaft

abgeriebene Schale 1 unbehandelten Zitrone

1–2 El Zucker

50 g Haselnußkerne

1. Staudensellerie putzen, waschen und in Streifen

schneiden. Die Orangen über einer Schüssel wie Äpfel schälen, den Saft auffangen. Fruchtfleisch mit einem Messer zwischen den Trennhäuten herausschneiden.

2. Apfel schälen, vierteln, Kernhaus herausschneiden und die Apfelstücke in Spalten schneiden. Alle Zutaten in einer Schüssel mischen.

3. Joghurt mit Zitronensaft, Zitronenschale und Zucker verrühren und auf den Salat geben. Nüsse hakken und darüberstreuen.

Vorbereitungszeit: 25 Minuten
Pro Portion ca. 6 g Eiweiß, 10 g Fett, 38 g Kohlenhydrate = 1170 Joule (279 Kalorien)

SELLERIE aktuell

Stammen beide von derselben Familie ab: der Knollensellerie, der unterirdisch eine dicke Knolle entwickelt, und der Staudensellerie, der keine Knolle, dafür aber saftige, kräftige Blattstengel entwickelt.

Soll müde Männer munter machen

„Fritzchen, freu dich, morgen gibt's Selleriesalat." Dieser alte Gassenhauer hat einen eindeutigen Hintersinn. Seit eh und je stehen die Mitglieder der Selleriefamilie nämlich im Ruf, liebesmüde Leute munter zu machen. Schon die Nymphe Calypso soll laut Homer Sellerie für ihren Zaubertrank benutzt haben, mit dem sie die Männer zuerst liebestoll gemacht und dann in Schweine verwandelt hat. Ob Sellerie zu Recht diesen Ruf genießt, das konnte bisher wissenschaftlich noch nicht erwiesen werden. Soviel jedoch ist gewiß: Alle Mitglieder der Selleriefamilie wirken dank ihres hohen Anteils an ätherischen Ölen kreislaufbelebend und appetitanregend. Und dank ihres hohen Gehalts an Mineralstoffen (vor allem an Phosphor, Kalium, Kalzium und Natrium) haben sie einen positiven Einfluß auf unseren Gehirnstoffwechsel. Ihr Kaloriengehalt: In 100 g Knollen-

Knollensellerie putzen

Um eine Sellerieknolle zum Kochen vorzubereiten, brauchen Sie ein großes, scharfes Messer. Als erstes müssen Sie Wurzel- und Blattansatz entfernen.

Knollensellerie in Scheiben schneiden

Sellerie läßt sich am leichtesten schälen, wenn man ihn zuvor in dicke Scheiben schneidet. Sofort in Zitronenwasser geben, sonst verfärbt er sich!

sellerie stecken 38, in 100 g Staudensellerie 21 Kalorien.

Als Gemüse und Gewürz

Beim Sellerie unterscheidet man zwischen drei Hauptarten:

- dem **Blattsellerie**, einer Art mit sehr großen, sehr aromatischen Blättern, die zum Würzen verwendet werden;
- dem **Knollensellerie**, einer Pflanze mit einer Knolle, die die Größe einer kräftigen Männerfaust haben kann. Sie wird als würzende Zutat für Suppen und Saucen verwendet, schließlich gehört sie in jedes Bund Suppengrün. Sie schmeckt aber auch als Gemüse und Salat;
- dem **Staudensellerie**. Er besitzt keine Knolle, dafür aber kräftige, fleischige Blattstiele, die sich ebenso zum Würzen wie auch als Gemüse eignen. Sellerieknollen haben im Herbst und Winter Hauptsaison. Staudensellerie gibt es das ganze Jahr über zu kaufen. Im Geschmack sind beide sehr ähnlich. Nur schmeckt der Staudensellerie fruchtiger und zarter und ist frisch, saftig und knackig auf der Zunge. Der Knollensellerie schmeckt etwas derber und dumpfer.

Umgang mit Sellerie: kein Problem

Früher mußten die Stengel des Staudensellerie gelblich-weiß aussehen. Man baute ihn nämlich ähnlich wie Spargel in aufgeschütteten Wällen an, damit die Stengel zart blieben. Heute läßt man ihn „überirdisch" wachsen, seine Stiele sehen hellgrün aus, sind vielleicht nicht mehr so zart, dafür aber würziger und vitaminreicher. Staudensellerie wird in Standardgrößen, in Klarsichtfolie verpackt, angeboten. Beim Kauf müssen Sie nur darauf achten, daß seine Blätter frisch aussehen und seine Stengel keine braunen Stellen haben.

Beim Knollensellerie sollten Sie mittelgroße Knollen ohne Nebenwurzeln bevorzugen. Sie gelten als die besten.

Nehmen Sie die Knolle ruhig in die Hand: Wiegt sie verhältnismäßig wenig, fühlt sich weich an und klingt beim Klopfen hohl, ist sie alt und innen pappig. Große Knollen werden oft auch stückweise verkauft. Solch ein Stück sollten Sie unbedingt rasch verbrauchen und bis zum Kochen in Frischhaltefolie verpackt im Gemüsefach des Kühlschranks aufbewahren.

Die ganze Knolle können Sie ebenso wie die Stauden gut ein bis zwei Wochen im Gemüsefach des Kühlschranks aufheben.

Gekocht und roh ein Genuß

Beide Selleriearten schmecken ebensogut als Rohkost wie gekocht als Gemüse zubereitet oder in Suppen und Eintöpfen.

Den Knollensellerie sollten Sie aber sehr fein raffeln, wenn Sie ihn für Rohkostsalate verwenden, außerdem immer sofort in die Salatsauce tun, damit er nicht braun wird. (Als Rohkost paßt er besonders gut zusammen mit Äpfeln, Möhren und Ananas und Nüssen.) Staudensellerie ergibt roh eine ausgezeichnete Vorspeise, wenn man die ganzen Stangen mit einer Roquefortcreme füllt. Oder wenn man die ganzen Stangen zu einem Käse- oder Kräuterdip serviert. Als Salatzutat ist er noch vielseitiger als der Knollensellerie. Er paßt zu Tomaten, grünem Salat und Paprika ebenso wie zu Früchten, zu Fleisch, zu Käse und in den Kartoffelsalat.

Gekocht eine Delikatesse

Staudensellerie zu kochen, ist kaum Arbeit. Man muß ihn nur in mundgerechte Stücke schneiden und 5–15 Minuten gar dünsten, je nach Dicke der Stengel. Er schmeckt ausgezeichnet mit einer Käsesauce, mit heller Sauce oder Tomatensauce. Man kann ihn mit Möhren, mit Champignons oder Tomaten zusammen garen. Gewürze, die zu ihm passen, sind zum Beispiel Basilikum, Estragon und Thymian.

Knollensellerie muß man vor dem Kochen erst schälen und in Würfel oder Scheiben schneiden. Man gart ihn in 6–12 Minuten in wenig Salzwasser. Als Gemüse sollte man ihn nur mit etwas Säure, Salz, Zucker und Pfeffer würzen.

Gekocht schmeckt er auch ausgezeichnet als Salat, entweder solo oder mit anderen Gemüsen. Klassisch ist hier der Waldorfsalat mit Äpfeln, Walnüssen und Mayonnaise.

DIE BLÄTTER ZUM WÜRZEN VERWENDEN

Staudensellerie wird immer, Knollensellerie im Frühjahr mit einem Teil seiner Blätter angeboten. Die zarten Blätter bitte nicht wegwerfen! Man kann mit ihnen Suppen, Gemüse und Saucen würzen. Einen Teil kann man mitkochen lassen, den anderen feingehackt übers fertige Gericht streuen. Aber nur sparsam verwenden! Ihr Aroma ist sehr intensiv.

Knollensellerie vierteln

Selleriewürfel lassen sich am besten aus den dicken Scheiben schneiden. Für feine Scheiben sollten Sie die Knolle vierteln und schälen.

Staudensellerie putzen

Um die Stangen voneinander zu lösen, schneidet man das Wurzelende ab. Bei den äußeren Stangen zieht man von unten die gröbsten Fasern ab.

SOJA-SPROSSEN

Eigentlich müßten sie Mungo- und nicht Sojasprossen heißen. Denn was wir hier bei uns unter dem Etikett „Sojasprossen" kaufen, sind gar nicht die Keimlinge der Sojabohne, die seit Jahrtausenden überall in Asien gegessen werden. Es sind die der Mungobohnen. Der Grund: Mungobohnen und ihre Keimlinge bekommen europäischen Mägen viel besser als die herkömmlichen Sojabohnen.

Sojasprossen-Pfanne

Für 4 Portionen:

- 3 El Sherry
- 3–4 El Sojasauce
- 2 El Zitronensaft
- 1 El Speisestärke
- Pfeffer a. d. Mühle
- 500 g Schweinefilet
- 125 g Sojasprossen
- 1 rote Paprikaschote
- 1 Dose Bambussprossen in Streifen (335 g EW)
- 30 g Butterschmalz
- $\frac{1}{8}$ l Hühnerbrühe (Instant)
- 1 Bund Petersilie

1. Aus 2 El Sherry, 2 El Sojasauce, 1 El Zitronensaft, Speisestärke und Pfeffer eine Marinade rühren. Das Schweinefilet in Streifen schneiden und darin 1 Stunde marinieren.

2. In der Zwischenzeit die Sojasprossen verlesen und waschen. Paprika vierteln, quer in Streifen schneiden. Die Bambussprossen in einem Sieb abspülen und abtropfen lassen.

3. Fleisch auf ein Sieb geben, abtropfen lassen und die Marinade auffangen.

4. Fleischstreifen portionsweise in dem heißen Butterschmalz anbraten.

5. Paprikastreifen und Bambussprossen in dem Bratfett andünsten, mit Brühe und Marinade löschen und 5 Minuten bei mittlerer Hitze garen.

6. Fleisch und Sojasprossen zugeben. Mit dem restlichen Sherry, Sojasauce, Zitronensaft und Pfeffer abschmecken.

7. Einmal aufkochen lassen. Petersilie darüberstreuen.

Vorbereitungszeit: 30 Minuten
Garzeit: 15 Minuten
Pro Portion ca. 28 g Eiweiß, 20 g Fett, 10 g Kohlenhydrate = 1477 Joule (353 Kalorien)

Omelett mit Sojasprossen

Für 4 Portionen:
150 g Sojasprossen
4 Scheiben gekochter Schinken (ca. 250 g)
1 Bund Schnittlauch
2 Tomaten, 8 Eier
2 El Schlagsahne, Salz
Pfeffer a. d. Mühle
Muskatnuß
40 g Butter oder Margarine
4 Scheiben Graubrot

1. Sojasprossen verlesen und, wenn nötig, waschen. Schinken in feine Streifen, Schnittlauch in Röllchen schneiden. Tomaten waschen, vierteln, entkernen und in kleine Würfel schneiden.

2. Eier und Sahne verquirlen, mit Salz, Pfeffer und Muskat würzen.

3. 10 g Butter oder Margarine in der Pfanne schmelzen lassen. ¼ der Eimasse zugeben und 1 Minute stokken lassen. Dann je ein Viertel der Schinkenstreifen und der Sojasprossen daraufge-

ben und weitere 2 Minuten stocken lassen. Wenn das Omelett in der Mitte festzuwerden beginnt, mit dem Pfannenwender von der Pfanne lösen und umklappen. 3 weitere Omeletts ebenso herstellen.

4. Jedes Omelett auf eine Scheibe Graubrot legen und mit Tomatenwürfeln und Schnittlauchröllchen bestreuen.

Vorbereitungszeit: 10 Minuten
Garzeit: jeweils 4 Minuten
Pro Portion ca. 33 g Eiweiß, 33 g Fett, 23 g Kohlenhydrate = 2314 Joule (553 Kalorien)

Sojasprossen-Salat

Für 4 – 6 Portionen:
500 g Hähnchenbrustfilet
Salz
Pfeffer a. d. Mühle
20 g Butterschmalz
150 g Sojasprossen
250 g Salatgurke
1 Bund Radieschen
1 Bund Dill
3–4 El Schlagsahne
2–3 El Meerrettich (gerieben)
1 Tl Zitronensaft
1 Glas Mayonnaise (50 %, 250 g)
Zucker

1. Die Hähnchenbrust salzen und pfeffern, in dem heißen Butterschmalz von jeder Seite 5 Minuten braten. Abkühlen lassen.

2. Sojasprossen verlesen und, wenn nötig, waschen. Salatgurke schälen, längs halbieren und mit einem Teelöffel die Kerne heraus-

kratzen. Gurke in Scheiben schneiden. Radieschen waschen und in Scheiben schneiden.

3. Dill hacken (etwas Dill zum Verzieren zurücklassen) und zusammen mit Sahne, Meerrettich und Zitronensaft unter die Mayonnaise rühren. Sauce mit Salz, Pfeffer und einer Prise Zucker abschmecken.

4. Hähnchenbrust in Streifen schneiden und mit dem Gemüse mischen, dann die Salatsauce unterheben und alles 20 Minuten durchziehen lassen.

5. Abschmecken und vor dem Servieren mit dem restlichen Dill bestreuen.

Vorbereitungszeit: 30 Minuten
Garzeit: 10 Minuten
Pro Portion (bei 6 Portionen) ca. 16 g Eiweiß, 29 g Fett, 5 g Kohlenhydrate = 1514 Joule (362 Kalorien)

Backhähnchen auf chinesische Art

Für 4 Portionen:
7 El Sojasauce
2 Spritzer Tabasco
2 El Zitronensaft
1 Tl Speisestärke
Salz, Pfeffer a. d. Mühle
1 Hähnchen (1,2 kg, in 8 Teile zerlegt)
2 Porreestangen (400 g)
200 g Bambussprossen (Dose)
125 g Sojasprossen
etwa 60 cm Bratschlauch

1. Sojasauce, Tabasco, Zitronensaft, Speisestärke, Salz und Pfeffer verrühren, Hähnchenteile in die Sauce legen, 30 Minuten durchziehen lassen.

2. Inzwischen geputzten Porree in Streifen, Bambus in Stifte schneiden. Sojasprossen waschen, abtropfen lassen.

3. Folie auf einer Seite mit Clip verschließen. Hähnchenteile hineingeben. Gemüse ums Fleisch verteilen. Sauce zugießen. Offenes Ende mit Clip schließen.

4. Die Folie dann mit einer

Nadel zweimal einstechen. Schlauch auf ein kaltes Backblech setzen und im vorgeheizten Backofen auf die mittlere Einschubleiste schieben.

5. Hähnchen bei 220 Grad (Gas 3) 40–50 Minuten garen. Die Folie darf die Backofenwand nicht berühren.

Vorbereitungszeit: 30 Minuten
Garzeit: 40–50 Minuten
Umluft: nicht geeignet
Pro Portion etwa 51 g Eiweiß, 13 g Fett, 8 g Kohlenhydrate = 1590 Joule (380 Kalorien)

Sojasprossen-Gemüse mit Klößchen

Für 4 Portionen:

375 g Möhren, 500 g Porree

150 g Sojasprossen

30 g Butter oder Margarine

$^1/_4$ l Fleischbrühe (Instant)

1 Paket Fleischklößchen (TK, 300 g)

$^1/_8$ l Schlagsahne

2 El helles Saucenbindemittel

Salz, Pfeffer a. d. Mühle

2 El Sojasauce

2 El Weißwein

1 El Sesamkörner

1. Möhren putzen, waschen und in gleichmäßige Stifte schneiden. Porree putzen, waschen und schräg in Ringe schneiden. Sojasprossen verlesen und, wenn nötig, waschen.

2. 10 g Butter oder Margarine in einer Pfanne zerlassen, Porree und Möhren darin andünsten und mit der Brühe ablöschen. Bei milder Hitze 7 Minuten im geschlossenen Topf garen.

3. Inzwischen die Fleischklößchen in der restlichen Butter oder Margarine 15 Minuten braten.

4. Sojasprossen und Sahne zum Gemüse geben, aufkochen lassen. Saucenbinde-

mittel einstreuen und nochmals aufkochen lassen.

5. Gemüse mit Salz, Pfeffer, Sojasauce und Weißwein abschmecken. Fleischklößchen zum Gemüse geben und alles mit Sesamkörnern bestreuen.

Vorbereitungszeit: 30 Minuten
Garzeit: 10–15 Minuten
Pro Portion ca. 15 g Eiweiß, 31 g Fett, 13 g Kohlenhydrate = 1690 Joule (404 Kalorien)

Schweinefilet mit Rosinen und Sojasprossen

Für 4 Portionen:
1 Glas Sojasprossen (350 g)
200 g Rosinen
20 g Butter oder Margarine
150 ccm Weißwein
250 g Frühlingszwiebeln
500 g Schweinefilet
20 g Butterschmalz
7 El Sojasauce, Salz
Pfeffer, Ingwerpulver
1–2 El dunkles Saucenbindemittel

1. Sojasprossen in einem Sieb abspülen und abtropfen lassen. Rosinen abspülen und abtropfen lassen.

2. Rosinen in der Butter oder Margarine andünsten. 125 ccm Wein zugeben und 10 Minuten garen.

3. Frühlingszwiebeln waschen, putzen und schräg in Scheiben schneiden.

4. Schweinefilet erst in

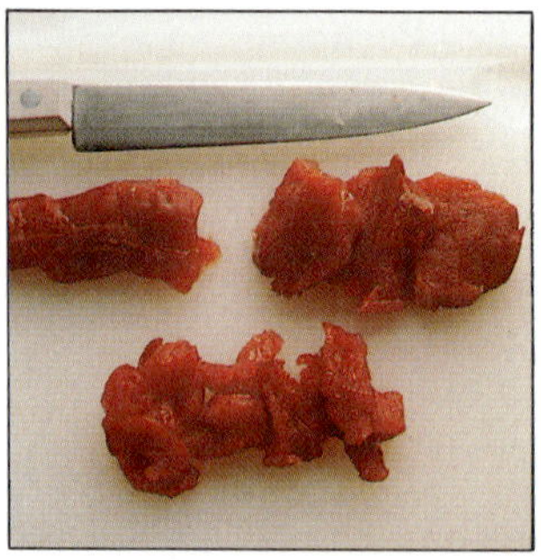

Scheiben, dann in Streifen schneiden, in dem heißen Butterschmalz anbraten.

5. Sojasauce dazugießen, Frühlingszwiebeln zugeben und 5 Minuten mitschmoren lassen. Dann Rosinen und Sojasprossen untermischen. Mit dem restlichen Weißwein, Salz, Pfeffer und Ingwerpulver abschmecken. Mit Saucenbindemittel binden.

Dazu passen Reis oder Glasnudeln.

Vorbereitungszeit: 40 Minuten
Garzeit: 20 Minuten
Pro Portion ca. 30 g Eiweiß, 22 g Fett, 40 g Kohlenhydrate = 2191 Joule (522 Kalorien)

Sojasprossen:
Innerhalb von vier Tagen haben sie ihr Volumen versiebenfacht.

SOJASPROSSEN aktuell

Nur kurz erhitzen

Sojabohnen schmecken am besten und haben am meisten Vitamine, wenn sie vier bis sechs Tage alt sind. Dieses Alter haben sie, wenn sie frisch im Geschäft liegen. Verbrauchen Sie Ihre Sprossen darum möglichst bald. Und wenn Sie sie unbedingt aufbewahren müssen, dann (maximal 1–2 Tage) im Gemüsefach des Kühlschranks.

Sojasprossen können Sie sehr gut roh essen. Wer ihren Geschmack aber für einen Salat zu intensiv findet, kann sie für eine Minute in kochendes Wasser geben. Dann schmecken sie etwas milder, sind aber noch knackig.
Wenn Sie Sojasprossen als Gemüse servieren wollen, dann sollten Sie sie ebenfalls nur kurz erhitzen, ungefähr zwei bis drei Minuten. Und an Gerichte, die eine längere Kochzeit haben, sollte man sie erst zum Ende der Garzeit geben. Dann behalten sie Biß und Vitamine.

Sojasprossen waschen
Sojasprossen sollte man nicht unter fließendem Wasser waschen. Man gibt sie in eine Schüssel mit Wasser und läßt sie hinterher gut abtropfen.

AM BESTEN MIT SOJASAUCE

Sojasprossen sind ein fernöstliches Gemüse. Sie schmecken auch am besten mit Gewürzen aus dieser Region, zum Beispiel mit Curry, mit Ingwer, mit Sojasauce und dazu einem Schuß Reiswein oder Sherry. Sie vertragen sich aber auch gut mit den Gewürzen unserer Küche, mit Schnittlauch, Kerbel oder auch Käse.

Sojasprossen selbst ziehen

Sojasprossen kann man leicht selbst ziehen. Die Bohnen, aus denen sie gezogen werden, bekommen Sie in Samenhandlungen und im Reformhaus. Kaufen Sie, wenn Sie einen empfindlichen Magen haben, Mungo- oder Mungbohnen und keine Sojabohnen. Auch die Keimlinge, die wir im Geschäft kaufen können, und die als Sojabohnen verkauft werden, sind aus Mung- und nicht aus Sojabohnen gezogen. Die Keimlinge aus den Sojabohnen liegen nämlich schwerer im Magen, vor allem, wenn sie roh sind.
Und so wird es gemacht: Zuerst lassen Sie die Bohnen in reichlich Wasser eine Nacht ausquellen. Dann schütten Sie das Wasser ab und geben die Bohnen in ein Keimgerät oder in ein Glas, dessen Öffnung mit einem Mulltuch zugebunden ist. Die Sprossen keimen am besten bei Zimmertemperatur. Sie müssen täglich zwei- bis dreimal mit Wasser durchspült werden, damit sie nicht faulen. (Wenn Sie ein Glas verwenden, einfach Wasser durch das Mulltuch hineinschütten und wieder ablaufen lassen.)
Nach vier Tagen haben sie ihr Volumen vervielfacht, sind ungefähr sieben Zentimeter lang und können gegessen werden.

Noch gesünder als die Bohnen

Schon der Bohnenkern enthält viele für unseren Organismus wichtige Inhaltsstoffe wie Eiweiß und Vitamin C oder Vitamin E und viele Mineralstoffe (besonders Eisen und Phosphor). Solange sie in der Bohne stecken, sind sie aber für unseren Organismus nicht so leicht resorbierbar. Wenn aber der Keimungsprozeß beginnt, verändern sie ihre Struktur, damit der junge Keimling sie besser verwerten kann. Damit werden sie auch für unseren Körper besser verdaulich. Außerdem erhöht sich beim Keimling die Menge an Vitamin C um ein Vielfaches. In 100 g sind 27 Kalorien enthalten.

NUR FRISCHE WARE KAUFEN

Achten Sie beim Kauf darauf, daß die Sprossen durchgehend weiß sind. Braune Flecken sind nämlich ein Zeichen dafür, daß die Sprossen zu lange gelagert haben und schon einen Teil ihrer Vitamine verloren haben.

SPARGEL

Er ist mit Abstand das beliebteste von allen Gemüsen. Der Sonnenkönig zum Beispiel war so versessen auf die langen Stangen, daß er seinen Hofgärtner in Versailles dazu brachte, Spargel zu züchten, der den ganzen Sommer über reifte. Und das nicht nur darum, weil er so gut schmeckt. Er glaubte, wie viele Spargel-Fans, daß Spargel müde Männer wieder munter macht.

Spargel mit Petersiliensahne

Für 4 Portionen:

- 2 kg Spargel
- 30 g Butter oder Margarine
- Salz
- 1 Prise Zucker
- 1/8 l Schlagsahne
- 2 Bund glatte Petersilie

1. Spargel schälen und in Stücke schneiden.

2. Butter oder Margarine in einem Topf mit gut schließendem Deckel schmelzen lassen.

3. Spargel in den Topf geben und knapp 2 El Wasser zufügen.

4. Mit Salz und Zucker würzen und zugedeckt zirka 15–20 Minuten garen.

5. Sahne zugeben.

6. Die Petersilie fein

hacken und unter den Spargel mischen.

Vorbereitungszeit: 45 Minuten
Garzeit: 20 Minuten
Pro Portion ca. 8 g Eiweiß, 20 g Fett, 15 g Kohlenhydrate = 1301 Joule (311 Kalorien)

Spargel mit Kratzete

Für 4 Portionen:

1 kg Spargel, 60 g Butter

Zucker, Salz, 1/2 l Milch

150 g Mehl, 3 Eier

Muskatnuß

4 Scheiben Katenschinken (à 150 g)

Pfeffer a. d. Mühle

1. Spargel schälen, mit 5 g Butter und 1 Prise Zucker in kochendem Salzwasser 18–20 Minuten garen, abtropfen.

2. Inzwischen Milch mit Mehl und 1 Prise Salz verrühren, 10 Minuten ausquellen lassen. Eier unterrühren.

3. Teig in 2 Hälften in je 20 g Butter je 2 Minuten backen. Eierkuchen mit 2 Gabeln in Stücke reißen, goldbraun backen.

4. Restliche Butter mit Muskat aufschäumen. Spargel, Kratzete und Schinken anrichten. Spargel mit Butter begießen, mit der Pfeffermühle darübermahlen.

Vorbereitungszeit: 30 Minuten
Garzeit: 30 Minuten
Pro Portion etwa 25 g Eiweiß, 34 g Fett, 41 g Kohlenhydrate = 2261 Joule (540 Kalorien)

Spargel und Kartoffeln in Pfefferbutter mit Spiegelei

Für 4 Portionen:
1,5 kg Spargel
1 kg kleine Kartoffeln
Salz, 1 Prise Zucker
75 g Butter oder Margarine
2 El geschroteter Pfeffer
4 Eier
30 g Butter oder Margarine
Pfeffer a. d. Mühle

1. Spargel schälen und in Stücke schneiden.

2. Kartoffeln schälen und waschen.

3. Spargel zusammen mit den Kartoffeln in Salzwasser mit einer Prise Zucker 15–20 Minuten kochen.

4. Butter oder Margarine in einer Pfanne schmelzen

lassen, Pfeffer einrühren.

5. Spargel und Kartoffeln gut abtropfen lassen.

6. Beides in die Pfanne geben und schwenken, bis alles mit Butter überzogen ist.

7. Die Eier in der Butter oder Margarine braten, pfeffern und salzen.

8. Auf das Spargel-Kartoffel-Gemüse gleiten lassen.

Vorbereitungszeit: 35 Minuten
Garzeit: 25 Minuten
Pro Portion ca. 16 g Eiweiß, 22 g Fett, 48 g Kohlenhydrate = 2078 Joule (496 Kalorien)

Gratinierter grüner Spargel

Für 2 – 4 Portionen:

1 kg grüner Spargel

60 g Butter oder Margarine

Salz

Zucker

50 g Parmesan (frisch gerieben)

1. Spargel waschen, den unteren Teil schälen und die Enden knapp abschneiden. Spargel mit 10 g Butter oder Margarine in kochendes Salzwasser mit einer Prise Zucker geben und bei milder Hitze 8–10 Minuten garen.

2. Fertigen Spargel mit 2 Schaumkellen aus dem Sud nehmen und in eine flache Auflaufform legen. Käse darüberstreuen und die Butter oder Margarine

in Flöckchen darübergeben.

3. Den Spargel im vorgeheizten Backofen bei 200 Grad (Gas 3) auf der 2. Einschubleiste von oben 15–20 Minuten überbacken.

Vorbereitungszeit: 10 Minuten
Garzeit: 25–30 Minuten
Umluft: 25 Minuten bei 200 Grad
Pro Portion (bei 4 Portionen) ca. 11 g Eiweiß, 21 g Fett, 7 g Kohlenhydrate = 1107 Joule (265 Kalorien)

Spargel mit Zitronen-Hollandaise

Für 4 Portionen:

- 2 kg Spargel
- 1 l Brühe (Instant)
- 1 El Zucker, 6 Eigelb
- abgeriebene Schale 1 unbehandelten Zitrone
- 2 El Zitronensaft
- 1 El Senf, Salz
- Pfeffer a. d. Mühle
- 6 El Weißwein
- 75 g Butter
- 1 Bund Zitronenmelisse

1. Spargel schälen, Brühe zum Kochen bringen, Zukker zugeben und den Spargel darin zugedeckt 15–20 Minuten garen.

2. Eigelb mit Zitronenschale und -saft, Senf, Salz, Pfeffer und Weißwein in einer Edelstahlschüssel mit dem Schneebesen verrühren.

3. Schüssel in einen Topf mit heißem Wasser stellen

und so lange schlagen, bis die Masse dicklich wird.

4. Gut gekühlte Butter in kleine Würfel schneiden und nach und nach unter die Sauce schlagen. Salzen und pfeffern.

5. Spargel gut abtropfen lassen, mit der Sauce übergießen. Zitronenmelisse hacken und darüberstreuen. Dazu passen Pellkartoffeln und Kalbssteak.

Vorbereitungszeit: 25 Minuten
Garzeit: 20 Minuten
Pro Portion ca. 12 g Eiweiß, 24 g Fett, 12 g Kohlenhydrate = 1385 Joule (331 Kalorien)

Oberirdisch gewachsen: grüner Spargel; in Erdwällen gewachsen: weißer Spargel.

SPARGEL aktuell

Frühjahrskur für Feinschmecker

Spargel ist ein uraltes Edelgemüse, das schon seit der Pharaonenzeit im Mittelmeerraum angebaut wurde. Man schätzte ihn aus vielerlei Gründen. Einmal natürlich, weil er so gut schmeckt. „Schmeichelei des Gaumens", nannte ihn zum Beispiel der römische Gelehrte Cato. Zum anderen auch, weil man ihm liebessteigernde Kräfte zutraute – was wohl eher auf seine Form als auf seine Inhaltsstoffe zurückzuführen ist. Vor allem aber, weil er als so gesund galt. Nicht umsonst nannten die Botaniker ihn „Asparagus officinalis", Apothekerspargel. Denn die Apotheker brauten aus ihm eine Essenz, die noch im vorigen Jahrhundert gegen Gicht und Nierenleiden verschrieben wurde. Eine Vorstellung, bei der sich jedem Feinschmecker heute die Haare sträuben. Aber die Kräuterdoktoren hatten gar nicht mal Unrecht. Denn Spargel enthält nicht nur einiges an Vitaminen (in 100 g stecken zum Beispiel 50 μg Vitamin A, 110 μg Vitamin B_1 und 120 μg Vitamin B_2), er enthält vor allem reichlich Kalium und Asparagin, die beide die Nierentätigkeit anregen. Da Spargel zudem noch wenig Kalorien hat (in 250 g stecken nur 50 Kalorien), ist er die ideale Frühjahrskur für Feinschmecker.

Von weißem und grünem Spargel

Obwohl es Spargel inzwischen das ganze Jahr über zu kaufen gibt, ist die eigentliche Spargelsaison nur kurz: Sie beginnt Mitte März, wenn die ersten langen Stangen aus den Mittelmeerländern bei uns eintreffen, und endet um den 21. Juni, dem Johannistag. Nach diesem Tag dürfen bei uns, einer alten Bauernregel entsprechend, keine Spargelstangen mehr gestochen werden, um die Pflanzen nicht zu schwächen.

Die unterschiedlichen Sorten, die während dieser Zeit angeboten werden, kann man leicht an der Färbung der Stangen erkennen.

Der weiße Spargel ist bei uns in Deutschland am beliebtesten. Er schmeckt besonders mild und lieblich. Die durchgehend bleiche Farbe rührt übrigens daher, daß die Stangen gestochen werden, bevor ihre Spitzen die bei Spargelkulturen aufgehäufelten Erdwälle durchstoßen.

Spargel mit bläulich oder violett verfärbten Köpfen, der aus Frankreich, Italien und seit neuestem auch aus Spanien importiert wird, ist kräftiger, würziger und herber im Aroma.

Der grüne Spargel wird seit einiger Zeit auch bei uns angebaut, kommt aber bislang zumeist aus Italien. Er wächst nicht in Erdwällen, sondern oberhalb des Erdreichs, daher seine moosgrüne Farbe. Seine Stangen sind wesentlich dünner als die des weißen Spargels,

Grünen Spargel schälen

Die dünnen grünen Stangen braucht man nur wenig zu schälen. Nur ihr unteres Ende hat eine harte Schale, die man mit einem Sparschäler entfernt.

Spargel bündeln

Spargel läßt sich leichter aus dem Sud heben, wenn man die Stangen gebündelt gart. Dazu umwickelt man ihn portionsweise mit Garn oder Bast.

enthalten mehr Vitamin A und C als die weißen Stangen und schmecken wie eine Mischung aus weißem Spargel und Broccoli.

Je frischer, desto aromatischer

Spargel ist ein teures Gemüse, nicht zuletzt auch darum, weil jede einzelne Stange per Hand gestochen werden muß. Darum sollten Sie so sorgsam mit ihm umgehen wie möglich.
Wichtigstes Gebot: Der Spargel muß so frisch wie möglich sein. Am besten schmeckt er, wenn man ihn noch am Tag der Ernte ißt. Beim Kauf sollten Sie immer auf folgende Frische-Kriterien achten: Die Stangen müssen straff und prall sein, die Schnittflächen müssen glatt und hell aussehen. Außerdem muß Saft austreten, wenn man mit dem Nagel eindrückt. Wenn Sie im Zweifel sind und sich nicht trauen, diese Nagelprobe zu machen, dann sollten Sie den Händler bitten, bei einer Stange die Schnittfläche abzuschneiden.
Spargel wird in unterschiedlichen Güteklassen angeboten, die sich im Preis erheblich voneinander unterscheiden. Am teuersten ist Spargel der Güteklasse extra. Dieser Spargel hat geschlossene Köpfe und regelmäßig geformte, gerade Stangen. Die etwas preiswertere Güteklasse I hat nicht mehr ganz so ebenmäßige Stangen mit leicht geöffneten Köpfen. Und unter Güteklasse II dürfen auch Stangen verkauft werden, die etwas gebogen sind. Als Bruchspargel endlich dürfen auch gebrochene Stangen verkauft werden. Geschmacklich brauchen aber zwischen den einzelnen Güteklassen keine Unterschiede zu bestehen. Es kann sich um dieselbe Sorte handeln, die am selben Tag auf demselben Feld geerntet wurde. Darum: Wenn Sie nicht gerade ein repräsentatives Essen geben, genügt auch die Güteklasse I für ein klassisches Spargelessen. Für Ragouts und Salate reicht Güteklasse II, und aus Bruchspargel läßt sich eine hervorragende Suppe kochen.

SO GAREN SIE SPARGEL

Es gibt zwei Methoden, Spargel zu kochen. Man kann aus Schalen und abgeschnittenen Enden einen Sud kochen, in dem man dann die Stangen garen läßt. Dann schmeckt er aromatischer, als wenn man ihn in Salzwasser kocht. Auf jeden Fall gehört eine Prise Zucker und ein Stück Butter ins Kochwasser. Manche Feinschmecker empfehlen auch, das Salz durch gekörnte Hühnerbrühe zu ersetzen. Die zweite Methode: Den geschälten Spargel tropfnaß in einen Topf mit zerlassener Butter geben, salzen (bzw. Hühnerbrühe darüberstreuen) und bei geschlossenem Topf in ungefähr 20 Minuten gar dünsten. Kurz vor Ende der Garzeit mit einem Schuß Sahne begießen.

Umgang mit den feinen Stangen

Wenn Sie Spargel nicht sofort zubereiten können, dann sollten Sie ihn in feuchte Geschirrtücher wickeln und ins Gemüsefach des Kühlschranks legen.
Auf der anderen Seite ist es seinem Aroma aber nicht abträglich, wenn Sie ihn vor einer abendlichen Einladung zum Spargelessen schon am Vormittag schälen und die geschälten Stangen in feuchte Geschirrtücher gewickelt bis zum Abend ins Gemüsefach des Kühlschranks legen.
Weißer Spargel muß immer großzügig geschält werden, und zwar, indem man mit Messer oder Sparschäler unterhalb der Köpfe ansetzt und nach unten hin dicker schält. Schalen und Endstücke, die ebenfalls abgeschnitten werden müssen, sollte man nicht wegwerfen. Man kann aus ihnen eine Suppe kochen oder einen Sud, in dem man hinterher die Stangen gart.

SO SCHMECKT SPARGEL AM BESTEN

Ebenso einfach wie köstlich ist die klassische Art, Spargel zu servieren: mit zerlassener Butter und neuen Kartoffeln. Dazu wahlweise Schinken, Kalbssteaks oder Rührei. Daneben schmeckt er auch mit einer Holländischen Sauce oder mit einer Kräutervinaigrette. Er harmoniert auf einer Gemüseplatte mit anderen Frühlingsgemüsen. Er ergibt roh oder gekocht einen feinen Salat. Er schmeckt in einer hellen feinen Suppe und in Aufläufen. Man sollte ihn allerdings nur sparsam würzen, um sein feines Aroma nicht zu überdecken. Feine Kräuter, zum Beispiel Kerbel, Petersilie und Kresse oder Basilikum, passen gut zu seinem Aroma. An helle Saucen oder Suppen mit Spargel gehört außerdem etwas Zitronensaft und -schale oder etwas herber Weißwein.

Spargel schneiden
Für Salate oder Ragouts schneidet man die Stangen in mundgerechte Stücke. Am besten legt man dazu die geschälten Stangen nebeneinander und drittelt sie.

Spargelschalen auskochen
Spargelschalen mit Wasser bedecken, ca. 15 Minuten garen, durchsieben. Wenn man den Sud nach Gebrauch sofort einfriert, kann man ihn mehrmals benutzen.

SPINAT

Wir Deutschen haben in Sachen Spinat noch viel zu lernen – aber wir sind immerhin dabei, zu begreifen, daß Spinat nicht ungeliebter, gesunder, grüner Babybrei sein muß. Im Pariser Feinschmeckertempel „Maxim's" ist er eine vielgerühmte Spezialität des Hauses, in der italienischen Küche die oft wichtigste Zutat zu Lasagne, Ravioli, Cannelloni – als Blattspinat, mit frisch geriebenem Parmesan, eine Vorspeise für Genießer!

Spinattopf mit Klößchen

Für 4 Portionen:
1,5 kg Spinat
250 g Zwiebeln
40 g Butter oder Margarine
2 Pk. Fleischklößchen (TK)
1 Knoblauchzehe
Salz, Pfeffer a. d. Mühle
2 Becher Sahnejoghurt (à 150 g)
Cayennepfeffer

1. Spinat putzen und waschen. Zwiebeln pellen und fein würfeln. Butter oder Margarine in einem Topf schmelzen lassen. Zwiebeln darin glasig werden lassen.

2. Fleischklößchen zu den Zwiebeln geben, kurz anbraten. Spinat dazugeben, Topf schließen und den Spinat 10 Minuten garen.

Dann den Knoblauch darüberpressen, mit Salz und Pfeffer herzhaft würzen und verrühren.

3. Joghurt mit Salz und Pfeffer glattrühren. Spinattopf mit der Joghurtsauce übergießen, mit Cayennepfeffer bestreuen und servieren.
Dazu passen Baguette und roter Landwein.

Vorbereitungszeit: 10 Minuten
Garzeit: 20 Minuten
Pro Portion ca. 40 g Eiweiß, 48 g Fett, 19 g Kohlenhydrate = 3005 Joule (718 Kalorien)

Hähnchen mit Spinatfüllung

Für 4 Portionen:

500 g Blattspinat

1 Zwiebel

50 g Cashewkerne, 1 El Öl

Salz, Pfeffer a. d. Mühle

75 g Mozzarella

30 g Weißbrot

1 Hähnchen (1,2 kg)

$\frac{1}{8}$ l Weißwein

1–2 El Saucenbindemittel (hell)

1. Spinat putzen und waschen. Zwiebel pellen und würfeln. Cashewkerne grob hacken. Zwiebeln und Cashewkerne in dem Öl andünsten, Spinat dazugeben, zugedeckt in ca. 2–3 Minuten zusammenfallen lassen, mit Salz und Pfeffer würzen, wenn nötig, etwas ausdrücken.

2. Mozzarella und Brot würfeln und mit dem Spinat mischen. Hähnchen waschen, trocknen, innen und außen salzen und mit dem

Spinat füllen. Keulen zusammenbinden, Öffnung mit Zahnstochern verschließen.

3. Hähnchen auf der Saftpfanne im Backofen bei 225 Grad (Gas 4) auf mittlerer Einschubleiste ca. 1 Stunde braten.

4. Bratensatz mit Weißwein lösen, mit $\frac{1}{8}$ l Wasser aufkochen, Saucenbindemittel einstreuen. Hähnchen tranchieren und mit der Sauce und der Füllung servieren.

Vorbereitungszeit: 35 Minuten
Garzeit: 1 Stunde
Umluft: ca. 1 Stunde bei 200 Grad
Pro Portion ca. 55 g Eiweiß, 25 g Fett, 17 g Kohlenhydrate = 2368 Joule (566 Kalorien)

Spinatpfanne mit Ei

Für 4 Portionen:

- 1,2 kg Blattspinat
- Salz
- 2 Zwiebeln
- 30 g Butter oder Margarine
- Pfeffer a. d. Mühle
- Cayennepfeffer
- 250 g Cabanossi
- 4 Eier
- ½ Bund Schnittlauch

1. Spinat putzen und waschen, Salzwasser zum Kochen bringen, Spinat hineingeben und 2 Minuten kräftig kochen lassen. In ein Sieb schütten, abtropfen lassen.

2. Zwiebeln pellen und fein würfeln. Butter oder Margarine in einer Pfanne zerlassen, die Zwiebeln darin glasig werden lassen, den Spinat zugeben und mit Salz, Pfeffer und etwas Cayennepfeffer herzhaft würzen.

3. Cabanossi in Scheiben

schneiden und zum Spinat geben. Eier aufschlagen und nacheinander vorsichtig auf den Spinat setzen. Bei mittlerer Hitze zugedeckt so lange garen, bis die Eier eben gestockt sind.

4. Die Pfanne mit Salz, Pfeffer und Cayennepfeffer würzen. Schnittlauch in Röllchen schneiden und darüberstreuen.

Vorbereitungszeit: 50 Minuten
Garzeit: 10 Minuten
Pro Portion ca. 22 g Eiweiß, 45 g Fett, 15 g Kohlenhydrate = 2401 Joule (573 Kalorien)

Schollenfilet auf Blattspinat

Für 2 – 4 Portionen:

500 g Blattspinat

1 Paket Schollenfilets (TK, 250 g)

2 El Zitronensaft

Salz, Pfeffer, 1 Zwiebel

40 g Butterschmalz, Muskat

1 El Mehl, $\frac{1}{4}$ l Brühe

150 g Gouda (geraspelt)

2 El Weißwein, 1 Eigelb

$\frac{1}{8}$ l Sahne, Fett für die Form

1. Spinat waschen und verlesen. Fisch auftauen lassen, mit Zitronensaft säuern, dann salzen und pfeffern. Zwiebel pellen, würfeln, in 20 g Fett andünsten. Spinat zugeben, 15 Minuten garen, mit Salz, Pfeffer und Muskat würzen und abtropfen lassen.

2. Mehl im restlichen Fett anschwitzen, die Brühe darunterrühren, aufkochen lassen. Käse zugeben und schmelzen, mit Salz, Pfeffer, Muskat und Wein abschmecken.

3. Eigelb mit Sahne verquirlen und unterrühren.

4. Auflaufform fetten, Spinat darin ausbreiten, Schol-

lenfilets darauflegen, mit der Sauce übergießen.

5. Auflauf im vorgeheizten Ofen bei 200 Grad (Gas 3) auf mittlerer Einschubleiste 15–20 Minuten garen.

Vorbereitungszeit: 45 Minuten
Garzeit: 15–20 Minuten
Umluft: 25 Minuten bei 200 Grad
Pro Portion (bei 4 Portionen) etwa 23 g Eiweiß, 31 g Fett, 8 g Kohlenhydrate = 1778 Joule (424 Kalorien)

Beefsteak auf Blattspinat

Für 4 Portionen:
500 g Blattspinat
30 g Butter oder Margarine
Salz, Pfeffer a. d. Mühle
4 Scheiben Beefsteak (à 180 g)
dünn abgeriebene Schale 1 unbehandelten Zitrone
1–2 El Zitronensaft
20 g Butterschmalz
Fett für die Form
2 Pk. Mozzarella (à 150 g)

1. Spinat waschen und verlesen. Butter oder Margarine in einem großen Topf schmelzen lassen, Spinat zugeben und geschlossen 10 Minuten dünsten. Mit Salz und Pfeffer kräftig würzen.

2. Die Steaks mit Zitronenschale und -saft rundherum einreiben. Im heißen Butterschmalz von jeder Seite 2–3 Minuten braten. Mit Salz und Pfeffer kräftig würzen.

3. Spinat in eine gefettete, feuerfeste Form geben, Steaks darauflegen. Mozzarella in Scheiben schneiden,

auf das Fleisch legen.

4. Im vorgeheizten Backofen bei 250 Grad (Gas 5–6) 10 Minuten überbacken.

Vorbereitungszeit: 20 Minuten
Garzeit: 25 Minuten
Umluft: nicht geeignet
Pro Portion etwa 52 g Eiweiß, 37 g Fett, 4 g Kohlenhydrate = 2405 Joule (575 Kalorien)

Spaghetti mit Blattspinat und Hacksauce

Für 4 Portionen:
500 g Blattspinat
Salz
500 g Spaghetti
2 Zwiebeln
2 El Öl
375 g gemischtes Hack
1/8 l Tomatensaft
Pfeffer, Oregano

1. Spinat waschen, verlesen und tropfnaß in einem Topf zusammenfallen lassen. Etwas Wasser zugeben und bei milder Hitze 10 Minuten im geschlossenen Topf garen.

2. In einem anderen Topf Salzwasser zum Kochen bringen und die Spaghetti darin nach Vorschrift auf der Packung kochen.

3. Zwiebeln pellen, würfeln und in dem Öl glasig werden lassen. Hackfleisch anbraten, mit Tomatensaft auf-

füllen, 10 Minuten schmoren, mit Pfeffer, Salz und Oregano würzen. Spaghetti und Spinat abgießen, mischen und mit der Hackfleischsauce servieren.

Vorbereitungszeit: 30 Minuten
Garzeit: 12 Minuten
Pro Portion ca. 37 g Eiweiß, 32 g Fett, 93 g Kohlenhydrate = 3632 Joule (868 Kalorien)

Curry-Lamm mit Blattspinat

Für 4 Portionen:

- 1 kg Lammschulter (vom Schlachter entbeint)
- 4 El Öl
- 2 El Mehl
- 1 El Curry
- ½ l Hühnerbrühe
- ⅛ l Schlagsahne
- 500 g Blattspinat
- 2 Zwiebeln
- Salz, Pfeffer a. d. Mühle
- Zitronensaft

1. Das Fleisch von Fett und Sehnen befreien, würfeln und in 2 El Öl kräftig anbraten. Mit Mehl und Curry bestäuben, Hühnerbrühe und Sahne zugießen, alles 30 Minuten schmoren.

2. Blattspinat waschen und verlesen. Zwiebeln würfeln. Zwiebeln in dem restlichen Öl glasig werden lassen. Spinat zugeben und im geschlossenen Topf 10 Minuten dünsten. Dann den Spinat zum Fleisch geben, mit Salz, Pfeffer und Zitronensaft herzhaft abschmecken.

Vorbereitungszeit: 35 Minuten
Garzeit: 40 Minuten
Pro Portion ca. 33 g Eiweiß, 70 g Fett, 43 g Kohlenhydrate = 3556 Joule (850 Kalorien)

Mitsamt der Wurzel geerntet: der kräftige Winterspinat.

Meist wird er als Blattspinat geerntet: zarter Sommerspinat.

SPINAT aktuell

So gesund ist Spinat

Noch vor zehn Jahren galt Spinat als halbe Apotheke, mit der man vor allem Babies und Kleinkinder traktierte, und zwar wegen seines angeblich so hohen Eisengehalts. Aber das war leider ein Denkfehler der Wissenschaft. Der Baseler Physiologe Bunge bestimmte nämlich vor der Jahrhundertwende den Eisengehalt von getrocknetem und nicht von frischem Spinat, was leider alle Wissenschafter, die seine Ergebnisse auswerteten, übersahen. Da frischer Spinat aber zu 90 Prozent aus Wasser besteht, hat er nur 4,1 mg und nicht 41 mg, wie Professor Bunge für getrockneten Spinat errechnete.

Es ist also völlig überflüssig, Kinder zum Spinatessen zu zwingen. Denn zwingen muß man sie in der Regel dazu, da Spinat, ähnlich wie Spargel, eine Bitterkeit enthält, die Erwachsene schätzen, Kinder aber ablehnen. Trotzdem: Wer Spinat mag, sollte ihn so oft wie möglich essen. Denn er ist immer noch ein rundum gesundes Gemüse. Er enthält eine Menge lebenswichtiger Mineralstoffe. 100 g Spinat decken ein Drittel unseres Tagesbedarfs an Kalium und Kalzium, ein Viertel unseres Magnesiumbedarfs und 80 Prozent unseres Bedarfs an Vitamin A, außerdem 100 Prozent unseres Vitamin-C-Bedarfs, vorausgesetzt, der Spinat wird schonend behandelt. Spinat ist zudem noch kalorienarm: in 100 g stecken nur 31 Kalorien.

Spinat – ein bißchen Botanik

Die Urheimat der Spinatpflanze ist vermutlich der Orient. Man nimmt an, daß die Araber das Gemüse über Spanien nach Europa brachten. Der Spinat gehört wie Mangold, Ampfer und Melde zur Familie der Gänsefußgewächse.

Spinat waschen

Vor allem der Winterspinat, der mitsamt der Wurzel angeboten wird, ist sehr sandig. Man sollte ihn mehrmals in einer Schüssel mit Wasser waschen.

Winterspinat putzen

Winterspinat hat harte, sehr kräftige Stengel, die nicht mitgegessen werden. Man muß die Blätter von den Stengeln zupfen, eine etwas zeitaufwendige Arbeit.

Früher gab es Spinat nur im Frühling oder Herbst, weil er bei starker Hitze „schießt" und statt der erwünschten Blätter nur Blüten ausbildet. Heute haben die Gemüsegärtner die Pflanze im Griff – es gibt frischen Spinat zu jeder Jahreszeit.
Um den Blattwuchs zu steigern, hat man viel Geld in die Züchtung investiert. Aus dem zweihäusigen Spinat (eine männliche und eine weibliche Pflanze) hat man eine einhäusige Pflanze gezüchtet, die mehr und dichtere Blätter liefert, von Natur aus widerstandsfähiger ist, deutlich weniger Oxalsäure enthält und damit weniger bitter ist als das Gemüse, das zum Alptraum ganzer Kindergenerationen geworden ist.

Winterspinat – Sommerspinat

Spinat gibt es das ganze Jahr über zu kaufen. Im Winter gibt es den sogenannten Winterspinat, eine Pflanze mit kräftigen, großen, gekräuselten Blättern, die ausgesprochen würzig, dabei aber bitter-herb schmecken.
Ab März kommt dann der sogenannte Sommerspinat auf den Markt, eine Pflanze mit kleinen, zarten, hellgrünen Blättern, die milder, aber auch etwas weniger würzig im Aroma sind.

Der kräftige Winterspinat wird in der Regel mitsamt seiner Wurzel geerntet und angeboten als sogenannter Wurzelspinat. Von dem zarten Sommerspinat werden nur die Blätter geerntet, er wird darum auch unter der Bezeichnung Blattspinat angeboten. Die Vorteile dieser Erntemethode für den Verbraucher liegen auf der Hand: Man braucht Blattspinat nur noch zu verlesen, das heißt, alle verwelkten oder geknickten Blätter entfernen. Wurzelspinat ist dagegen wesentlich arbeitsaufwendiger. Man muß die Blätter von den groben Stengeln zupfen. Aber Wurzelspinat hat – von seinem würzigeren Aroma einmal abgesehen – noch einen Vorteil vor seinem zarteren Verwandten: Da es weniger aufwendig ist, ihn zu ernten, ist er meist auch preiswerter.

NICHT LANGE AUFHEBEN!

Besonders den zarten Sommerspinat sollten Sie nicht lange bei sich zu Hause stehen lassen. Denn er fällt schnell zusammen und wird welk. Wenn Sie ihn aber nicht am selben Tag verwenden können, sollten Sie ihn waschen, locker in ein Küchentuch einschlagen und in das Gemüsefach des Kühlschranks legen. Einmal gekochten Spinat sollten Sie niemals lange warm halten und möglichst im Kühlschrank für den nächsten Tag aufheben. Sonst verwandelt sich das in den Blättern vorhandene Nitrat in Nitrit, das vor allem für Kleinkinder gefährlich ist.

Blanchieren oder zusammenfallen lassen?

Spinat können Sie auf zweierlei Art vorbereiten: Sie können ihn blanchieren oder tropfnaß in einen Topf mit zerlassener Butter oder Öl und einer glasig gedünsteten Zwiebel geben und zusammenfallen lassen. Das Blanchieren empfiehlt sich besonders für Winterspinat. Er verliert dadurch einen Teil seiner Bitterkeit, bleibt aber noch würzig. Die zweite Methode eignet sich besonders gut für den zarteren Sommerspinat.

Nicht nur zu Eiern

Spinat sollten Sie nicht nur zu Eiern servieren. Er schmeckt gut zu Lamm, aber auch zu jeder Art von gebratenem Fleisch. Daneben paßt er auch hervorragend zu Fisch, zum Beispiel zu edlem Lachs. Er gehört in die Lasagne und in die Ravioli. Er schmeckt solo, aber mindestens ebensogut zusammen mit Pilzen oder mit Tomaten.
Und man kann den zarten Sommerspinat auch ausgezeichnet roh als Salat servieren, auf dieselbe Weise, wie man auch Feldsalat anmachen würde.
Spinat kann man auf die unterschiedlichste Weise würzen:
- Die klassische deutsche Art ist die Würze mit Zwiebel, Muskat und Sahne.
- Die indische Art: Spinat mit Curry.
- Die italienische Art: Spinat mit Olivenöl, Knoblauch und Zitrone zubereiten und lauwarm servieren oder ihn in Butter dünsten und mit Rosinen und Pistazien servieren oder ihn in Butter dünsten und mit frischem Parmesan bestreut als Vorspeise servieren.

FÜR EILIGE: TIEFGEKÜHLTER BLATTSPINAT

Seit kurzem kann man tiefgekühlten Blattspinat kaufen. Wer sich nicht die Arbeit machen will, frischen zu putzen und zu garen: Tiefgekühlt ist er fast genausogut und wesentlich schneller zuzubereiten.

Spinat hacken

Nur für Füllungen sollten Sie den Spinat hacken. Dazu legen Sie die Blätter aufeinander und schneiden sie grob mit einem scharfen Messer.

Spinat blanchieren

Besonders bei Winterspinat empfiehlt es sich, die Blätter kurz zu blanchieren. Dadurch verlieren sie einen Teil ihrer Bitterstoffe.

STECKRÜBEN

Lange Zeit waren sie als Gemüse nicht gefragt. Sie erweckten nämlich Erinnerungen an schlimme Zeiten, wo sie alle fehlenden Lebensmittel ersetzen mußten, ja, man sogar Brot damit backte. Die junge Generation hat diese Erinnerungen nicht. Sie kauft Steckrüben wieder und entdeckt, wie gut sie schmecken. Steckrüben zu essen liegt heute wieder im „Trend“.

Steckrüben-Eintopf

Für 6 Portionen:

- 500 g Kartoffeln
- 1 Steckrübe (ca. 1,2 kg)
- 750 g Schweinerippchen
- Salz
- Pfeffer a. d. Mühle
- 2 El Öl
- 2 Lorbeerblätter
- 1 l Fleischbrühe (Instant)
- 600 g Äpfel
- 2 El Weißweinessig
- evtl. ½ Bund Schnittlauch
- 1 El Majoran

1. Kartoffeln und Steckrübe schälen, waschen und in Würfel schneiden.

2. Die Rippchen in Portionsstücke schneiden, salzen, pfeffern und in dem heißen Öl rundherum gut anbraten. Lorbeerblätter und Steckrübenwürfel zugeben und mit der Brühe auffüllen. Zugedeckt 20–25 Minuten garen.

3. In der Zwischenzeit die Äpfel schälen, vierteln, das Kerngehäuse herausschneiden, Viertel in Spalten schneiden und mit dem Essig beträufeln. Äpfel und Kartoffeln in den Topf geben und alles weitere 20–25 Minuten garen.

4. Schnittlauch in Röllchen schneiden. Eintopf mit Salz, Pfeffer und Majoran abschmecken, mit Schnittlauchröllchen bestreuen und servieren.

Vorbereitungszeit: 40 Minuten
Garzeit: 50 Minuten
Pro Portion ca. 22 g Eiweiß, 30 g Fett, 26 g Kohlenhydrate = 2021 Joule (483 Kalorien)

Steckrübenpüree mit gebratenen Kasseler Koteletts

Für 4 Portionen:

- 1 Steckrübe (ca. 1,2 kg)
- Salz
- 2 El Crème fraîche
- Pfeffer a. d. Mühle
- Muskat (frisch gerieben)
- 70 g Butter
- 3 El Semmelbrösel
- 1 El Majoran (getrocknet)
- 2 Äpfel
- 4 Kasseler Koteletts (à 150 g)
- 30 g Butterschmalz

1. Steckrübe schälen, in grobe Würfel schneiden und in $^1/_2$ l Salzwasser 20–25 Minuten garen.

2. $^3/_8$ l des Steckrübenwassers abgießen. Steckrüben in dem restlichen Wasser mit dem Schneidstab des Handrührers pürieren. Crème fraîche zugeben, mit Salz, Pfeffer und Muskat würzen.

3. Butter schmelzen lassen, Semmelbrösel und Majoran zugeben, zur Seite stellen.

4. Äpfel schälen, Kerngehäuse ausstechen und die Äpfel in Scheiben schneiden. Kasseler Koteletts in heißem Butterschmalz von jeder Seite 2–3 Minuten braten, herausnehmen und warm stellen. Die Apfelscheiben in der Pfanne von jeder Seite 1 Minute braten.

5. Steckrübenpüree mit der Bröselbutter begießen und zu Kasseler und Apfelscheiben servieren.

Vorbereitungszeit: 20 Minuten
Garzeit: 40 Minuten
Pro Portion ca. 28 g Eiweiß, 59 g Fett, 14 g Kohlenhydrate = 3084 Joule (737 Kalorien)

Hellgelb und glänzend muß das Fruchtfleisch einer guten Steckrübe aussehen.

STECKRÜBEN aktuell

Verwandte von Rotkohl und Wirsing

Trotz ihres Namens ist die Steckrübe nicht mit der Zuckerrübe oder der Roten Bete verwandt. Sie gehört in die Kohlfamilie. Nur ißt man bei ihr – anders als beim Kohl – nicht die Blätter, sondern die verdickte Wurzel.

So muß eine Steckrübe aussehen

Eine gute Steckrübe ist kugelrund, wiegt etwa 1,5 Kilogramm, hat eine glatte Schale, die an ihrem oberen Teil grünlich gefärbt ist, am unteren aber sahnig-gelb aussieht. Das Fruchtfleisch einer Steckrübe muß beim Aufschneiden glänzend hellgelb sein, darf keine Wurmstiche und außerdem keine holzigen Teile haben.

Steckrübe schneiden

Man schneidet von der Steckrübe zuerst den Stielansatz und das untere, schmale Ende der Wurzel ab, damit die Rübe beim Weiterverarbeiten einen festen Stand hat. Dann stellt man die Steckrübe mit der dickeren Schnittseite auf ein Holzbrett oder die Arbeitsfläche und schneidet von oben nach unten die harte Schale großzügig ab. Holzige Teile werden entfernt. Etwas arbeitsaufwendiger, aber kräfteschonender ist die folgende Methode, die harte Rübe zu schälen: Man schneidet die Steckrübe zuerst in Scheiben und schält danach jede Scheibe einzeln.

GESUNDES WINTERGEMÜSE

Steckrüben enthalten fast so viele Mineralstoffe wie Mohrrüben, insgesamt 77 mg auf 100 g Fruchtfleisch gerechnet. In der Hauptsache sind das Kalium, Kalzium und Magnesium. Außerdem enthalten sie große Mengen an Vitaminen der B-Gruppe, Vitamin C und Folsäure. Ihr Kalorienwert: 35 Kalorien pro 100 g.

Steckrüben servieren

Steckrüben schmecken zu vielen deftigen Fleischsorten, zum Beispiel zu Schweinebauch, Hammelfleisch, zu Schinken und zu Pökelfleisch, daneben aber auch zu Wurst oder Hackbällchen.

Klassisch: Steckrübeneintopf mit Hammelfleisch.

Man kann Steckrüben aber auch auf die feine Art karamelisiert oder als Püree zu Gans oder Ente reichen.

Fein geraspelt schmecken sie auch als Rohkost, am besten zusammen mit einem geriebenen Apfel.

Und: In Scheiben geschnitten, gebraten und mit einer Mayonnaise serviert sind sie ein leichter, überraschend guter Imbiß.

Und diese Gewürze passen zu Steckrüben: frisch gemahlener Pfeffer, Petersilie, Muskat, Thymian, Majoran, Lorbeerblätter, Schnittlauch und immer eine Prise Zucker.

EIN SPRITZER WIRKT WUNDER

Steckrüben haben einen erdigen, etwas dumpfen Geschmack. Wer sich daran noch gewöhnen muß: Ein Spritzer Essig oder Zitronensaft im Kochwasser macht ihr Aroma sehr viel milder.

Steckrüben in Scheiben schneiden

Steckrüben in Scheiben zu schneiden, erfordert etwas Kraft, denn sie haben sehr hartes Fruchtfleisch. Man braucht dazu ein großes, sehr scharfes Messer.

Steckrüben würfeln

Steckrüben werden meist als Gemüse gewürfelt serviert. Dazu schneidet man die Scheiben erst in Stifte und teilt diese dann in mundgerechte Würfel.

TOMATEN

Man nennt sie auch Liebesäpfel, Goldäpfel (Pomodoro) oder Paradeiser. Namen, die heute nicht mehr auf alle Tomaten passen. Nämlich nicht mehr auf die wässerigen, runden, glatten, die in den Treibhäusern wachsen. Sondern nur noch auf die vollreifen, saftigen, aromatischen, knubbeligen, richtig tomatig schmeckenden Freilandtomaten. Sonst sollte man auf Tomaten aus Dosen oder Packungen zurückgreifen.

Tomaten mit Kräuternudeln

Für 4 Portionen:

- 125 g Fadennudeln, Salz
- 8 große Tomaten
- Pfeffer, 2 Zwiebeln
- 30 g Butter oder Margarine
- 250 g Zucchini
- 2 Knoblauchzehen
- 4 Bund glatte Petersilie
- 75 g Parmesan (gerieben)
- 2 El Öl
- 1 Beutel Mozzarella (150 g)

1. Nudeln in Salzwasser 2 Minuten kochen, abgießen.

2. Deckel von den Tomaten schneiden. Inneres herauskratzen und durch ein

Sieb streichen. Tomaten würzen, abtropfen lassen.

3. Zwiebeln pellen und fein würfeln. In einer Gratinform das Fett zerlassen, Zwiebeln darin glasig werden lassen. Zucchini in Scheiben schneiden und zugeben. Knoblauch durch die Presse darüberdrücken. Pfeffern, salzen.

4. Gehackte Petersilie, Parmesan, Pfeffer, Salz und Öl unter das Tomatenpüree rühren. Nudeln zugeben.

5. Nudeln in Tomaten füllen, Tomaten auf die Zucchini setzen, Tomatendeckel daraufgeben.

6. Mozzarella in Scheiben über alles verteilen.

7. Im Backofen bei 225 Grad (Gas 4) 20 Minuten überbacken.
Eventuell mit Basilikumblättern dekorieren.

Vorbereitungszeit: 45 Minuten
Garzeit: 20 Minuten
Umluft: 20 Minuten bei 200 Grad
Pro Portion ca. 24 g Eiweiß, 27 g Fett, 43 g Kohlenhydrate = 2263 Joule (540 Kalorien)

Überbackene Vollkornbrote

Für 4 Portionen:

4 Scheiben Vollkornbrot

40 g Butter oder Margarine

8 Scheiben Gouda (mittelalt)

4 Fleischtomaten

Pfeffer a. d. Mühle

Oregano (getrocknet)

4 Scheiben gekochter Schinken

1. Die Brotscheiben mit Butter oder Margarine bestreichen und auf ein Backblech legen. Auf jedes Brot eine Käsescheibe geben und die Brote im vorgeheizten Backofen bei 200 Grad (Gas 3) auf mittlerer Einschubleiste 10 Minuten rösten.

2. Tomaten waschen, den Stielansatz keilförmig herausschneiden. Tomaten in Scheiben schneiden und auf den Käse verteilen. Mit Pfeffer und Oregano würzen.

3. Auf jedes Brot eine Scheibe Schinken legen.

4. Restliche Käsescheiben über den Schinken legen. Alles im Backofen auf der mittleren Einschubleiste nochmals 10–15 Minuten überbacken.
Dazu paßt ein grüner Salat.

Vorbereitungszeit: 10 Minuten
Garzeit: 25 Minuten
Umluft: 10 Min. bei 200 Grad
Pro Portion ca. 28 g Eiweiß, 31 g Fett, 22 g Kohlenhydrate = 2157 Joule (515 Kalorien)

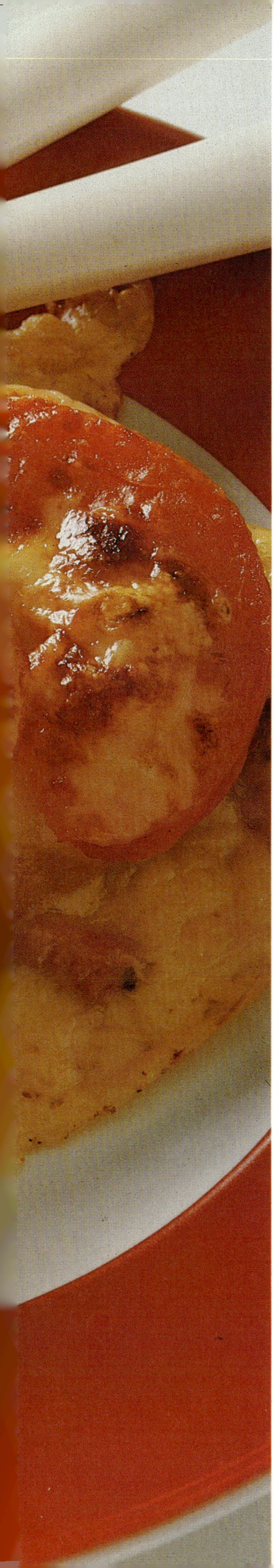

Scharfe Tomatensuppe

Für 4 Portionen:

- 1 Gemüsezwiebel (250 g)
- 1 Stück Sellerie (200 g)
- 500 g Fleischtomaten
- 30 g Butter oder Margarine
- 3 El Tomatenmark
- $\frac{3}{4}$ l Rinderbrühe
- Salz, Pfeffer a. d. Mühle
- 1 El Zucker
- Cayenne
- 1 Bund Thymian (oder 1 Tl getrockneter Thymian)
- 1 Becher Crème fraîche (200 g)

1. Zwiebel pellen und grob zerteilen. Sellerie schälen, waschen und in Stücke schneiden. Tomaten waschen und achteln.

2. In einem Topf Butter oder Margarine schmelzen lassen, Zwiebeln, Sellerie und Tomaten zugeben und unter Rühren kräftig anbraten.

3. Tomatenmark zugeben, die Brühe dazugießen und alles zugedeckt 20–25 Minuten leise kochen lassen.

4. Die Suppe im Topf mit dem Schneidstab des Handrührers pürieren und durch ein Sieb streichen. Mit Salz,

Pfeffer, Zucker und Cayenne abschmecken.

5. Thymian fein hacken und mit der Crème fraîche verrühren. Suppe servieren, die Thymiansahne extra dazu reichen.
Dazu paßt Baguette.

Vorbereitungszeit: 15 Minuten
Garzeit: 30 Minuten
Pro Portion ca. 8 g Eiweiß, 34 g Fett, 25 g Kohlenhydrate = 1904 Joule (455 Kalorien)

Tomaten mit Mozzarella und Basilikum

Für 4 Portionen:

500 g Tomaten

2 Pakete Mozzarella (à 150 g)

2 Bund Basilikum

Salz, Pfeffer a. d. Mühle

1 Tl Oregano (getrocknet)

2 El Weißweinessig

4 El Olivenöl

1. Tomaten waschen, den Stielansatz herausschnei-

den, Tomaten und Mozzarella in Scheiben schneiden.

2. Basilikumblätter von den Stielen zupfen. Tomaten und Käse dachziegelartig auf einer Platte anrichten.

3. Mit Salz, Pfeffer und Oregano würzen. Mit Basilikum belegen. Essig und Öl darüberträufeln und servieren.

Vorbereitungszeit: 15 Minuten
Pro Portion ca. 18 g Eiweiß, 29 g Fett, 7 g Kohlenhydrate = 1642 Joule (392 Kalorien)

Muscheltopf

Für 2 Portionen:

- 250 g Möhren
- 250 g Porree
- 1 Fenchelknolle (300 g)
- 125 g Staudensellerie
- 40 g Butter oder Margarine
- $\frac{1}{8}$ l Weißwein
- 2 Dosen geschälte Tomaten (à 825 g EW)
- Salz, Pfeffer a. d. Mühle
- 2 Lorbeerblätter
- 1 El Zucker
- 1,25 kg Miesmuscheln

1. Das Gemüse putzen, waschen, würfeln und in der Butter oder Margarine andünsten. Den Weißwein und die Tomaten mit der Flüssigkeit dazugeben und zum Kochen bringen.

2. Mit Salz, Pfeffer, Lorbeer und Zucker würzen. Im geschlossenen Topf 30 Minuten garen lassen.

3. Die Muscheln unter fließendem Wasser waschen, dabei die zerbrochenen und geöffneten Muscheln, die sich auch im kalten Wasser nicht mehr schließen, aussortieren.

4. Die Muscheln tropfnaß in den Sud geben und im ge-

schlossenen Topf 10–13 Minuten garen, dabei den Topf ab und zu rütteln. Anschließend alle Muscheln aussortieren, die sich nicht geöffnet haben.
Zum Muscheltopf paßt am besten Baguette.

Vorbereitungszeit: 30 Minuten
Garzeit: 40 Minuten insgesamt
Pro Portion ca. 21 g Eiweiß, 20 g Fett, 52 g Kohlenhydrate = 2196 Joule (525 Kalorien)

Ebenmäßig und rund *sieht die Tomate aus, die die Holländer in Mode gebracht haben. Aber der Längsschnitt zeigt, daß der schöne Schein trügt. Sie enthält relativ wenig Fruchtfleisch, in dem das Aroma steckt, dafür aber viel Flüssigkeit und Kerne.*

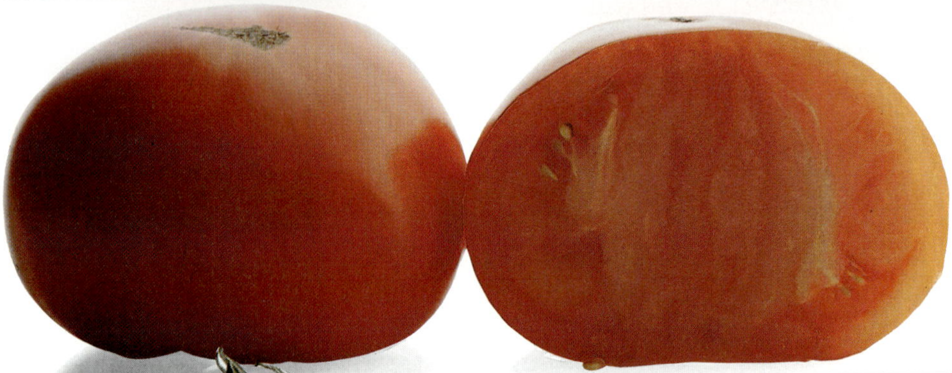

Viel mehr Fruchtfleisch *und entsprechend auch mehr Aroma, dafür weniger Saft und Kerne, enthält die Fleischtomate. Sie ist schwerer als die runde Tomate, flacher und unregelmäßig gerippt.*

Ein hübscher Gag für Partybuffets *und dabei noch aromatisch: die kleine Kirschtomate, eine Züchtung aus den USA, die auch bei uns in Mode kommt.*

Tomaten brauchen Sonne

Je mehr Sonne eine Tomate bekommt, solange sie noch an der Pflanze hängt und reifen kann, desto mehr Vitamin C, Zucker und Aroma entwickelt sie. Zwar färbt sich nach der Ernte die Schale einer grün gepflückten Tomate noch rot. Aber so richtig Aroma kann die Frucht dann nicht mehr entwickeln.
Darum schmecken viele Tomaten, die sich so appetitlich rot in den Auslagen des Obsthändlers präsentieren, wäßrig und fade. Tomaten sind nämlich schnell verderbliche, hochempfindliche Früchte. Darum erntet man sie schon, wenn sie noch grünlich-gelb an der Pflanze hängen. Und das bekommt keiner Tomate, ganz gleich, ob sie im Freiland oder in Treibhäusern unter Glas gezogen werden.
Darum ist und bleibt der September der allerbeste Tomatenmonat. In dieser Zeit werden die heimischen Tomaten reif, die nur einen kurzen Weg zum Verbraucher haben. Hier besteht zumindest die Chance, daß Sie Tomaten bekommen, die bis zur Reife an der Pflanze bleiben durften.

Und wenn die deutsche Ernte vorbei ist, sollten Sie möglichst Tomaten kaufen, die unter südlicher Sonne gewachsen sind. Obwohl auch die nicht vollreif, sondern im Zustand der sogenannten Pflückreife, also noch grünlich-gelb bis orangefarben geerntet wurden, haben sie mehr Sonne abbekommen als Tomaten,

ZIERGEWÄCHS FÜR REICHE LEUTE

Tomaten stammen aus der Neuen Welt. Die Spanier brachten sie von ihren Entdeckungsfahrten mit nach Europa, wo die Paradiesäpfel, wie man sie hier nannte, bald ein Hit wurden. Aber nicht etwa, weil sie gut schmecken. Im Gegenteil, man hielt sie für hochgiftig, weil sie zu den Nachtschattengewächsen zählen. Aber man fand die roten Früchte so dekorativ, daß noch im vorigen Jahrhundert alle feinen Leute sich eine Tomatenpflanze in ihr Gewächshaus oder ihren Wintergarten stellten. Erst vor gut 80 Jahren ließen sich unsere Urgroßeltern davon überzeugen, daß Tomaten nicht nur hübsch aussehen, sondern auch gut schmecken. Inzwischen essen wir Deutschen pro Kopf sieben Kilo Tomaten im Jahr.

die in Gewächshäusern nördlich der Alpen angebaut wurden. Sie konnten also wesentlich mehr Aroma entwickeln.

Nicht auf Schönheit achten

Wenn Sie Tomaten kaufen, sollten Sie nicht auf Schönheit achten. Die gleichmäßig runden Sorten enthalten meist mehr geschmacksneutralen Fruchtsaft und im Verhältnis viel weniger aromatisches Fruchtfleisch

SUPPENTOMATEN FÜR DEN SUGO EINMACHEN

Wenn Sie im Herbst auf dem Markt einmal auf preiswerte Suppentomaten stoßen, sollten Sie das tun, was fast jede italienische Hausfrau macht: Einen großen Topf Tomatensugo kochen und für den Wintervorrat einfrieren oder konservieren.
Und so wird's gemacht: Zwiebeln, Knoblauch und Salz in Öl andünsten, die geviertelten Tomaten zugeben, mit Salz, Pfeffer und Kräutern einkochen, durch ein Sieb geben und portionsweise einfrieren (oder einmachen). Zum Einfrieren eignen sich zum Beispiel Joghurtbecher. Den fertigen Sugo können Sie für Saucen, Suppen, Aufläufe und Pizzas verwenden.

als die unregelmäßig geformten Fleischtomaten. Nehmen Sie außerdem nicht unbedingt immer die schnittfesten. Schnittfestigkeit ist nämlich ein typisches Zeichen für mangelnde Reife. Zumindest zum Kochen sollten Sie die weicheren Suppentomaten vorziehen. Die sind preiswerter, eignen sich vielleicht nicht so gut für einen Salat, sind aber für Suppen und Saucen viel aromatischer.
Suppentomaten sollten Sie sofort verbrauchen, die schnittfesten Tomaten können Sie unbeschadet ein paar Tage im Gemüsefach des Kühlschranks aufheben.

Tomaten in Dosen: auch nicht zu verachten

Wenn Sie mitten im Winter eine Tomatensuppe oder -sauce machen wollen und kein selbsteingemachtes Tomatenpüree haben, nehmen Sie am besten Dosentomaten oder fertiges Tomatenpüree. Die Tomaten, aus denen diese Produkte gemacht werden, haben nämlich wesentlich mehr Aroma als jede frische Frucht, die Sie jetzt kaufen können.
Im Herbst, Winter und Frühjahr empfiehlt sich der Tomatenkauf nur, wenn Sie die Tomaten roh verwenden wollen.

Besonders gut mit frischem Basilikum

Frische Tomaten vertragen sich mit fast allen Kräutern, mit Schnittlauch, Dill und Petersilie ebenso wie mit Thymian oder Estragon, ganz besonders gut aber mit Basilikum.
Zu geschmorten Tomaten schmeckt Oregano, daneben auch Salbei, Thymian oder Petersilie.
Zu frischen und geschmorten Tomaten gleichermaßen gehören außerdem immer Zwiebeln und Knoblauch.
Nur mit einem sollten Sie sparsam sein: mit Säure. Einen Tomatensalat sollten Sie nur minimal mit Essig oder Zitrone würzen. Denn die Tomaten selbst enthalten schon Säure genug.

SO GESUND SIND TOMATEN

Sie enthalten reichlich Mineralstoffe, wie Eisen, Phosphor und Kalium; daneben auch viel Provitamin A und C, nämlich 100 µg Vitamin A und 24 mg Vitamin C pro 100 g Frucht. Und sie sind kalorienarm: in 100 g sind nur 19 Kalorien enthalten.

Tomaten häuten: erster Schritt
Tomaten zu häuten, ist ganz einfach. Als erstes schneidet man keilförmig den Fruchtansatz heraus und ritzt die Frucht an der anderen Seite keilförmig ein.

Tomaten häuten: zweiter Schritt
Dann werden die Tomaten kurz in kochendes Wasser getaucht, mit der Schaumkelle herausgenommen und mit eiskaltem Wasser abgeschreckt.

Tomaten häuten: dritter Schritt
Dann ist das Entfernen der Tomatenhaut nur noch ein Kinderspiel. Sie ist so locker geworden, daß man sie mit den Fingern abstreifen kann.

WEISSKOHL

Weißkohl schmeckt zu jeder Jahreszeit. Im Winter aber ist er unentbehrlich. Nicht nur, weil er so gut in deftigen Eintöpfen schmeckt: Er besitzt als einzige Gemüsepflanze das Ascorbigen, eine Vorstufe des Vitamin C, das sich erst durch den Kochprozeß zu Vitamin C entwickelt. Während alle anderen Gemüsesorten durch Kochen das meiste an ihrem Vitamin-C-Gehalt verlieren, darf man Weißkohl unbedenklich kochen. Er wird dadurch nur noch gesünder.

Irish Stew

Für 6 – 8 Portionen:
1 kg Lammschulter (ohne Knochen)
250 g Zwiebeln
1 kg Weißkohl
6 El Öl
½ l Brühe (Instant)
Salz, Pfeffer a. d. Mühle
2 Tl Kümmel
150 g Kartoffeln

1. Fleisch ohne Fett und Sehnen würfeln.

2. Die Zwiebeln pellen und würfeln.

3. Äußere Blätter vom Kohl entfernen, den Kohl vierteln, Strunk herausschneiden, Kohl in Streifen schneiden.

4. Fleisch im heißen Öl anbraten. Zwiebeln zugeben, glasig dünsten. Kohl zuge-

ben, Brühe zugießen, mit Salz, Pfeffer und Kümmel würzen. Zugedeckt 50 Minuten garen.

5. Inzwischen Kartoffeln schälen, waschen und 10 Minuten vor Garzeitende auf der groben Seite der Haushaltsreibe direkt in den Eintopf reiben, unterrühren. Vorm Servieren das Gericht noch einmal nachwürzen.

Vorbereitungszeit: 30 Minuten
Garzeit: 50 Minuten
Pro Portion (bei 8 Portionen) ca. 20 g Eiweiß, 36 g Fett, 10 g Kohlenhydrate = 1950 Joule (466 Kalorien)

Weißkohl-Auflauf

Für 6 Portionen:

2 Beutel getrocknete Steinpilze (à 5 g)
1 Kopf Weißkohl (1,2 kg)
2 Zwiebeln
1 kg gemischtes Hack
20 g Butterschmalz
Salz
Pfeffer a. d. Mühle
200 g Sahneschmelzkäse
3 Eigelb, 10 g Fett
2 El Gouda (geraspelt)

1. Steinpilze kalt abbrausen und in $\frac{1}{2}$ l lauwarmem Wasser quellen lassen. Kohl putzen, Strunk heraustrennen und den Kohl 5 Minuten kochen.

2. Die äußeren 8 Blätter abtrennen. Kohl abtropfen lassen, sechsteln und quer in Streifen schneiden. Zwiebeln pellen, würfeln und mit dem Hack in heißem Butterschmalz anbraten. Mit Salz und Pfeffer würzen, dann

das Wasser mit den Steinpilzen zugießen.

3. Kohl zugeben und alles zugedeckt bei mittlerer Hitze 5 Minuten garen. Schmelzkäse mit Eigelb verrühren, zum Kohl geben. Nicht mehr kochen lassen.

4. Eine Auflaufform fetten, mit den Kohlblättern auslegen, Hackmasse einfüllen und mit den Kohlblättern halb abdecken. Käse darüberstreuen. Im vorgeheizten Backofen bei 200 Grad (Gas 3) auf der 2. Einschubleiste von unten 35–40 Minuten überbacken.

Vorbereitungszeit: 45 Minuten
Garzeit: 40 Minuten
Umluft: 35–40 Min. bei 200 Grad
Pro Portion ca. 40 g Eiweiß, 65 g Fett, 12 g Kohlenhydrate = 3545 Joule (847 Kalorien)

Weißkohlstreifen mit Cabanossi

Für 4 Portionen:
1 Weißkohl (ca. 1 kg)
1 Cabanossi (ca. 300 g)
40 g Butterschmalz
1–2 Knoblauchzehen
¼ l Brühe (Instant)
2 El Weißweinessig
Salz
Pfeffer a. d. Mühle
Zucker
1 Bund Schnittlauch

1. Weißkohl putzen, vierteln, den Strunk entfernen und die Viertel quer in Streifen schneiden. Cabanossi schräg in Scheiben schneiden.

2. Die Weißkohlstreifen in heißem Butterschmalz gut anbraten, Knoblauch pel-

len und durch die Presse dazudrücken. Cabanossischeiben zufügen und kurz andünsten. Mit Brühe und Essig ablöschen und zugedeckt etwa 20 Minuten bei mittlerer Hitze garen.

3. Mit Salz, Pfeffer und einer Prise Zucker herzhaft abschmecken. Schnittlauch in Röllchen schneiden und darüberstreuen.

Dazu passen Kartoffelklöße.

Vorbereitungszeit: 5 Minuten
Garzeit: 30 Minuten
Pro Portion ca. 18 g Eiweiß, 49 g Fett, 11 g Kohlenhydrate = 2390 Joule (572 Kalorien)

Kohlrouladen

Für 4 Portionen:
1 Weißkohlkopf
1 Tl Kümmel, Salz
150 g Langkornreis
3 Fleischtomaten (à 250 g)
250 g Zwiebeln
100 g Emmentaler Käse
50 g Gruyère-Käse
1 Ei, Pfeffer a. d. Mühle
4 El Öl, $\frac{1}{8}$ l Brühe (Instant)
$\frac{1}{4}$ l Tomatenpüree (Parmalat)
Zucker
1 Bd. glatte Petersilie

1. Strunk aus dem Kohl keilförmig herausschneiden. Kohl mit Kümmel in kochendem Salzwasser garen, bis sich die äußeren Blätter lösen. Blätter abnehmen, Mittelrippe flachschneiden.

2. Reis in Salzwasser 10 Minuten kochen, abgießen.

3. 2 Tomaten brühen, pellen, halbieren, entkernen, würfeln. Zwiebeln pellen, fein würfeln. Käse grob raffeln. Alles mit dem Ei mischen, salzen, pfeffern.

4. Jeweils zwei Kohlblätter halb übereinanderlegen. Füllung darauf verteilen, zu Rouladen zusammenrollen, in ein Handtuch einrollen, ausdrücken.

5. Rouladen im heißen Öl rundherum anbraten. Restliche Tomate achteln, zugeben, mit Brühe ablöschen, zugedeckt 35–40 Minuten garen.

6. Rouladen herausnehmen, warm stellen. Sud durchs Sieb gießen, Tomatenpüree zugeben, aufkochen, salzen, pfeffern, mit 1 Prise Zucker würzen. Mit gehackter Petersilie bestreut servieren.

Vorbereitungszeit: 70 Minuten
Garzeit: ca. 50 Minuten
Pro Portion ca. 18 g Eiweiß, 25 g Fett, 45 g Kohlenhydrate = 2098 Joule (501 Kalorien)

Weißkohlsalat

Für 8 Portionen:
1 Weißkohlkopf (2 kg)
Salz, 3 El Kümmel
350 g durchwachsener, magerer Speck in Scheiben
1/8 l Weißweinessig
Pfeffer a. d. Mühle
1 El Zucker, 9 El Öl

1. Äußere Blätter vom Kohl entfernen, Kohl waschen, achteln, den Strunk herausschneiden, Achtel quer in feine Streifen schneiden.

2. Kohl in kochendem Salzwasser mit Kümmel 2 Minuten kochen, kalt abschrecken.

3. Speck in schmale Streifen schneiden, in der Pfanne knusprig ausbraten.

4. Aus Essig, Salz, Pfeffer, Zucker und Öl eine Sauce rühren.

5. Kohl in der Salatschüssel mit Speck und Sauce mi-

schen. 20 Minuten durchziehen lassen. Eventuell nachwürzen.

Vorbereitungszeit: 20 Minuten
Garzeit: insgesamt 15 Minuten
Pro Portion ca. 6 g Eiweiß, 40 g Fett, 10 g Kohlenhydrate = 1858 Joule (444 Kalorien)

Chop-suey mit Weißkohl

Für 4 Portionen:
750 g Weißkohl
250 g Möhren
250 g kleine Champignons
100 g Zwiebeln
2 Knoblauchzehen
10 g Ingwer
500 g Schweineschnitzel
5 El Öl, 6 El Sojasauce
Pfeffer, 1 Prise Zucker
2 El dunkles Saucenbindemittel
1 Bund Schnittlauch

1. Die äußeren Blätter des Weißkohls ablösen und anderweitig verwenden (z. B. für Kohlrouladen). Kohl vierteln, Strünke herausschneiden, Viertel in 1 cm breite Streifen schneiden. Möhren putzen, waschen und in gleichmäßige feine Streifen schneiden.

2. Champignons unter fließendem Wasser waschen, putzen und vierteln. Zwiebeln pellen, halbieren und längs in feine Streifen schneiden. Knoblauchzehen pellen, Ingwer schälen und hacken.

3. Schweineschnitzel quer in schmale Streifen schneiden. 2 El Öl erhitzen, das Fleisch darin anbraten, zur Seite stellen.

4. Restliches Öl in den Topf geben, Zwiebeln zufügen und glasig werden lassen. Knoblauchzehen dazupressen, Weißkohl zugeben und unterrühren. $\frac{1}{4}$ l Wasser zugeben, 15 Minuten garen.

5. Möhren, Champignons und Fleisch zugeben und 5–10 Minuten garen.

6. Das Chop-suey mit Sojasauce, Pfeffer, Zucker und Ingwer würzen. Saucenbindemittel in die Brühe streuen und kurz aufkochen lassen. Schnittlauch in Röllchen schneiden und darüberstreuen.

Vorbereitungszeit: 70 Minuten
Garzeit: 35 Minuten
Pro Portion ca. 31 g Eiweiß, 23 g Fett, 20 g Kohlenhydrate = 1805 Joule (431 Kalorien)

Jägerkohl

Für 4 Portionen:

250 g Zwiebeln
50 g Butter oder Margarine
1 Weißkohlkopf (2 kg)
8 El Zucker
3 Äpfel
1 Paket Fleischklöße (TK, 300 g)
8 El Weißweinessig
Salz, Pfeffer a. d. Mühle

1. Zwiebeln pellen, längs halbieren, in Spalten schneiden und in Butter oder Margarine kräftig anbraten.

2. Inzwischen Kohl putzen, waschen, vierteln, Strunk herausschneiden. Viertel halbieren und quer in Streifen schneiden.

3. 4 El Zucker zu den Zwiebeln geben, goldbraun karamelisieren lassen, Kohl

zugeben. Offen 35–40 Minuten garen, dabei gelegentlich umrühren.

4. Äpfel schälen, vierteln, Kerngehäuse herausschneiden, Äpfel längs in Spalten schneiden.

5. Sobald die Flüssigkeit beim Kohl verdampft ist, Äpfel und Klöße zugeben. 10 Minuten zugedeckt garen. Mit Weißweinessig, Salz, Pfeffer und dem restlichen Zucker abschmecken. Dazu paßt Kartoffelpüree mit ausgebratenem Speck.

Vorbereitungszeit: 20 Minuten
Garzeit: ca. 55 Minuten
Pro Portion ca. 17 g Eiweiß, 24 g Fett, 55 g Kohlenhydrate = 2093 Joule (499 Kalorien)

Weißkohl schneiden

Zuerst werden die äußeren Blätter entfernt, dann wird der Kopf geviertelt und der harte Strunk herausgeschnitten. Anschließend schneidet man den Kohl in feine Streifen.

Weißkohl stampfen

Wenn Sie rohen Krautsalat zubereiten wollen, geben Sie die Krautstreifen in eine Schüssel, bestreuen sie mit Salz und stampfen sie mit der Faust.

Weißkohl hobeln

Wenn die Weißkohlstreifen besonders fein sein sollen, zum Beispiel für rohen Krautsalat, sollte man die Viertel auf einem Krauthobel schneiden.

Das Innere eines Weißkohls: ein harter Strunk, um den sich die Blätter zu einem festen Kopf zusammenschließen.

WEISSKOHL aktuell

Weißkohl: der meiste wird Sauerkraut

Ob Weißkohl, Weißkraut oder Kappes – es handelt sich immer um den festen, grünlich-weißen Kohlkopf mit den dicht aneinandergepreßten glatten Blättern, der wie Blumenkohl oder Wirsing und Kolrabi zur großen Kohlfamilie gehört. Weißkohl ist zwar das wichtigste Gemüse der gemäßigten Zonen. Immerhin werden bei uns 300.000 bis 350.000 Tonnen Weißkohl pro Jahr geerntet. Aber: Gut Dreiviertel davon kommt nicht frisch auf den Markt. Es wird zu Sauerkraut verarbeitet. Frischer Weißkohl rangiert in der Beliebtheit noch hinter Wirsing und Rotkohl.

Chinakohl: Neu in unserer Küche

Chinakohl, seit über zweitausend Jahren in China angebaut und dort der „Zahn vom weißen Drachen" genannt, war bei uns bis vor 10 Jahren noch so gut wie unbekannt. Heute wird er vom Verbraucher vollkommen akzeptiert. Kein Wunder, denn er hat viele Vorzüge. Er schmeckt ausgezeichnet als Salat, ist roh ausgesprochen bekömmlich, aber man kann ihn ebensogut auch kochen. Man muß ihn im Gegensatz zu den meisten Salatsorten nicht sofort verwenden. Was man nicht sofort verbraucht, wandert in den Kühlschrank, wo es im Gemüsefach 14 Tage knackig und frisch bleibt.

Er wird in zwei Erscheinungsformen bei uns angeboten: Es gibt den langen und den kurzen, gedrungenen, runden Chinakohl.

Der Vorteil des letzteren liegt darin, daß er nicht soviel Strunkanteil hat und statt dessen mehr Blattvolumen bietet. Chinakohl wird immer mit einem Gewicht von ungefähr einem Kilogramm angeboten. Der Grund: Die Bauern ernten

DAS STECKT IM KOHL

Chinakohl wie Weißkohl enthalten reichlich Vitamin C, und zwar in einer Vorstufe, die sich erst beim Kochen voll erschließt. Daneben enthalten beide Vitamine der B-Gruppe, Kalium, Kalzium und Natrium. In 100 g Weißkohl stecken nur 25 Kalorien, in 100 g Chinakohl nur 17 Kalorien.

den Chinakohl, wenn er dieses Gewicht erreicht hat.

Weißkohl in der Küche

Wenn's in der Wohnung gar zu sehr nach Kohl riecht, ist nicht der Kohl schuld, sondern die Hausfrau. Kohl muß immer zugedeckt garen und bei sehr milder Hitze. Wenn man ihn als Gemüse zubereitet, sollte man ihn nicht länger als maximal 60 Minuten kochen, sonst zerkocht er.
Für Gemüse zerkleinert man den in Viertel geschnittenen Kohl mit einem großen Messer, für Salat sollte man ihn mit dem Krauthobel fein schneiden. Wer einen empfindlichen Magen hat, sollte ihn anschließend mit kochendem Wasser kurz überbrühen. Für Kohlrouladen wird der ganze Kohl in Salzwasser blanchiert.
(Wie man das macht, steht auf den Seiten 266–267.)

Chinakohl in der Küche

Chinakohl läßt sich noch vielseitiger als Weißkohl verwenden. Sein ungeheurer Vorteil vor dem Weißkohl: Er riecht kaum, wenn man ihn kocht. Er ist als Gemüse in nur 10 Minuten gar. Achtung: Immer bei geschlossenem Topf und milder Hitze garen! Allerdings schmeckt er auch weniger würzig als Weißkohl. Er ist, so sagt man, der Kohl für alle, die Kohlaroma im Grunde ihres Herzens nicht mögen.

So vielseitig ist Weißkohl

Weißkohl wird überall in der Welt gegessen. In Irland im klassischen Irish Stew ebenso wie in den Balkanländern, wo man ihn zum Beispiel als Krautsalat oder als Krautwickel zubereitet, oder im Fernen Osten.
Ebenso vielseitig ist die Art, ihn zu würzen:

- mit Kümmel und geräuchertem Speck;
- mit Ingwer, Sojasauce und Weißwein oder Sherry;
- mit Paprika und saurer Sahne;
- mit Tomatenpüree, Kapern und Oliven.

In Osteuropa kombiniert man ihn mit Paprikaschoten und Waldpilzen, in China mit Möhren oder Porree. Bei uns ißt man ihn meist solo.

So vielseitig ist Chinakohl

Auch der Chinakohl ist ein ausgesprochen vielseitiges Gemüse. Man kann ihn für dieselben Gerichte verwenden wie den Weißkohl. Darüber hinaus eignet er sich aber auch für frische Salate. Hier paßt er zu Äpfeln, Orangen und zu Nüssen, aber auch zu zerlassenem Speck und Zwiebeln. Und ebenso vielseitig ist die Art, ihn zu würzen:

- auf ungarisch mit Paprika und Sahne;
- mit Sojasauce, Ingwer, Pfeffer und Knoblauch;
- mit Schafskäse und Oliven.

CHINAKOHL

Obwohl er nur ein entfernter Verwandter des Weißkohls ist, wird er zu denselben Gerichten verwendet wie dieser.

Chinakohl kleinschneiden: erster Schritt

Chinakohl ist einfach zu putzen, er macht kaum Abfall. Als erstes schneidet man mit einem scharfen Messer den Kopf der Länge nach in zwei Teile.

Chinakohl kleinschneiden: zweiter Schritt

Danach schneidet man keilförmig den dicken, harten Stielansatz heraus. Der Stielansatz ist nämlich das einzige, was beim Chinakohl nicht mitgegessen wird.

Chinakohl kleinschneiden: dritter Schritt

Zum Schluß legt man die Hälften mit der Schnittfläche nach unten auf die Arbeitsplatte und schneidet die Blätter quer zu den Adern in Streifen.

WIRSING

Der krausblättrige Verwandte unseres Weißkohls ist ursprünglich kein deutsches Gemüse: Er stammt aus Oberitalien und wird erst seit dem 18. Jahrhundert bei uns angebaut. Sie sollten ihn rücksichtsvoller behandeln als den viel derberen, robusteren Weißkohl – ganz kurz gedünstet und raffiniert gewürzt ist er eine Delikatesse!

Wirsing in Schnittlauchsahne

Für 4 Portionen:

- 1 Wirsing (ca. 700 g)
- 50 g Butter oder Margarine
- Salz, Pfeffer a. d. Mühle
- $\frac{1}{4}$ l Gemüsebrühe (Instant)
- $\frac{1}{4}$ l Schlagsahne
- 200 g durchw. Speck
- 4 Eier
- 2 Eigelb
- 1 Bund Schnittlauch

1. Den Wirsing putzen, waschen, vierteln und dann den Strunk herausschneiden. Wirsingviertel in Streifen schneiden. In der Butter

oder Margarine andünsten. Mit Salz und Pfeffer würzen.

2. Brühe und Sahne zugießen und alles bei milder Hitze zugedeckt 15–20 Minuten garen. In der Zwischenzeit den Speck fein würfeln und in einer Pfanne knusprig ausbraten.

3. Eier 8 Minuten kochen, abschrecken und pellen, dann halbieren.

4. Das Eigelb verquirlen. Wirsing vom Herd nehmen, das Eigelb einrühren, nicht mehr kochen lassen. Den Schnittlauch in kleine Röllchen schneiden und mit dem Speck zum Wirsing geben. Abschmecken und mit den halben Eiern servieren.
Dazu passen Pellkartoffeln oder Baguette.

Vorbereitungszeit: 15 Minuten
Garzeit: 15–20 Minuten
Pro Portion ca. 57 g Eiweiß, 71 g Fett, 12 g Kohlenhydrate = 3633 Joule (868 Kalorien)

Wirsingachtel mit Kümmel und Haselnüssen

Für 4 Portionen:
1 Wirsing (ca. 900 g)
40 g Butter oder Margarine
1 El Kümmel
50 g Haselnüsse (gehackt)
Salz, Pfeffer a. d. Mühle

1. Wirsing putzen, waschen, in Achtel schneiden

und das obere Drittel des Strunkes entfernen.

2. Butter oder Margarine in einem breiten, flachen Topf zerlassen. Kümmel und die gehackten Haselnüsse darin anrösten. Wirsingachtel zugeben und portionsweise von beiden Seiten andünsten. 150 ccm Wasser zugießen und alles bei milder Hitze zugedeckt 15–20 Minuten garen. Mit Salz und Pfeffer würzen.

3. Wirsingachtel mit der Schaumkelle vorsichtig herausnehmen und mit dem Sud übergießen.
Dazu passen Kalbskoteletts, Pellkartoffeln und Weißwein oder Bier.

Vorbereitungszeit: 15 Minuten
Garzeit: 15–20 Minuten
Pro Portion ca. 6 g Eiweiß, 16 g Fett, 8 g Kohlenhydrate = 913 Joule (218 Kalorien)

Wirsingrouladen

Für 6 – 8 Portionen:

- 2 Beutel getrocknete Steinpilze (à 5 g)
- 1 Wirsing (ca. 1,2 kg)
- Salz
- 4 Scheiben Toastbrot
- 2 Zwiebeln
- 750 g Hackfleisch
- 2 Eier
- 1 El Senf
- Pfeffer a. d. Mühle
- 40 g Butterschmalz
- $\frac{1}{4}$ l Rinderbrühe (Instant)
- 1 Becher Crème fraîche
- 1–2 El dunkles Saucenbindemittel

1. Steinpilze unter fließendem Wasser abspülen und in $\frac{1}{4}$ l lauwarmem Wasser ausquellen lassen.

2. Wirsing putzen, waschen und in kochendem Salzwasser ca. 10–15 Minuten kochen. Unter kaltem Wasser abkühlen lassen und die 16 äußeren Blätter ablösen.

3. Brot entrinden, in Wasser einweichen. Zwiebeln pellen und fein würfeln. Hackfleisch mit Zwiebeln, ausgedrücktem Brot, Eiern, Senf, Pfeffer, Salz verkneten.

4. Blattrippen flachschneiden. Jeweils 2 Blätter aufeinanderlegen, $\frac{1}{8}$ der Hackfleischmasse daraufgeben. Blätter zusammenrollen und mit einem Küchentuch zusammenpressen.

5. Rouladen in heißem Butterschmalz rundherum anbraten, zuerst auf der Nahtstelle. Steinpilze mit ihrem Einweichwasser und die Brühe zugeben. Bei mittlerer Hitze zugedeckt 40–45 Minuten garen.

6. Die Rouladen herausnehmen und warm stellen. Crème fraîche in die Sauce rühren, salzen, pfeffern, Saucenbindemittel einrühren und einmal aufkochen lassen. Sauce mit den Rouladen servieren.
Dazu passen Salzkartoffeln.

Vorbereitungszeit: 50 Minuten
Garzeit: 45 Minuten
Pro Portion (bei 8 Portionen) ca. 25 g Eiweiß, 40 g Fett, 15 g Kohlenhydrate = 2380 Joule (568 Kalorien)

Wirsingauflauf

Für 6 – 8 Portionen:

1 kg Kartoffeln, Salz

1 kg Wirsingkohl

Fett für die Form

2 Pakete Fleischklößchen (TK, à 300 g)

30 g Butter oder Margarine

30 g Mehl, $\frac{1}{2}$ l Milch

$\frac{1}{8}$ l Hühnerbrühe (Instant)

Pfeffer, Muskatnuß

2–3 Tl Kümmel

2 Eier, 50 g Butter

80 g Semmelbrösel

1. Kartoffeln schälen, in Scheiben in kochendem Salzwasser 5–7 Minuten vorgaren, abtropfen lassen.

2. Wirsing putzen, waschen, in Streifen schneiden, 5 Minuten in kochendem Salzwasser vorgaren.

3. Auflaufform (3 l Inhalt) fetten. Kartoffeln einschichten. Fleischklößchen und Wirsing darauf verteilen.

4. Butter oder Margarine schmelzen. Mehl darin anschwitzen. Mit Milch und Hühnerbrühe auffüllen, 10 Minuten leise kochen. Mit Salz, Pfeffer, Muskat und Kümmel abschmecken.

5. Eier verquirlen, in die Sauce geben (nicht mehr kochen!). Sauce über den Wirsing gießen.

6. Semmelbrösel in aufgeschäumter Butter goldbraun rösten und auf den Auflauf gießen.

7. Auflauf im Backofen auf der mittleren Einschubleiste bei 200 Grad (Gas 3) in 20 Minuten goldbraun backen.

Vorbereitungszeit: 40 Minuten
Garzeit: 20 Minuten
Umluft: 25 Min. bei 175 Grad
Pro Portion (bei 8 Portionen) etwa 25 g Eiweiß, 32 g Fett, 35 g Kohlenhydrate = 2372 Joule (576 Kalorien)

Harter Strunk und kraus gewellte Blätter, zu einem festen Kopf zusammengeschlossen

Wirsing im Frühling, Herbst und Winter

Wirsing gehört zu den jüngeren Mitgliedern in der Kohlfamilie. Bei uns ist er erst seit dem 18. Jahrhundert bekannt.

Er ist aufgrund von Eigenanbau und von Importen inzwischen fast das ganze Jahr über zu haben.

Wir unterscheiden zwischen dem Frühwirsing und dem Herbst- beziehungsweise dem Winterwirsing.

Für beide Sorten gilt: Die Köpfe können platt oder

Wirsingrouladen zubereiten: erster Schritt

Wenn man aus Wirsingblättern Rouladen herstellen will, muß man den ganzen Kohl vorgaren. Dazu schneidet man zuerst keilförmig den harten Strunk heraus.

Wirsingrouladen zubereiten: zweiter Schritt

Damit sich die Blätter lösen, gibt man den ganzen Kopf in kochendes Salzwasser. Blätter, die sich beim Garen lösen, nimmt man mit der Gabel heraus.

aber kugelrund sein. Ihre Blätter sind kraus gewellt, leicht gelappt und sehen so aus, als seien sie mit Wachs überzogen.
Herbstwirsing ist die würzigere, mehr nach Kohl schmeckende Variante. Er kann gelblich, aber auch dunkelgrün sein. Die Köpfe des Herbstwirsings sind immer fest geschlossen und dürfen auch im strengen Winter keine Frostschäden aufweisen.
Den ersten Herbstwirsing gibt es ab September. Der danach angebotene Winterwirsing ist geschmacklich und im Aussehen mit dem Herbstwirsing identisch. Ab Ende April kommt der Frühwirsing auf den Markt.

SO GESUND IST WIRSING

Wie alle Kohlarten ist auch der Wirsing ein ausgesprochen gesundes Gemüse. Er enthält reichlich Vitamin C, und zwar in einer Form, die erst durch Kochen aufgeschlossen wird. Daneben Vitamine der B-Gruppe (50 μg B_1 und 57 μg B_2 pro 100 Gramm) und viel Kalium (280 mg), Kalzium (47 mg) und Phosphor (56 mg). Sein Kalorienwert: in 100 g sind 33 Kalorien enthalten.

Frühwirsing ist hellgrün, seine Köpfe sind etwas lockerer als die des Herbstwirsings. Seine Blätter sind wesentlich zarter, man kann sie sogar roh als Salat zubereiten.
Frühwirsing ist aber auch wesentlich teurer als Herbstwirsing. Er eignet sich nicht nur für Suppen und Eintöpfe, sondern auch für Gerichte der ganz feinen Küche.

Ja nicht totkochen!

Egal, ob Herbst- oder Frühwirsing, er ist ein feines Gemüse, was unsere traditionelle Kohlküche allerdings nie berücksichtigt hat. Sie hat ihn immer totgekocht. Wenn man ihn aber schonend behandelt und nur kurz (maximal 15 bis 20 Minuten) und ohne viel Fett dünstet, ist er auch als Beilage für feine Gerichte hervorragend geeignet.
Wirsing wird, wie fast alle Gemüse, immer erst geputzt, dann gewaschen und geschnitten. Beim Putzen entfernt man nur beim Herbstwirsing die äußeren Blätter. Dann schneidet man den harten Strunk heraus und schneidet die Viertel in Stücke.

So schmeckt er am besten

Wirsing läßt sich auf vielerlei Art zubereiten: Man kann ihn roh für Salate verwenden, man kann aber auch ausgezeichnete Rouladen aus den ganzen Blättern machen. Filet im Wirsingmantel ist ein beliebtes Rezept der ganz feinen Küche. Er schmeckt aber ebensogut in deftigen winterlichen Suppen und Eintöpfen. Als Gemüse serviert man ihn in der Hauptsache solo, er schmeckt aber auch ausgezeichnet mit Tomaten und mit Pilzen (besonders gut mit getrockneten Steinpilzen).
Die Gewürze, die zu ihm passen, sind zum Beispiel Paprikapulver, Curry oder Kümmel, er harmoniert aber auch mit frischen Kräutern, wie Schnittlauch oder Thymian. Eine besonders schmackhafte und deftige Zutat: ausgelassener Speck. Wenn man ihn zu einem feinen Essen servieren will, sollte man ihn besser mit einem Schuß Schlagsahne verfeinern.

Wirsing in Streifen schneiden

Wenn man Wirsing als Gemüse servieren will, viertelt man den Kopf, schneidet den harten Strunk heraus und schneidet jedes Viertel in Streifen.

BEIM FRÜHWIRSING DIE ÄUSSEREN BLÄTTER NICHT WEGWERFEN!

Frühwirsing ist zwar teurer, aber er ist auch feiner. Vor allem kann er, vom Strunk einmal abgesehen, ganz und gar gegessen werden. Auch die äußeren Blätter kann man mitverwerten.

Wirsingrouladen zubereiten: dritter Schritt

Die Blätter legt man auf Küchenpapier und läßt sie auskühlen. Dann schneidet man die dicken Mittelrippen flach. So lassen sich die Blätter besser biegen.

Wirsingrouladen zubereiten: vierter Schritt

Füllung auf das Blatt geben, oberen Blattrand und Seitenränder überklappen und das Blatt aufrollen. Roulade mit Zahnstocher, Bindfaden oder Klammer verschließen.

ZITRONEN

Gerade zur richtigen Zeit haben die Zitronen Hochsaison: zur Zeit der nassen Füße und tropfenden Nasen nämlich, wenn wir das Anti-Erkältungsvitamin C besonders nötig brauchen. Aber Zitronen sind nicht nur ein gutes Mittel gegen Erkältungen, sie sind auch eine raffinierte Würze. Eine Gemüseplatte mit Zitronensauce zum Beispiel oder Lamm in Zitronen-Kapern-Sauce – damit kann man jeden Feinschmecker begeistern!

Lammschulter in Zitronen-Kapern-Sauce

Für 4 Portionen:

- 1 kg Lammschulter (vom Metzger entbeint)
- 1 Zwiebel
- 250 g Champignons
- 4 El Öl, 1 El Mehl
- $\frac{3}{8}$ l Rinderbrühe (Paste)
- 1 Tl Zitronenschale
- 4 El Zitronensaft
- 2 El Kapern
- Salz, Pfeffer, Zucker
- 100 ccm Schlagsahne
- 1–2 Tl braunes Saucenbindemittel
- 1 Bund Petersilie

1. Lammschulter in ca. 1 cm große Würfel schneiden. Zwiebel fein würfeln. Champignons putzen und waschen, wenn nötig vierteln. Das Öl in einem Schmortopf sehr heiß werden lassen, das Fleisch darin portionsweise kräftig anbraten. Zwiebeln und Champignons zugeben und glasig andünsten.

2. Mit dem Mehl bestäu-

ben, die Brühe zugeben und 30–40 Minuten zugedeckt schmoren lassen.

3. Mit Zitronenschale und -saft, Kapern, Salz, Pfeffer und Zucker abschmecken.

4. Sahne zugeben, aufkochen lassen, mit dem Saucenbindemittel binden. Petersilie hacken und darüberstreuen.

Vorbereitungszeit: 20 Minuten
Garzeit: 30–40 Minuten
Pro Portion ca. 38 g Eiweiß, 74 g Fett, 11 g Kohlenhydrate = 3966 Joule (948 Kalorien)

Gemüseplatte mit Zitronensauce

Für 6 Portionen:
500 g Porree
1 kl. Blumenkohl (ca. 700 g)
500 g Möhren
500 g Fenchel, Salz
30 g Butter oder Margarine
20 g Mehl, ⅛ l Weißwein
¼ l Hühnerbrühe (Paste)
⅛ l Schlagsahne
4 El Zitronensaft
Pfeffer, 1 Prise Zucker
1 Bund glatte Petersilie
2 Eigelb

1. Gemüse putzen und waschen. Porree in ca. 8 cm lange Stücke schneiden, Blumenkohl in Röschen teilen, Möhren und Fenchel längs vierteln.

2. Fenchel und Möhren in Salzwasser 5 Minuten kochen, dann Porree und Blumenkohl zugeben, 20 Minuten kochen.

3. Für die Sauce Butter

oder Margarine zerlassen, Mehl einrühren, Weißwein, Brühe, Sahne und Zitronensaft zugeben, 10 Minuten leise kochen lassen.

4. Mit Salz, Pfeffer und Zucker abschmecken. Petersilie hacken und mit dem Eigelb zugeben, nicht mehr kochen lassen!

5. Gemüse auf einer Platte anrichten, Sauce darübergeben.

Vorbereitungszeit: 25 Minuten
Garzeit: 20 Minuten
Pro Portion ca. 11 g Eiweiß, 21 g Fett, 37 g Kohlenhydrate = 1865 Joule (445 Kalorien)

Zitronencreme

Für 8 Portionen:

6 Blatt weiße Gelatine

6 Eier (getrennt)

125 g Puderzucker

$\frac{1}{8}$ l Zitronensaft

abgeriebene Schale
$\frac{1}{2}$ unbehandelten Zitrone

$\frac{3}{8}$ l Schlagsahne

1 Zitrone (unbehandelt)

30 g Schokoladenstreusel

1. Gelatine in kaltem Wasser einweichen. Eigelb mit 100 g Puderzucker schaumig schlagen. Zitronensaft und -schale unterrühren.

2. Gelatine bei milder Hitze in einem Töpfchen auflösen, unter die Masse rühren.

3. Sobald die Masse zu gelieren beginnt, $\frac{1}{4}$ l Sahne

steif schlagen und mit dem Teigschaber darunterziehen.

4. Eiweiß mit restlichem Puderzucker zu steifem Schnee schlagen, unter die Creme ziehen.

5. Zitrone heiß waschen, in Scheiben schneiden.

6. Restliche Sahne steif schlagen. Creme in Gläser füllen, mit Sahnetupfen, Zitronenscheiben und den Schokoladenstreuseln verzieren.

Vorbereitungszeit: 30 Minuten
Pro Portion etwa 9 g Eiweiß, 21 g Fett, 21 g Kohlenhydrate = 1330 Joule (318 Kalorien)

Zitronenhähnchen

Für 4 Portionen:

- 4 Hähnchenkeulen (ca. 800 g)
- 4 El Zitronensaft
- 1 Tl abgeriebene Zitronenschale
- 1–2 El brauner Zucker
- Salz
- Pfeffer a. d. Mühle
- 2 El Crème fraîche
- 1 El helles Saucenbindemittel

1. Die Hähnchenkeulen

waschen und abtrocknen.

2. Zitronensaft, Zitronenschale, Zucker, Salz und Pfeffer verrühren und die Hähnchenkeulen darin 2 Stunden marinieren.

3. Hähnchenkeulen in eine flache Auflaufform geben und im Backofen auf mittlerer Einschubleiste bei 225 Grad (Gas 4) ca. 20–25 Minuten goldbraun backen. Dabei nach und nach die Marinade zugießen.

4. Hähnchenkeulen in Alufolie wickeln. Den Bratfond mit $\frac{1}{8}$ l Wasser ablöschen und durch ein Sieb geben. Crème fraîche unterrühren und mit Salz und Pfeffer abschmecken. Saucenbindemittel einstreuen und aufkochen lassen. Die Sauce zu den Hähnchenkeulen servieren.

Dazu passen Pommes frites.

Vorbereitungszeit: 15 Minuten
Garzeit: 25 Minuten
Umluft: 20–25 Min. bei 200 Grad
Pro Portion ca. 31 g Eiweiß, 8 g Fett, 13 g Kohlenhydrate = 1131 Joule (270 Kalorien)

Marinierte Zitronenkeulen

Für 12 Portionen:

12 Hähnchen-Unterkeulen

abgeriebene Schale von drei unbehandelten Zitronen

10 El Zitronensaft

2–3 El brauner Zucker

Salz

Pfeffer a. d. Mühle

4 El Öl

1. Die Haut der Keulen 1 cm unter dem Fußgelenk ringsum mit einem Messer durchschneiden. Das Fußgelenk abschneiden, den Knochen dann mit einem kleinen Messer putzen.

2. Zitronenschale und Zitronensaft mit braunem Zucker, Salz, Pfeffer und Öl verrühren. Die Keulen damit bestreichen, ungefähr 2 Stunden durchziehen lassen.

3. Im Backofen bei 200 bis 225 Grad (Gas 3–4) auf mittlerer Einschubleiste ungefähr 35 Minuten braten. Dann die Hitze auf 175 Grad (Gas 2) zurückschalten und noch mal 5–10 Minuten braten. Eventuell während des Bratens 100 ccm Wasser zugießen.

Unser Tip: Man kann die vorbereiteten und gewürzten Hähnchen über Nacht in einem Kunststoffbeutel im Kühlschrank marinieren lassen.

Vorbereitungszeit: 35 Minuten
Garzeit: 40–45 Minuten
Umluft: 45 Minuten bei 175 Grad
Pro Portion etwa 15 g Eiweiß, 5 g Fett, 17 g Kohlenhydrate = 794 Joule (189 Kalorien)

Limette mit Sekt

Für 4 Portionen:
8 Scheiben Limette
16 El Limettenlikör
½ Flasche trockener Sekt
4 Zweige Zitronenmelisse

1. In vier Gläser je eine Limettenscheibe legen und mit je 4 El Limettenlikör übergießen. Einige Zeit durchziehen lassen.

2. Mit eiskaltem Sekt auffüllen, mit der restlichen Limettenscheibe und Zitronenmelisse garnieren.

Vorbereitungszeit: 5 Minuten
Zeit zum Durchziehen: 10 Min.

Forelle mit Zitronenbutter

Für 2 Portionen:

150 g Sellerie

150 g Möhren

100 g Porree

100 g Butter

abgeriebene Schale
1 unbehandelten Zitrone

3 El Zitronensaft

Salz, Pfeffer a. d. Mühle

1–2 Tl grober weißer Pfeffer

2 Forellen (à 350 g)

2 Stück Alufolie
(à 45 x 30 cm)

1. Gemüse putzen und waschen. Sellerie und Möhren grob raffeln, Porree in dünne Streifen schneiden.

2. Butter mit Zitronenschale und -saft, Salz und weißem Pfeffer verkneten. 2 Tl davon schmelzen, Gemüse darin andünsten.

3. Inzwischen Fische waschen, trocknen, innen salzen und pfeffern.

4. Gemüse auf die beiden Folienstücke verteilen. Forellen darauflegen und in-

nen und außen mit Butterflocken belegen.

5. Folien erst über den Forellen, dann seitlich verschließen.

6. Pakete aufs Backblech legen. Forellen im vorgeheizten Backofen auf der mittleren Einschubleiste bei 200 Grad (Gas 3) 20 Minuten garen.
Kartoffeln dazu reichen.

Vorbereitungszeit: 25 Minuten
Garzeit: 30 Minuten
Umluft: 25–30 Min. bei 175 Grad
Pro Portion etwa 38 g Eiweiß, 47 g Fett, 13 g Kohlenhydrate = 2733 Joule (653 Kalorien)

Zitronen-Sahne-Quarkspeise

Für 4 Portionen:
500 g Quark (20 %)
4 El Zucker
1 Paket Vanillinzucker
4 El Zitronensaft
abgeriebene Schale 1 unbehandelten Zitrone
1 Becher Schlagsahne (250 g)
40 g Mandelblättchen

1. Den Quark mit Zucker,

Vanillinzucker, Zitronensaft und Zitronenschale glatt verrühren.

2. Sahne steif schlagen und vorsichtig unter den Quark heben.

3. Die Mandelblättchen in der trockenen Pfanne hellbraun rösten. Quark in Portionsschalen verteilen und mit den Mandelblättchen garnieren.

Vorbereitungszeit: 15 Minuten
Pro Portion ca. 19 g Eiweiß, 31 g Fett, 31 g Kohlenhydrate = 2302 Joule (550 Kalorien)

ZITRONEN aktuell

Zitronen sind meist doppelt so groß wie Limetten. Ihre Schale ist großporig, Fruchtfleisch und Schale sind gelb. Limetten sind auch im Reifezustand grün.

Die kleinen geben mehr Saft

- Lassen Sie sich beim Zitronenkauf nicht von der Größe der Früchte beeinflussen. Kleine Früchte mit feinporiger, dünner Schale haben mehr Saft als große Früchte mit dicker, großporiger Schale. Ein weiteres Indiz für viel Saft: Früchte, die sich etwas weich anfühlen, sind saftreicher als harte Früchte.
- Stören Sie sich beim Kauf nicht an ein paar grünen Flecken auf der Schale. Die sagen nichts über den Reifezustand der Frucht aus. Und bei Limetten muß die Schale möglichst dunkelgrün sein. Das ist bei diesen Zitronenverwandten ein Zeichen für Reife.

Limetten: die feinen Verwandten aus Übersee

Die saftigen grünen Verwandten der Zitrone wachsen nicht bei uns in Europa. Wir importieren sie aus Übersee, zum Beispiel aus Brasilien, Mexiko oder Kalifornien.
Limetten haben auch im Reifezustand eine grüne Schale. Ihr kernloses Fruchtfleisch ist saftiger als das der Zitronen. Eine kleine Limette kann doppelt soviel Saft geben wie eine Zitrone. Der Saft ist im Geschmack etwas feiner als der Zitronensaft. Vor allem aber: Die Limettenschale schmeckt würziger und pikanter als die der Zitronen. Man verwendet Limetten in der Küche genau wie Zitronen. Mit einem kleinen Unterschied: Da sie teurer sind und auch delikater schmekken, nimmt man sie vorwiegend zum Würzen feiner Gerichte, während die preiswerteren Zitronen eher in die Alltagsküche gehören.

Zitronen gegen Winterschnupfen

„Saft und Rind von diesen holdseligen goldgälen Äpfeln geben Magen und Herzen Krafft, treiben die Gifft davon und wehren auch der Unlust und schwarzen Melancholey."
Daß die Zitronen gesund sind, wußte man schon im Mittelalter, wie man aus dieser Beschreibung eines berühmten Kräuterdoktors jener Zeit merkt. Trübsinn und Herzbeschwerden, wie jener gelehrte Mann glaubte, kann man mit Zitronen zwar nicht kurieren. Aber sie wirken dank ihres hohen Gehalts an Mineralstoffen (zum Beispiel Magnesium, Eisen und Schwefel) blutbildend, magenfreundlich und appetitanregend. Vor allem aber sind sie wegen ihres hohen Vitamin C-Anteils (100 g enthalten den Tagesbedarf eines Erwachsenen) das natürlichste

So geben Zitronenscheiben mehr Aroma

Wenn Sie Zitronenscheiben in einem Gericht mitkochen wollen, dann stechen Sie die Scheiben zuvor mehrfach ein. So geben sie ihr ganzes Aroma ans Gericht.

Zitronen heiß abspülen

Da Sie nie hundertprozentig sicher sein können, ob Ihre Zitrone behandelt oder unbehandelt ist, sollten Sie die Schale immer mit heißem Wasser abspülen.

wohlschmeckendste Mittel gegen Winterkrankheiten, wie Erkältungen und Grippe – vorausgesetzt, man erhitzt Zitronensaft nicht über 40°. Das bekommt dem Vitamin C nämlich nicht. Die feinen grünen Verwandten der Zitronen, die Limetten, die vorwiegend in tropischen Ländern wachsen, enthalten nur ungefähr die Hälfte an Vitamin C. An Mineralstoffreichtum stehen sie aber den Zitronen in nichts nach.

ZITRONEN: EINS DER MEISTGEBRAUCHTEN GEWÜRZE

Zitronen sind eins der meistgebrauchten Gewürze in der Küche. Mit ihrem Saft würzt man Desserts, süße und salzige Salate, Gebäck. Ein Spritzer rundet den Geschmack von feinen Saucen, von Suppen und von Gemüse ab. Zitronensaft gehört zum Fisch ebenso wie zu gebratenem Hähnchen oder Wiener Schnitzel. Zitronenschale nimmt man immer dann, wenn man die Zitronensäure noch mit einer pikanten und spezifischen Würze abrunden will. Man würzt mit ihr Kuchen und Gebäck, gegrilltes Fleisch ebenso wie viele Schmorgerichte.

Unbehandelte Früchte kaufen

Der besseren Haltbarkeit wegen werden die meisten Zitronen mit einem Konservierungsstoff behandelt, der zwar als gesundheitlich unbedenklich gilt, den Früchten aber zumindest einen unangenehmen Duft gibt. Behandelte Früchte müssen auch als „behandelt“ gekennzeichnet werden, was aber leider oft genug unterbleibt. Da auf der anderen Seite Früchte mit unbehandelter Schale nicht ausdrücklich als „naturbelassen“ oder „unbehandelt“ ausgezeichnet werden dürfen, können Sie im Endeffekt niemals 100-prozentig sicher sein, ob Ihre Zitronen nun konserviert wurden oder nicht. Am sichersten ist es darum immer, Sie spülen die Frucht heiß ab, wenn Sie die Schale zum Würzen brauchen.

Das ganze Jahr über Hauptsaison

Zitronenbäume sind die großen Ausnahmen unter den Obstbäumen: Sie tragen zu gleicher Zeit Blüten, reife und unreife Früchte. Ihre eigentliche Blütezeit ist im Frühling. Danach aber bilden sie das ganze Jahr über weiter Blüten. Die Früchte aus der Frühjahrsblüte werden im Winter reif. Da aber im Sommer der Bedarf an den erfrischenden Früchten mindestens ebenso hoch ist, bringen die Züchter die Bäume mit einem Trick im Herbst zu einer zweiten Hauptblüte: Ab August wird den kräftigen Bäumen bis zu 40 Tage lang die Wasserzufuhr gesperrt. Infolge dieses Wassermangels schaltet der Baum um: Er setzt – genau wie im Winter – seine Wachstumsenergie nicht mehr zur Herausbildung von neuen Blättern, sondern von neuen Blütenknospen ein. Nach den vierzig Tagen Trockenheit wird der Baum stark bewässert. Die Blüten treiben mit Macht aus. Die Früchte aus dieser Blüte werden ab dem Frühsommer reif.

Zitronen in der Küche

Zitronensaft ist – unter anderem – ein Geschmacksverstärker. Helle Saucen und Suppen zum Beispiel, mit einem Tröpfchen Zitronensaft abgeschmeckt, gewinnen an Intensität. Besonders fein: Fischragouts und Geflügel-Frikassees, an deren Sauce 1 Teelöffel Zitronensaft gegeben wird. Ideale Würzung für alle feinen Speisen ist abgeriebene Zitronenschale. Sie würzt Kuchenteig, verfeinert Fruchtsalate, intensiviert den Fischgeschmack und macht Ragouts von dunklem Fleisch pikanter. Schnell und unkompliziert: eine Zitronen-Mayonnaise, in die statt Essig Zitronensaft kommt und die mit abgeriebener Zitronenschale und grobem Pfeffer abgeschmeckt wird.

So geht man mit Zitronen um

Wie alle Zitrusfrüchte, sollten Sie die Zitronen dunkel und kühl (aber nicht im Kühlschrank) aufbewahren. Zitronenhälften legt man mit der Schnittfläche nach unten in ein verschließbares Glas oder auf einen Teller, damit sie nicht austrocknen. Bevor Sie eine Zitrone auspressen, rollen Sie sie mit Druck auf einer festen Unterlage hin und her. Danach gibt sie mehr Saft.

ZITRONEN UND FISCH

Zitronensaft ist nicht nur eine gute Würze für Fisch. Das Fischfleisch wird auch fester, wenn man es vor dem Braten säuert. Außerdem duftet es dann beim Braten nicht mehr so stark. Bei Fleisch hat Zitronensaft merkwürdigerweise die entgegengesetzte Wirkung: Die Stücke werden zarter, wenn man sie mit Zitronensaft mariniert.

Zitronen als Garnierung

So sehen Limetten- oder Zitronenscheiben besonders hübsch aus: Schale abschneiden und knoten oder Scheibe einschneiden und wie eine Spirale drehen.

Zitronenschale fein abreiben

Zitronenschale sollten Sie sehr fein abreiben, denn nur der dünne gelbe Teil enthält das Aroma. Am besten benutzen Sie dazu eine Haushaltsreibe.

ZUCCHINI

Die Zucchini haben bei uns eine beachtliche Karriere hinter sich. Noch vor zehn Jahren galten sie als Exoten, mit denen kaum einer etwas anfangen konnte. Das hat sich gründlich geändert. Kein Wunder: Zucchini sind robust und unkompliziert, preiswert und ein echtes Allround-Gemüse, das man dünsten, braten, backen, einlegen und natürlich auch roh essen kann. Und auch das Würzen ist unkompliziert: Südliche Gewürze schmecken ebensogut zu Zucchini wie fernöstliche.

Zucchini-Curry mit Schweinefilet

Für 4 Portionen:

- 500 g Schweinefilet
- 4 El Öl, Salz, Pfeffer
- 500 g Zucchini
- 1–2 El Currypulver (mild)
- 3/8 l Hühnerbrühe (Instant)
- 1/8 l Schlagsahne
- 1–2 El Zitronensaft
- 2 El Saucenbindemittel (hell)
- 1 Bund glatte Petersilie

1. Fleisch in Scheiben, dann in Streifen schneiden, im heißen Öl anbraten, salzen, pfeffern, aus der Pfanne nehmen und zur Seite stellen.

2. Geputzte Zucchini würfeln, im Bratfett andünsten. Curry zugeben. Mit Brühe und Sahne ablöschen.

3. Zucchini zugedeckt 5–10 Minuten garen, mit Salz, Pfeffer und Zitronensaft würzen.

4. Saucenbindemittel einstreuen, aufkochen. Fleisch wieder zugeben, kurz erhit-

zen. Vor dem Servieren mit gezupfter Petersilie bestreuen.
Dazu paßt Reis.

Vorbereitungszeit: 20 Minuten
Garzeit: 15 Minuten
Pro Portion ca. 16 g Eiweiß, 33 g Fett, 16 g Kohlenhydrate = 2204 Joule (526 Kalorien)

Zucchini mit Hackfleischsauce

Für 4 Portionen:

100 g Zwiebeln, 6 El Öl

500 g gemischtes Hack

Salz, Pfeffer a. d. Mühle

1 kleine Dose geschälte Tomaten (420 g EW)

4 El Rotwein, 1 El Senf

750 g Zucchini

1–2 Tl Thymian

100 g Gouda-Käse (mittelalt, gerieben)

1. Gepellte, feingewürfelte Zwiebeln in 2 El Öl glasig dünsten. Hackfleisch zugeben, andünsten. Kräftig salzen und pfeffern.

2. Abgetropfte Tomaten, Rotwein und Senf zugeben, offen 5–10 Minuten einkochen lassen.

3. Zucchini waschen, Stielansätze und Spitzen abschneiden. Zucchini längs in Scheiben schneiden.

4. Restliches Öl in einer Pfanne erhitzen. Zucchinischeiben darin von beiden Seiten braten. Anschließend mit Salz, Pfeffer und Thymian würzen.

5. Zucchini anrichten, mit Hackfleischsauce begießen. Käse darüberstreuen.

Vorbereitungszeit: Zucchini 10, Sauce 10 Minuten
Garzeit: Zucchini 15, Sauce 10 Minuten
Pro Portion ca. 32 g Eiweiß, 51 g Fett, 16 g Kohlenhydrate = 3018 Joule (721 Kalorien)

Eingelegte Zucchini

Für 2 Liter:
1 kg Zucchini
4 Knoblauchzehen
1 Bund glatte Petersilie
1 l Weißweinessig
1 El Thymian
1 Tl schwarze Pfefferkörner
175 g Zucker, 1 El Salz

1. Zucchini waschen, Stielansätze und Spitzen abschneiden. Zucchini einmal längs, einmal quer halbieren, dann längs in Stücke schneiden.

2. Gepellten Knoblauch in Scheiben schneiden. Gewaschene Petersilie grob hakken. Beides mit den Zucchini in Gläser schichten.

3. Essig mit Thymian, Pfeffer, Zucker und Salz 5 Minuten kochen, heiß in die Gläser gießen. Gläser schließen.

4. Sud nach 24 Stunden abgießen, erneut aufkochen, zurück in die Gläser gießen. Gläser gut verschließen.

Wichtig: Die eingelegten Zucchini halten sich im Kühlschrank etwa 6 Monate. Sie eignen sich besonders gut für einen italienischen Vorspeisenteller mit Salami, Käse oder Schinken.

Vorbereitungszeit: 25 Minuten
Insgesamt etwa 8 g Eiweiß, 0 g Fett, 64 g Kohlenhydrate = 1407 Joule (336 Kalorien)

Frisch gepflückt: Mit Blüte sind Zucchini bei uns kaum zu haben. Die Blüte schmeckt zart und süß und kann gefüllt und fritiert werden.

ZUCCHINI aktuell

Gemüse mit steiler Karriere

Zucchini haben eine beachtliche Karriere hinter sich. Vor gar nicht so langer Zeit zählten sie noch zu den Exoten, mit denen kaum jemand etwas in der Küche anfangen konnte. Ihre Importmenge noch vor 10 Jahren war so gering, daß sie in keiner amtlichen Statistik aufgeführt wurde. Das hat sich inzwischen gründlich geändert. Und Experten sagen ihnen auch für die Zukunft eine steile Karriere voraus. Das hat vor allem zwei Gründe: Sie sind das ganze Jahr über zu annähernd konstanten Preisen vorhanden. Hauptsaison auf deutschen Märkten haben sie übrigens im Mai, wo unser Bedürfnis nach jungem Gemüse besonders hoch, das Angebot aber eher dürftig ist. Dann kommen sie aus Gewächshäusern in Holland und Frankreich.

Und der zweite Grund: Zucchini sind ein erstaunlich vielseitiges Gemüse. Ihr milder, nußartiger Geschmack macht sie zur Grundlage für viele unterschiedliche Gerichte.

Gedeiht auch in unseren Gärten

Die Curbita pepo, so der botanische Name der Kürbisverwandten, die in der Einzahl Zucchino heißt, stammt zwar aus den Subtropen, nämlich aus Mexiko und Westindien. Aber als die spanischen Eroberer sie im 16. Jahrhundert von dort mit in ihre Heimat nahmen, paßte sie sich ohne Schwierigkeiten dem Mittelmeerklima an.

Danach dauerte es noch mehr als 400 Jahre, bis jemand den Versuch wagte, die exotische Pflanze bei uns anzubauen. Aber siehe da: Auch in unserem Klima gedeihen Zucchini gut. Unser naßkalter Normalsommer macht ihnen überhaupt nichts aus. Im Gegenteil, sie wachsen auch dort, wo es Kürbis und Gurken zu ungemütlich ist. Und wie Zucchini wachsen! Aus dem daumengroßen Sämling, der Mitte Mai in den Garten gepflanzt wird, entwickelt sich im Laufe des Juni ein üppig wucherndes Rankgewächs mit stachelig behaarten Stielen und großen gezackten Blättern, das bis in den Oktober hinein unermüdlich blüht und Früchte trägt. Und jetzt sind die Zucchini die ersten, die in den Gewächshäusern in Hydrokultur angebaut werden. Auch das verkraften sie ohne allzu große Qualitätsverluste.

Die kleineren sind die besten

Zucchini sind ein robustes Gemüse, bei dem man kaum etwas falsch machen kann. Beim Kauf sollten Sie nur darauf achten, daß Sie nicht zu große Zucchini bekommen. Sie sollten eine zarte, dunkelgrüne Schale haben,

Zucchini stifteln

Wenn Sie Zucchini in Stifte schneiden wollen, teilen Sie die Frucht der Länge nach in Scheiben, legen diese übereinander und schneiden sie quer in Streifen.

Zucchini aushöhlen

Zucchini kann man prima füllen. Dazu halbiert man sie zuerst der Länge nach und kratzt dann vorsichtig mit einem Löffel die Kerne aus jeder Hälfte.

etwa 15 Zentimeter lang sein und nicht mehr als 125 bis 200 Gramm wiegen. In diesem Stadium schmecken sie am besten und haben hellgrünes, knackiges Fruchtfleisch. Größere Früchte sind schwammig und fade im Geschmack. Man sollte sie nicht kaufen. Ebensowenig Zucchini, die schrumpelig und welk aussehen. Wenn die Schale weiße Sprenkel aufweist, ist das ein Zeichen dafür, daß die Früchte vom Freiland kommen. Durchgehend dunkelgrüne Zucchini kommen aus Treibhauskultur und sind in der Regel nicht ganz so aromatisch.
Es gibt außerdem aus Gewächshäusern auch Neuzüchtungen, die durchgehend gelb aussehen.

Unkompliziert in der Küche

Ähnlich unkompliziert ist der Umgang mit ihnen in der Küche. Im Gemüsefach des Kühlschranks lassen sie sich problemlos bis zu acht Tagen aufheben. Und beim Putzen gibt es so gut wie keinen Abfall. Sie werden nämlich niemals geschält, da sonst beim Garen das Fruchtfleisch zerfallen würde. Außerdem sitzt das meiste Aroma unter der Schale. Lediglich der Stielansatz und – falls vorhanden – braune Flecken werden entfernt.

Auch roh ein Genuß

In vielen älteren Kochbüchern kann man lesen, Zucchini seien roh ungenießbar. Das stimmt nicht. Mit ihrem milden, nußartigen Aroma sind sie eine angenehme Salatzutat. Man kann sie – in feine Scheiben geschnitten, wie eine Gurke gestiftelt oder geraspelt – mit vielen verschiedenen Salatzutaten kombinieren, mit Kopfsalat ebenso wie mit Tomaten, mit gekochten Bohnen oder mit geraspelten Möhren. Sie schmekken auch ausgezeichnet solo, zum Beispiel mit Zitronensaft beträufelt und mit einer Sauce aus frischen Kräutern und Sahne übergossen.

ZUCCHINIBLÜTEN: EINE DELIKATESSE

Wenn Sie schon einmal über einen italienischen Markt gegangen sind, dann haben Sie neben Paprika und Salat bestimmt auch die großen Zucchiniblüten liegen sehen.
In Italien gelten die Blüten nämlich als eine Delikatesse. Man bricht ihren Stempel heraus und füllt sie mit einer feinen, aber würzig mit Kräutern abgeschmeckten Farce, zum Beispiel auf Kalbfleisch- oder Frischkäsebasis. Dann werden die gefüllten Blüten in Teig getaucht, in Öl ausgebacken und als Vorspeise serviert.

Vielseitiges Gemüse

Dank ihres milden Nußaromas sind Zucchini ein Gemüse, das man auf vielerlei Art zubereiten kann. Die einfachste und außerdem die feinste: Schalotten in Butter andünsten, in Scheiben geschnittene oder gestiftelte Zucchini zugeben und bei milder Hitze im geschlossenen Topf im eigenen Saft dünsten. Falls nötig, etwas Wasser angießen. Anstatt des Wassers kann man auch einen Schuß Wein oder Sahne nehmen. Zucchini brauchen eine ganz kurze Garzeit. In 4 bis 6 Minuten sind sie gar. Sie sollten nicht zerfallen, sondern noch etwas Biß haben. Und das sind die Gewürze, die zu gedünsteten Zucchini passen: Sie harmonieren mit Kräutern der Mittelmeerküche, wie Thymian oder Lorbeer. Sie schmekken aber mindestens ebensogut mit gehackter Petersilie und mit Dill. Da sie im Aroma relativ neutral sind, kann man sie auch mit Curry würzen.
Gedünstete Zucchini schmecken aber nicht nur solo, sie passen auch gut zu anderen Gemüsen, besonders gut zum Beispiel zu Tomaten, zu Pilzen, zu Möhren und zu Auberginen und Paprika. Klassisches Mischgemüse, in dem Zucchini eine wichtige Rolle spielt, ist die Ratatouille. Außerdem lassen sich Zucchini, ähnlich wie die Schmorgurken, ausgezeichnet füllen und schmoren oder mit Käse überbacken. Auch schmecken sie sehr gut auf der italienischen Antipasti-Platte.

KALORIENARM UND GESUND

Zucchini sind ein kalorienarmes Gemüse. Sie enthalten pro 100 g nur 31 Kalorien. Daneben sind sie reich an Mineralstoffen (vor allem an Kalzium, Phosphor und Jod), und sie enthalten reichlich Vitamin B_1 und Vitamin C.

Zucchini raspeln

Wenn Sie Zucchini als Rohkost servieren wollen, zum Beispiel zusammen mit Möhren, dann raspeln Sie die Frucht auf der groben Seite der Haushaltsreibe.

Zucchini als Antipasti zubereiten

Die Früchte längs in Scheiben schneiden, salzen, in Olivenöl braten und in Essig, Knoblauch, Rosmarin, Lorbeer und Thymian marinieren.

ZWIEBELN

Egal, ob sie nun klein oder groß, frühlingshaft grün und mild oder winterlich scharf sind – die Zwiebeln sind in Deutschland das beliebteste Lauchgemüse überhaupt. Ohne Zwiebeln wäre unser Speisezettel einfach langweilig. Allerdings wird die Zwiebel oftmals unter ihrem Wert gehandelt. Sie hat viel zu viel eigenen Charakter, um immer nur eine Nebenrolle in Saucen und Suppen zu spielen. Wir geben ihr in unseren Rezepten eine Hauptrolle. Und auch die weiß sie brillant auszufüllen.

Kalbshaxe im Zwiebelbett

Für 4 Portionen:

1 kg Zwiebeln

4 Scheiben Kalbshaxe (à 300 g)

Salz, Pfeffer a. d. Mühle

4 El Öl, 1/8 l Rotwein

2 El Thymian

1–2 El dunkles Saucenbindemittel

1 Bund glatte Petersilie

1. Gepellte Zwiebeln vierteln. Fleisch salzen, pfeffern und in Öl im Bräter an-

braten. Zwiebeln zugeben, glasig dünsten. Anschließend Wein und Thymian zugeben.

2. Zugedeckt im Ofen bei 200 Grad (Gas 3) auf der 2. Einschubleiste von unten 1½ Stunden garen.

3. Fleisch und Zwiebeln aus dem Bräter nehmen. Sauce durch ein Sieb gießen, einmal aufkochen, mit Saucenbindemittel binden, über Fleisch und Zwiebeln gießen. Mit gehackter Petersilie servieren.
Dazu passen Salzkartoffeln.

Vorbereitungszeit: 30 Minuten
Garzeit: 1½ Stunden
Umluft: 1½ Stunden bei 200 Grad
Pro Portion ca. 40 g Eiweiß, 13 g Fett, 26 g Kohlenhydrate = 1821 Joule (435 Kalorien)

Zwiebelsuppe

Für 4 Portionen:

1 Bund Suppengrün

250 g durchwachsener Speck

2 Lorbeerblätter

1 l Rinderbrühe (Paste)

750 g Gemüsezwiebeln

60 g Butter oder Margarine

1/8 l Weißwein

Pfeffer, 1 Tl Kümmel

2 Scheiben Graubrot

100 g Greyerzer oder Emmentaler Käse

1. Geputztes, grob zerteiltes Suppengrün mit Speck, Lorbeer und Brühe offen 30 Minuten kochen.

2. Gepellte, in Scheiben geschnittene Zwiebeln in 30 g Fett glasig dünsten.

3. Brühe durchs Sieb auf die Zwiebeln gießen. Zugedeckt 20 Minuten kochen. Den Wein zugießen, mit Pfeffer und Kümmel würzen.

4. Krusten vom Brot abschneiden. Scheiben halbieren, im restlichen Fett goldbraun braten. Den Käse grob darüberraffeln.

5. Suppe in 4 Tassen füllen. Die Brote hineinsetzen. Im

vorgeheizten Ofen auf der 2. Leiste von oben bei 250 Grad (Gas 5) in etwa 5 Minuten goldbraun überbacken.

Vorbereitungszeit: 15 Minuten
Garzeit: 30 Minuten
Umluft: 10 Minuten bei 200 Grad
Pro Portion ca. 70 g Eiweiß, 68 g Fett, 49 g Kohlenhydrate = 4094 Joule (978 Kalorien)

Zwiebelkuchen

Für 20 bis 25 Stück:

30 g Hefe, 375 g Mehl

1/8 l Öl, Salz, 2 kg Zwiebeln

150 g Butter oder Margarine

6 Eier

400 g Crème fraîche

Pfeffer a. d. Mühle

75 g durchwachsener Speck

Kümmel nach Geschmack

1. Hefe in 150 ccm lauwarmem Wasser verrühren, unter das Mehl in einer Schüssel rühren. Mit Öl und Salz zu glattem Teig verkneten (Knethaken), zugedeckt und warm 20 Minuten gehen lassen.

2. Gepellte Zwiebeln grob würfeln, in Butter oder Margarine glasig dünsten.

3. Eier mit Crème fraîche verrühren, unter die ausgekühlten Zwiebeln geben, salzen und pfeffern.

4. Teig durchkneten, ausrollen. Saftpfanne vom Backofen ausfetten, mit Teig auslegen, Rand hochziehen. 5 Minuten gehen lassen.

5. Eier-Zwiebel-Mischung auf den Teig geben, mit

gewürfeltem Speck und Kümmel bestreuen. Zwiebelkuchen im vorgeheizten Ofen auf der mittleren Leiste bei 200 Grad (Gas 3) 35–40 Minuten goldbraun backen.

Vorbereitungszeit: 50 Minuten
Garzeit: 35–40 Minuten
Umluft: 30–35 Minuten bei 200 Grad
Pro Stück (bei 25 Stück) etwa 9 g Eiweiß, 24 g Fett, 23 g Kohlenhydrate = 1506 Joule (359 Kalorien)

Gefüllte Zwiebeln

Für 4 Portionen:

4 Gemüsezwiebeln (à 500 g)

Salz

100 g durchwachsener Speck

3 El Öl, 375 g Champignons

1 Dose Tomaten (420 g EW)

Pfeffer a. d. Mühle

2 Bund glatte Petersilie

1 Tüte Tomatensauce (¹/₄ l)

1. Gepellte Zwiebeln mit Stielansatz in Salzwasser 30–40 Minuten kochen. Rausnehmen, abtropfen lassen, Stielansätze als Deckel abschneiden. Zwie-

belinneres aushöhlen, fein würfeln.

2. Gewürfelten Speck im Öl ausbraten, Zwiebeln darin glasig dünsten. Geviertelte Champignons und abgetropfte Tomaten in großen Würfeln zugeben, 10 Minuten offen einkochen. Salzen, pfeffern, gehackte Petersilie unterziehen.

3. Tomatensauce nach Vorschrift zubereiten. In feuerfeste Form gießen.

4. Zwiebeln füllen, Deckel aufsetzen. Zwiebeln in die Sauce setzen, zugedeckt im Ofen bei 225 Grad (Gas 4) 15–20 Minuten garen.

Wichtig: Ist Füllung übrig, wird sie zum Garen mit in die Sauce gegeben.

Vorbereitungszeit: 50 Minuten
Garzeit: 20 Minuten
Umluft: 20–25 Minuten bei 200 Grad
Pro Portion ca. 30 g Eiweiß, 23 g Fett, 54 g Kohlenhydrate = 2047 Joule (489 Kalorien)

Hackbraten mit Gemüsezwiebeln

Für 6 – 8 Portionen:
2 Gemüsezwiebeln, Salz
8 Scheiben Toastbrot
1 kg gemischtes Hack
4 El Senf, 4 Eier, Pfeffer
1 Tl Kümmel (gemahlen)
Fett für den Bräter
$^1/_4$ l klare Brühe (Instant)
20 g Butter oder Margarine
200 g Crème fraîche
$^1/_8$ l Rotwein
2 El Saucenbindemittel (dunkel)

1. Eine Zwiebel pellen, vierteln, in kochendem Salzwasser 10 Minuten garen.

2. Toast entrinden, einweichen. Hack mit Senf, Eiern und ausgedrücktem Toast verkneten.

3. Mit Salz, Pfeffer und Kümmel würzen. Rechteckig ausrollen.

4. Abgetropfte Zwiebelviertel in die Mitte geben, Fleischteig darüber zusammenschlagen.

5. In einen gefetteten Bräter legen und im vorgeheizten Backofen bei 200 Grad (Gas 3) 1 Stunde garen. Nach 45 Minuten Brühe zugeben.

6. Zweite Zwiebel pellen, halbieren, in Scheiben schneiden, im Fett dünsten.

7. Hackbraten warm stellen. Bratensatz lösen und durchsieben.

8. Crème fraîche und Wein darin aufkochen, Saucenbindemittel zugeben, aufkochen, würzen. Braten mit Sauce und Zwiebeln servieren.

Vorbereitungszeit: 20 Minuten
Garzeit: 10 Minuten
Umluft: 80 Minuten bei 175 Grad
Pro Portion (bei 8 Portionen) ca. 31 g Eiweiß, 45 g Fett, 22 g Kohlenhydrate = 2784 Joule (664 Kalorien)

Zwiebel-Risotto

Für 4 Portionen:

- 2 Gemüsezwiebeln (à 200 g)
- 50 g Butter oder Margarine
- 200 g Langkornreis (parboiled)
- $^1/_2$ l klare Brühe (Instant)
- 1 Dose Tomaten (800 g EW)
- 8 Eier
- 1 Bund Schnittlauch
- 100 g Parmesan (gerieben)

1. Gemüsezwiebeln pellen, längs vierteln und in dünne Scheiben schneiden.

2. Butter oder Margarine in einem Topf zerlassen und den Reis darin kräftig an-

braten. Zwiebeln zugeben und glasig werden lassen.

3. Brühe zugießen und alles 10 Minuten garen. Tomaten in einem Sieb abtropfen lassen und nach 10 Minuten zugeben.

4. Eier in kochendem Wasser 7–9 Minuten garen. Schnittlauch in feine Röllchen schneiden.

5. Die Hälfte des Parmesans unter das Risotto mischen. Eier abschrecken, pellen und halbieren.

6. Risotto mit Schnittlauch bestreuen und mit dem restlichen Parmesan und den halbierten Eiern servieren.

Vorbereitungszeit: 15 Minuten
Garzeit: 30 Minuten
Pro Portion ca. 17 g Eiweiß, 18 g Fett, 58 g Kohlenhydrate = 1967 Joule (468 Kalorien)

1

2 3 4 5 6

1. Frühlingszwiebel: *besonders fein. Zum Rohessen und Dünsten.*

2. Gemüsezwiebel: *sehr groß, besonders mild. Für Salate, zum Füllen und für gebackene Ringe.*

3. Weiße Zwiebel: *kommt aus Italien, schmeckt intensiv nach Knoblauch. Für Salate.*

4. Haushalts- oder Küchenzwiebel: *sehr würzig und scharf. Ist die, die wir am meisten verwenden.*

5. Schalotte: *sehr fein, wird schnell gar. Deshalb gut für alle schnellen Saucen und für Fisch.*

6. Rote Zwiebel: *sehr mild, gut für Salate.*

Zwiebeln schneiden: erster Schritt

Man schneidet an der Wurzelseite eine flache Kappe ab. Den Stengelansatz läßt man dran. Daran kann man die Zwiebel hinterher beim Schneiden festhalten.

ZWIEBELN *aktuell*

Würzendes Liliengewächs

Kaum zu glauben, aber wahr: Unsere gewöhnliche, tränentreibende Küchenzwiebel gehört in die feine Familie der Lilien. In unserer Küche ist sie das wichtigste Gewürz neben dem Salz, ein Zeichen für unseren kulinarischen Fortschritt. In den letzten zwanzig Jahren hat sich unser Zwiebelkonsum verdreifacht.
Wir essen nicht nur mehr Zwiebeln als je zuvor (nämlich 6,66 Kilogramm pro Kopf und Jahr), es werden bei uns auch mittlerweile viel mehr unterschiedliche Sorten als früher verkauft. Und das mit Sicherheit auch deshalb, weil wir im Würzen mutiger geworden sind – und weil wir inzwischen gelernt haben, daß Zwiebeln außerdem auch noch ein wohlschmeckendes Gemüse sind.

ZWIEBELN: WAS ALLES GUTES DRIN IST

Man muß kein Gesundheitsapostel sein, um zu erkennen, daß eine Zwiebel ausgesprochen gesund ist. 100 g haben nur 188 Joule (45 Kalorien), dafür aber jede Menge wertvolle Eiweißstoffe, Vitamine der Gruppen B und C und die wichtigen Mineralstoffe Kalium, Kalzium, Zink und Phosphor. Das enthaltene ätherische Öl und die natürlichen Antibiotika fördern die Verdauung, schützen vor Herzinfarkt, reinigen das Blut und sind ein wirksames Mittel gegen Husten und Heiserkeit.

Zwiebeln: Nicht lange stehen lassen!

Für alle Zwiebeln gilt: Sie werden immer erst unmittelbar vor dem Gebrauch geschnitten – und zwar gleichmäßig groß. Das gilt für Würfel ebenso wie für Ringe. Nur wenn sie gleichmäßig groß sind, sind alle Würfel oder Ringe zur gleichen Zeit gar. Will man rohe Zwiebeln an den Salat geben, werden sie geschnitten und sofort mit der Salatsauce gemischt, damit sie nicht braun und bitter werden. Für Salate, die länger durchziehen müssen, werden die vorbereiteten Zwiebeln blanchiert oder mit heißer Marinade übergossen, z. B. beim Kartoffelsalat. Röstet man Zwiebeln in Fett, muß man ständig dabei umrühren und einkalkulieren, daß Zwiebeln sehr schnell nachbräunen und dabei bitter werden. Auch wenn im Rezept „glasig dünsten" (z. B. für Buletten oder Hackbraten, die man damit würzen will) steht, geschieht das immer bei milder Temperatur und möglichst unter geschlossenem Deckel.

Zwiebeln – worauf Sie beim Einkauf achten müssen

Zwiebeln müssen prall und trocken sein. Sie dürfen sich nicht weich anfühlen und keine grünen Spitzen haben. Zu Hause werden sie luftig und locker in Netzen oder Spankörben gelagert. Wenn man sie darin durchschüttelt, muß es leise rascheln. Zwiebeln dürfen nicht in Plastikbeuteln aufbewahrt werden. Darin schwitzen sie, werden feucht und schimmeln. Zwiebeln werden kühl und trocken aufbewahrt. Wichtig: Angefaulte Zwiebeln müssen sofort aussortiert werden.

Gemüsezwiebel: Prima zum Füllen

Die großen Verwandten unserer normalen Haushaltszwiebel werden nicht bei uns angebaut, sie kommen zumeist aus Spanien. Da sie die dreifache Größe unserer normalen Zwiebel haben, werden sie immer dort, wo Zwiebeln in Mengen gebraucht werden, z. B. als Gemüse, als Belag auf dem Zwiebelkuchen oder in der Zwiebelsuppe, verwendet. Außerdem sind sie ihrer Größe wegen prima zum Füllen geeignet. Und da sie milder als unsere Haushaltszwiebeln sind, eignen sie sich auch ausgezeichnet für Salate.
Im Gegensatz zur Haushaltszwiebel ist sie nicht lange lagerfähig. Man sollte sie innerhalb von acht Tagen verbrauchen.

WAS STOPPT DIE TRÄNENFLUT?

Eigentlich nichts. Die ätherischen Öle in der Zwiebel, vor allem die Senföle, sind schuld an den Tränen. Das einzige, was kurz hilft: Die gepellte Zwiebel in kaltes Wasser tauchen und dann erst weiter bearbeiten.

Zwiebeln schneiden: zweiter Schritt
Dann wird die Zwiebel gepellt und halbiert. Man faßt jede Hälfte am Stielansatz an und schneidet sie längs in Streifen.

Zwiebeln schneiden: dritter Schritt
Danach schneidet man die Zwiebelhälfte vom Wurzelende her zum Stiel hin quer in zwei oder drei Scheiben. Dabei nicht ganz zum Stiel hin durchschneiden. Dann die Zwiebel quer würfeln.

INHALTS-VERZEICHNIS

Essen & Trinken

essen & trinken | schöner essen

Rezeptdruckansicht

Kartoffelsuppe mit Äpfeln und Steinpilzen

KATEGORIE
Vorspeisen

EIGENSCHAFTEN
Ganz einfach
Raffiniert

NÄHRWERTE

Fett in g:	27
Kohlenhydrate in g:	14
kcal:	472
kJ:	1980

ZUBEREITUNGSZEIT
70 min

ZUTATEN
Für 6 Personen

600 g Kartoffeln (mehligkochend)
100 g Zwiebeln
50 g Möhren
50 g Sellerie
3 Wacholderbeeren
3 El Öl
1 l Geflügelfond
1 Lorbeerblatt
Salz
Pfeffer
1 El Apfelessig
250 g kleine, feste Steinpilze
50 g Pancetta (italienischer durchwachsener Speck)
1 säuerlicher Apfel (ca. 200 g)
2 Stiele Thymian
4 El Olivenöl
1-2 Tl Kastanienhonig
1 El glatte Petersilie (gehackt)

Zubereitung

1. Die Kartoffeln schälen, waschen und klein würfeln. Die Zwiebeln pellen und fein würfeln. Möhren und Sellerie schälen und ebenfalls fein würfeln. Wacholderbeeren in einem Mörser grob zerdrücken.

2. Das Öl in einem Topf erhitzen, Kartoffeln, Zwiebeln, Möhren, Sellerie und Wacholder darin ohne Farbeanschwitzen. Mit dem Geflügelfond aufgießen und das Lorbeerblatt dazugeben. Bei milder Hitze mit halb geöffnetem Deckel 30-35 Minuten leise kochen lassen. Mit Salz und Pfeffer würzen. Die Suppe mit dem Schneidstab pürieren und durch ein feines Sieb streichen. Mit dem Apfelessig würzen.

3. Die Steinpilze putzen und in 1 cm dicke Scheiben schneiden. Speck in sehr feine, 1 1/2 cm lange Streifen schneiden. Den Apfel vierteln und entkernen. Die Viertel in 1/2 cm dicke Spalten schneiden.

4. Die Steinpilze, Speck und Thymian in einer Pfanne im Olivenöl bei starker Hitze von allen Seiten 5 Minuten braten. Nach 3 Minuten die Äpfel dazugeben, mit Salz und Pfeffer würzen. Zuletzt den Honig darüberträufeln und die Petersilie darüberstreuen.

5. Zum Anrichten die Suppe erwärmen, in Tellern verteilen und mit den gebratenen Steinpilzen, Äpfeln und Speck als Einlage servieren.

O

P

Q

R

S

T

U

V

W

Z